FEUER DER FREIHEIT

Die Rettung der Philosophie in finsteren Zeiten 1933–1943

黑暗年代的女哲學家

ARENDT | BEAUVOIR | WEIL | RAND

Wolfram Eilenberger
沃弗朗・艾倫伯格

溫澤元——譯

獻 給

正在漸漸成為女人的

文拉（Venla）和凱莎（Kaisa）

目錄

祢是否妄想，
我會憎惡生命、
遁入荒野……

約翰・沃夫岡・馮・歌德（Johann Wolfgang von Goethe）
《普羅米修斯》（*Prometheus*，1789）

一次又一次愚弄我，
你是天堂還是地獄？

怪奇比莉（Billie Eilish）
《還不能死》（*No Time To Die*，2020）

【推薦序】

自由的焰火

李惠美

我們透過柏拉圖的《對話錄》了解蘇格拉底為其哲學理念奉獻生命的精采人生，艾倫伯格的《黑暗年代的女哲學家》則讓我們得以一窺波娃、韋伊、蘭德、鄂蘭四位女性哲學人在納粹德國「德意志帝國」（Deutsches Reich, 1933-1943）十年中的生命經歷與智慧哲思。哲思從來不起於真空，時代境遇的淬鍊，激起生命對於真理的熱情，她們在這黑暗的時代中點燃的智慧火花，讓我們看見自由的焰火。

艾倫伯格以全知者的觀點，從一九四三年點出四位女性哲學人出場，再自一九三三年起依時間順序，分別敘說她們在這十年間各自的生命故事，讓讀者有意識地注意到時代及身份背景產生的重大影響。她們各自的生命，出生、背景、國籍、居住地點不同，除了年紀相近（四位分別出生於一九〇五至一九〇九年之間）、同屬女性、學過哲學，似乎沒有其他更多的交集，波娃、鄂蘭甚至不認為自己是哲學家。但艾倫伯格指出，正因她們進行哲學思考，讓她們深切體認到自己在這世界、在這時代中的本質與他人不同，周遭群眾的行為，讓她們感到孤立疏離，也因此激勵她們找尋出口與解決處方。我們可以透過閱讀四位女性的作品，如《第二性》、《扎根：人類責任宣言》、《源頭》、《艾希曼在耶路撒冷：平庸之惡》等著作中，看到她們的哲思結晶與成果。而透過艾倫伯格《黑暗年代的女哲學家》一書，我們則可以看到四位女性，在這造成二次世界大戰的全球動盪中，切身體認到個人、社會地位、國家、民族等身份認同的危機與使命，以及她們各自投身創作、社會運動的奮鬥與掙扎，讓我們除了文字作品之外，看到她們的生命意義在其行動之中的展現與創造，活出其哲學，為其造成的哲思解放、為自由的真義，提供證據與典範。

本書以時間為架構段落，交錯書寫四位女性哲學人的細緻生命細節，並引各自的作品文字為證，值得讀者細品與對照。艾倫伯格所下的各標題，亦可見其用心與隱含的評述。但不可諱言，在不熟悉這四位女性哲學人背景的情況下，本書的書寫方式，讓人一開始容易迷失在細節陳述中，無法抓住全書梗要以及作者的意圖，但是，細讀之下，將可發掘其中蘊藏的精華，也讓人更深刻體認哲學不是高高在上的理論，而是每個智慧生命對於所處時代與環境的活生生地反思與實踐。

李惠美，輔仁大學哲學博士、哲學諮商師

I. 火花——一九四三年

波娃與致正盛，韋伊精神恍惚
蘭德發狂忘形，鄂蘭深陷惡夢

行動【波娃】

「如果最後都得停下來，那又何必開始？」[1]用這個問題作為開場白還不賴。這正是這篇論文該探討的：**個人此有（Dasein）**的有限性、與在這世上昭然若揭的無限性之間的張力。畢竟，這個深淵可能會讓人在短暫思考後，就將每份安排、每項計畫跟自訂的目標，全都視為荒謬無謂的追求。無論目標大至征服世界，還是小至整理自家花園，[2]最後都會繞回這個問題。就算不是遭他人破壞，時間終有一日還是會將已完成的作品或成就摧毀，使其永遠從眾人的記憶中絕跡，彷彿未曾存在過。就像每個人終有一死那樣，這種宿命怎麼躲也躲不掉。

既然如此，為什麼還要採取行動？為什麼不乾脆什麼都不做？或者，用經典三段式提問來問會更清楚：「人的極限（Maß）在哪裡？能替自己立定哪些目標（Ziel）？能懷抱哪些希望（Hoffnung）？」[3]沒錯，就是這樣。這就是我們想要的提問方式！

坐在花神咖啡館（Café de Flore）三樓角落桌旁，西蒙·波娃（Simone de Beauvoir）看著窗外的路人——也就是所謂的他者——在街上走動。路上的男男女女，每個人都有自己的意識，懷抱著自己的憂懼、擔憂、計畫和希望。波娃亦是如此，她只不過是數十億人口的其中之一。每次一有這個念頭，她都不禁打起冷顫。

經歷一番掙扎，波娃才點頭答應這份邀約。她之所以猶豫良久，主因並不是編輯尚·葛瑞尼業（Jean Grenier）派給她的主題。葛瑞尼業正在編一本探討當代重要知識思潮的選集，他請波娃寫一篇談「**存在主義**」（**Existentialismus**）[4]的文章。直至當時，沙特（Sartre）跟波娃都還沒替自己的論述冠上存在主義的稱號，那只不過是文藝專欄新發明的詞彙罷了。

這個命題實在有夠諷刺。要是說過去十年來，她跟沙特追尋的道路有個定調的核心主題的話，這個主題就是持續抵抗，拒絕心甘情願落入別人事先替他們挖好的窠臼，這種反抗恰好是其行動的核心主旨，至今仍是如此。

盛世年華【波娃】

其他人想用「存在主義」這個詞，那就讓他們用吧！她會自覺地避開這個術語。身為作家，她只會做自己自少女時期開始寫日記以來最愛做的事：盡可能傾注心神，探究那些讓她對個人此有感到困惑、煩心的疑問，而目前她尚未找出這些問題的解答。說也奇怪，那些問題到現在依然沒變。她首先想探尋的，是自身存在的可能意義，以及對個人生命來說，他者具有何等重要性。

不過在此之前，波娃從未像現在這樣，在這種反思與咀嚼之中感到如此篤定與自由。一九四三年春天，時值二次世界大戰高峰，她位於被佔領的巴黎。就算當時物資短缺，人民只能使用食物券（Essensmarken）換取政府配發的糧食；就算他們正處在戒菸、戒咖啡運動時期[5]（此時，沙特已絕望到每天早上在花神咖啡館地上爬來爬去，收集前一晚殘留的菸屁股）；就算每天被管制搞得不堪其擾，晚上還有宵禁；就算盤查人員跟德國哨兵無所不在（就連在蒙帕納斯〔Montparnasse〕，德國士兵也越來越猖狂地頻繁進出咖啡館）——但只要騰得出時間、找得到安靜的所在來寫作，這些事她都能忍受。

秋天一到，她的小說處女作[6]就會由加利瑪出版社（Gallimard）出版了，第二部小說[7]已經完稿，另一份劇本[8]也順利編寫中。接著就是第一篇哲學論文了。沙特長達一千頁的《存在與虛無》（*L'Être et le Néant*）已在出版社那邊待印。再過不到一個月，他的劇作《蒼蠅》（*Les Mouches*）就要在城市劇院（Théâtre de la Cité）首演。這是他迄今政治意涵最濃厚的劇本。

事實上，這一切都是過去十年來的思想結晶。在這段過程中，波娃和沙特確實創造出了一種截然不同的哲學風格。而且，因為雙方已然如此密不可分，他們也共同創造出了新的生活方式——無論在個人生活、社交圈、文學界，還是情慾生活皆然。

還在巴黎高等師範學校（École Normale Supérieure）讀哲學時，沙特就邀波娃到家裡來，請她解釋萊布尼茲（Leibniz）的學說與論述。兩人當時就已締結了一份與眾不同的愛情合約：他們互相承諾會無條件謹守精神忠誠的原則，並對彼此保持絕對的誠實，同時對雙方各自與他人的邂逅保持開放的心態。他們對彼此來說絕對是必要的存在，但他們也樂於與他人擦出偶然的火花。根據他們的主張，這段開放的雙人關係應該要能夠映照出世界的廣闊。從那時起，這個概念就帶領著他們迎接各種嶄新的開端與冒險：從巴黎到柏林再到雅典；從胡賽爾（Edmund Husserl）聊到海德格（Heidegger）再到黑格爾（Hegel）；從論文到小說再到劇本；從尼古丁到致幻劑麥司卡林再到安非他命；從「俄羅斯少女」（奧嘉・柯薩切維契〔Olga Kosakiewicz〕）到「小博」（雅克洛宏・

博斯〔Jacques-Laurent Bost〕）再到「俄羅斯小少女」（萬妲．柯薩切維契〔Wanda Kosakiewicz〕）；從尼贊（Paul Nizan）到梅洛龐蒂（Maurice MerleauPonty）再到卡繆（Albert Camus）。他依然守護著她，對她的支持也比以往更堅定穩固「活在愛裡，指的就是透過愛的驅動，讓自己投入到全新的目標裡。」[9]

同時，身為中學哲學教師的他們，每週的授課時數並不多（最長十六小時）。他們沒有按教學計畫走，而是在每堂課的開頭先做個簡短介紹，接著讓學生自由討論，而且成效極佳。授課工資剛好能應付生活開銷——至少能拿來支付部份帳單。畢竟，他們不只得養活自己，還得照應那一大半的「家庭成員」。在巴黎待了五年，奧嘉的演員生涯剛有起色。身為自由記者的小博只能勉強維持生計，奧嘉的妹妹萬妲也還在拚命尋找真正適合自己的工作。唯獨最晚加入家族的娜塔麗．索侯金（Natalie Sorokine）能真正自食其力：戰爭剛開打，她就練出專偷腳踏車的技能，後來又有條有理地經營黑市生意，交易貨品的種類越來越多，而納粹對此顯然也是睜一隻眼閉一隻眼。

處境【波娃】

戰爭以及被佔領的經歷，讓他們的關係更緊密。身為真正的一家之主，波娃認為過去幾個月以來，他們的共同生活才真正步上正軌。每位成員都很享受自己在家庭中的角色，但又不受其侷限。每個人都知道自己有哪些訴求與權利，但又不會死板地巴著這些主張不放。每個人都適得其所，一起相處時卻也不無聊。

因此，面對即將宣布的判決，波娃擔心的不只是自己的處境。一年多以來，維琪政權（Vichy）的密探一直在調查波娃。更巧的是，索侯金的母親在抽屜中，發現女兒當年跟波娃的親密信件。她自己進行一番調查後，帶著這些證物到法院控訴。根據索侯金母親的指控，波娃的手段顯然都大同小異：首先，波娃會私下跟欣賞她的女學生或曾教過的女學生交朋友，再勾引她們跟她發生性行為；過一段時間，她甚至會轉介這些女學生給相伴多年的人生伴侶認識，也就是同為哲學教師與作家的沙特。因此，調查重點在於「鼓勵不端行為」[10]的犯罪事實。要是判決成立，波娃得承擔各種後果，而教師執照被永久吊銷還只是最輕微的一項。

目前可以確定的是，索侯金、小博跟沙特被當局傳喚時都三緘其口。剛才提到的那批信件不足以構成確切罪證，法院也沒有其他直接證據。不過，維琪政府的密探肯定還是能透過各種跡象，來清楚判斷身為教師的波娃，大概位在政治光譜的哪一端，以及她的整體存在傳達出何種訊息。

多年來，他們都不是住在公寓裡，而是一起待在蒙帕納斯的旅館中。他們在旅館裡跳舞歡笑，一起做飯飲酒；除了相互爭執，他們也會跟彼此上床。不受外界制約，不被終極規則綁架。更重要的是，他們盡量不做虛假的承諾、不拋棄彼此。簡單的眼神、輕柔的撫觸，以及每個清醒共度的夜晚，難道就不能成為點燃熊熊烈火的火花，讓生命重新來過嗎？當然可以，他們想要秉持這番信念。沒錯，對波娃和沙特而言，只有在身為新手時，人才是真正清醒自覺的。

人永遠不會抵達任何終點，人生中只有起點，只有開端。隨著每個人的出現，人性都會重新迸發。所以，正在尋找自己在世上之立足點的年輕人，一開始找不到，因而自覺被遺棄……[11]

這段話也能說明他們為什麼會將奧嘉、萬妲、小博跟索侯金**納入旗下**，將他們從外省帶到巴黎，在巴黎扶持、提拔和金援他們。他們的目的是帶領這群年輕人，從顯然被拋棄的狀態進入自由之境；目的是鼓勵他們創造自己在這個世界上的位置和立足點，而不是單純接受既有的空缺。這是一種出自於愛的行為，而不是征服；是發自內心的愛，而非一味的放縱。這是一種能夠保有人性的行為，因為：「唯有透過自我選擇，人才是人；若是拒絕自我選擇，就會自我毀滅。」[12]

不可饒恕之罪【波娃】

根據他們的全新哲學，若真有什麼東西能取代上帝死後空出來的「罪」，那就是刻意、自願否決這種自由的行為。人必須不計代價避免的，恰恰是這種自己釀成的毀滅。無論是對自己還是對他人，無論是私人生活還是政治理念皆然。此時此刻，以生命之名、作為對生命的喝采，我們都該避免這種自我毀滅；而不是像那位據稱為「存在主義者」、選擇待在德國鄉間的海德格所說的那樣，以「向死存有」（Seins zum Tode）的名義活著。「人類生命是以籌劃的形態存在著，這些籌劃並非指向死亡，而是領著我們朝特定目標前進……。所以說，人並非**向死**而活。」[13]

這麼說來，唯有這個世界的存在才算得上是存在。唯一能夠延續的價值，是這個世界的價值。而其唯一真正永續長存的本源（Ursprung），是自由主體想掌握自由的意志。這樣才算是真正以人類之名**存在著**。

希特勒（Hitler）與其追隨者心裡所信奉的，正是以這種存在為名的毀滅和滅絕。三年前他們入侵波娃的國家時，就是秉持這個目標：取得統治全世界的最終勝利後，強迫、要求地球上僅存的人類按他們的意思來寫文章或是打理自家前院。

不對，她有其他更值得花心思的事情可做，而不是為那些庸俗法西斯主義者的判決煩心。不管他們了！就算教師執照被吊銷，她也知道如何靠個人力量重新自我籌劃！尤其是現在，似乎有很多扇門正同時向她敞開著。

道德【波娃】

波娃對討論充滿期待。傍晚，他們會去參加沙特最新劇作的總彩排。彩排結束後，大家一如往常一起去喝酒。卡繆也會來。**假如她迄今都正確依循自己的思想，這些思想甚至還具備將人類界定為行動主體的可能**。而且這跟沙特提出的虛無概念不同，也不像卡繆主張的那樣，必然得保有荒謬的特性。她會利用這篇論文另闢蹊徑，找出屬於自己的第三條路。

在她看來，人類外在行動的實際範圍，會從內心受到兩個極端的框限：一邊是極權侵佔的極端，另一邊則是徹底反社會的自我封閉。具體來說，人類行動的範圍，就在征服全世界這個必然招致孤獨的目標，以及只耕耘自家花園這個同等孤獨的行動之間。畢竟，只要看看窗外，就能發現世上除了自己以外還有他者。因此，以此為基礎，道德行動的目標也必須維持在這兩個極端之間：一方面是針對其他**所有**受苦受難者的同情，這種憐憫不僅會讓人自我掏空，而且也沒有確切的投射對象；另一方面則是全然對個人需求與利益的關注。舉現實生活中的事件為例：「一名年輕女子因為鞋子有洞，水從破洞流進鞋子裡而心煩氣躁。同時，或許有另一名年輕女子正因中國饑荒的慘烈而哭泣著。」[14]

波娃就曾親身經歷這種情況。那位鞋子破洞的年輕女子就是她本人（或說是更早之前的她）。而那位哭泣的女子，則是她當年的同學西蒙．韋伊（Simone Weil）。這種會因似乎與個人生活無關的遠方災難突然落淚的人，波娃此後再也沒碰過。她生命中這位也叫西蒙的人，對她而言始終是個謎。

波娃停了下來，看看手錶。時間差不多了。明天一早，她會再回來花神咖啡館，重新思考她的謎團。

任務【韋伊】

剛才提到的韋伊跟波娃一樣，決心在一九四三年初，踏上與以往截然不同的全新道路。迫切的情勢讓她別無選擇。畢竟，這年春天，這位三十四歲的法國女子比以往更篤定，確信如果要抵抗眼前的敵人，即便做出最大犧牲也是情有可原。不過對於韋伊這樣信仰虔誠的人來說，這裡所謂的犧牲並不是奉獻個人生命，而是奪取對方性命。

那年春天，她在思想日記中寫道：「倘若出於戰略之需，我願意奪取德國人的性命。這不是因為他們令我受苦，也不是因為他們痛恨上帝與基督。而是因為他們是世上所有國家和我的祖國的敵人。而且遺憾的是，要是不殺死一定數量的敵人，就無法阻止他們作惡，這實在讓我難過、痛惜。」[15]

陪同父母流亡至紐約後，她在一九四二年十月底，從紐約搭上一艘駛往利物浦（Liverpool）的貨輪，為的是在英國加入夏爾・戴高樂（Charles de Gaulle）將軍領導的自由法國部隊（Freien Frankreich）。[16]在戰事發展相當關鍵的那幾週和幾個月中，最讓韋伊心痛的莫過於遠離家鄉和同胞。因此，抵達倫敦總部後，她立刻向決策者表達內心的迫切渴望，也就是參與法國國土境內的任務，並在必要之下為祖國殉道。她很樂意擔任傘兵，傘兵的教戰手冊她都仔細讀過了；擔任當地同袍的聯絡人也可以。同袍中有些人她私下原本就認識，因為她幾年前曾在馬賽（Marseille）參與天主教的基督見證人抵抗團體（Widerstandsgruppe der Christlichen Zeugen）活動。不過，她最希望能執行自己構思的特別任務，她認為這項任務能在戰事中發揮關鍵影響力。韋伊的計畫是組成一支法國前線護理師特別小組。這支小組會被派遣到最危險的地方，直接在戰場上提供緊急救護服務。她已在紐約紅十字會的課程中學過必要的醫療知識。韋伊表示，這支特殊小組能在戰場最前線拯救許多寶貴的性命。為了能夠協助在場決策團隊成員進行評估，韋伊還列出了一份經過篩選的外科專業出版物清單。不過，這支特殊部隊的實際價值在於其象徵力量，在於其**精神**價值。韋伊還激昂地表示，這場戰爭跟其他戰爭一樣，骨子裡根本是一場心理戰，也因而是一場政宣技巧的戰爭。但在這方面，事實證明：跟窮凶惡極的敵方相比，我們還差了一截。想想希特勒的黨衛隊（Schutzstaffel）跟他們目前在全歐洲的聲勢，就能看出這點：「黨衛隊成員完美體現希特勒的精神。在前線……他們展現殘暴的英勇氣概……但我們能夠、而且也必須證明我們具備另一種與之不同的勇氣。他們的勇氣是源自對力量與毀滅的意志，既殘忍又卑劣。不過，我們的目標與他們不同，所以我們的勇氣是來自截然不同的精神。最能傳達我方精神的象徵，莫過於剛才提議的女性部隊。在戰事中、在這種野蠻行徑的高潮，光是堅守某種人性的付出意志，就是一種對野蠻行徑的公然反制。敵方選擇採用這些野蠻手段的同時，也迫使我們反擊。要是這種人性的付出是由女性來執行，並以母性的奉獻來包裝，反制就會更清晰深刻。雖然這支護理小組的規模不大，能照護的軍人數量也相對較少，但精神象徵的道德效力絕不是取決於數量……這會是體現這兩種手段最鮮明的方式，而當今的群眾必須在這兩種取向之間做出取捨。」[17]

韋伊解釋說，在這個國家的歷史中，我們必須再次用真誠的信仰來對抗偶像崇拜的精神。簡單來說，她的概念就是秉持《奧爾良姑娘》（Die Jungfrau von Orleans）❶的精神，以陰性的力量來反抗黨衛隊。計畫的書面草案已經擬好了。韋伊親自將草案交給莫里斯．舒曼（Maurice

❶ 譯註：席勒（Schiller）創作的劇本，描寫法國女英雄聖女貞德的悲劇。

Schumann）時，舒曼答應她這位昔日的大學同學，說會把草案轉交給戴高樂，讓他來做決定，並親自護送韋伊到軍營下榻處。

正如舒曼所料，戴高樂不出三秒就對「護理師特勤部隊」草案做出最終判斷。「她這是瘋了吧！」[18]這就是為什麼大家一致認為對韋伊來說，在法國本土進行任何其他形式的部署或行動都不可行。太危險了。只要看她一眼就曉得：瘦得皮包骨，沒戴眼鏡的話幾乎什麼都看不見。光從生理條件來看，她就禁不住這種壓力與負擔，精神狀態就更不用提了。

舒曼指出，雖然韋伊外表看來跟別人不大一樣，但她這個人很有氣節，更具過人學識：在巴黎高師這所菁英大學取得哲學學位、精通多國語言、數學天賦極高，還有多年從事新聞工作和在工廠上班的經驗。這些能力應該妥善運用才對。

因此，韋伊沒有被允准在前線為理想殉道，反而被上級指派一個截然不同的特殊任務：構思出適切的計畫與方案，讓流亡政府能在戰勝希特勒、取回政權後，重新組織法國政府。

雖然深感失望，韋伊並沒有公然抗辯。她接下這份任務，遁入希爾街（Hill Street）十九號那間為她改造成寫作室的飯店房間——開始思考。

文思泉湧【韋伊】

一九四三年，倫敦之冬，哲學反抗鬥士韋伊在不到四個月的極短時間內所達到的知識產量，史上大概很少有人能與她相提並論：她寫了數篇探討憲政理論、革命理論與歐洲政治重建的論文；研究馬克思主義之認識論根源的文章；更撰文論述民主制度下政黨的功能。她將《奧義書》（Upanishads）的部分內容從梵文譯成法文；寫了幾篇專文爬梳希臘與印度宗教史、基督教中的聖禮與人之神聖性理論。另外，她還完成一份名為《對根的需求》（L'enracinement）[19]的全新手稿，談論現代人類的文化存亡。

正如她的「前線護理師小組」概念所昭示，韋伊認為現下急需搶救的其實是理想與靈感。根據她的分析，歐洲在短短二十年內成為兩場世界大戰的主戰場，那些曾經極其重要的政治與文化價值和理想，長期以來遭受猛烈摧殘與掏空。這場戰爭其實是場「信仰之戰」（ein Krieg der Religionen），[20]而她在二月提交請願書給法國抵抗運動的領導團隊時，就將請願書命名為信仰之戰。

> 歐洲依然是這齣戲的主角。在基督或普羅米修斯扔到地球的火焰中，有些燒得發紅的煤炭仍留在英國。這讓我們躲過最慘烈的絕境……要是這些在歐洲大陸上閃耀星火的煤炭和火花，無法燃燒成照亮全歐洲的火焰，我們將會迷失方向。假如單靠美國金援和工廠來重獲自由，我

們遲早會以某種方式再度落入近似於今日的屈從狀態。別忘了，歐洲不是被來自其他大陸或火星的大軍所打壓，光靠把他們驅走是無法解決問題的。歐洲現在受到內憂侵擾，這片大陸需要療養復原……被壓制的國家能用信仰來抵抗征服者……倘若真正的信仰之火能延燒整片歐陸，敵方陣線就會崩毀瓦解。[21]

為了先從軍事層面，接著再從政治和文化領域展開療養復原的過程，歐洲大陸必須「汲取全新的靈感」，[22]而韋伊特別點出新約聖經和柏拉圖的文章作為靈感來源。因為在這段特別黑暗的時期，如果想要真正痊癒，我們就得從不是來自這個世界的文本汲取靈感。

這點首先適用於她的祖國法國。作為在一七八九年率先向自由挺進的起源國，在所有參與二戰的國家中，法國在精神層面淪陷最深。一九四〇年夏天，法國幾乎沒有掙扎抵抗，不出幾週就被希特勒的軍隊攻佔。現在，法國還在等待他國援助，希望能靠外力得到解放；而且作為一個民族，法國也已失去所有根本信念。換言之，在人類心靈最重要和深刻的需求上，法國承受劇烈的震蕩，而那就是對「扎根」（Verwurzelung）的需求。

扎根的需求，大概是人類心靈中最重要，但也最不受重視的需求。這是一種非常難以具體定義的需求。在群體存在中，透過實在、積極以及自然的參與，一個人就有了根。而在這個社群共同體中，某些對過往事物的重視以及對未來的預感，都得以保持生生不息。自然參與指的是地點、出生、職業與環境自動賦予的狀態。對一個人來說，幾乎所有的道德、智慧和精神生活，都必須來自這種天生歸屬的生活場域。……軍事侵略總是會造成所謂的倒根……假如征服者在被他佔領的地區始終是一位外來者，對於被征服的群眾來說，倒根就會變成一種近乎致命的疾病。將大批群眾遣送集中營❷就是倒根的極致，被德國佔領的歐洲就是如此……[23]

一九四三年春季，身為戴高樂將軍影子內閣的特派哲學策劃家，韋伊對情勢的評估就是如此。生為猶太人但多年來虔信基督的韋伊，其思想產出具有近乎超凡的特質，而這種思想產出的源頭，就來自她在揭露殺戮戰事之實際起源時，對於心靈匱乏現象的分析。

精神恍惚【韋伊】

在這幾個月內，她在恍惚迷濛之間，讓自己那獨一無二的精神意念流瀉紙上。一小時又一小時，一天過一天。她不僅睡得不夠，而且還跟往年一樣從來沒吃飽過。她在倫敦的思想日記中寫下：「不過，綜觀人類在這個世界上長久以來的普遍處境，吃飽或許是種詐欺行為（我過去經常犯）。」[24]

一九四三年四月十五日，狂熱的書寫與產出戛然而止。韋伊倒在房裡，失去意識。過了幾個小

❷ 譯註：在納粹時期，遣送（Deportation）指的不是將猶太人驅趕出境，而是將其從歐洲各地運往集中營，加以監禁、屠殺。

時，一位女同袍才發現她狀況不對。醒過來後，韋伊斷然禁止她去通報醫生。她還是沒有完全放棄上戰場執行任務的希望。她直接打電話給舒曼，舒曼在她的詢問之下多次保證，表示法國境內的部署行動還沒有定案，所以原則上一切還是有可能的。如果她能盡快康復，機會就越大。韋伊這才答應到醫院接受治療。

意志薄弱【蘭德】

在紐約作家兼哲學家艾茵・蘭德（Ayn Rand）的認知中，有些價值觀是造成世界大戰之災的罪魁禍首。假如今天要她舉出一位集結這些價值觀的化身，真實存在於倫敦的韋伊絕對是不二人選。確實，在一九四三年春天，對蘭德來說，最具政治破壞力的行徑，莫過於以國家之名犧牲個人生命。從道德層面來看，首當其衝替他人挺身而出的意願最致命。從哲學角度來看，沒有什麼比盲目信奉上帝更荒謬的了。從形而上的角度來看，讓引領行動的價值在一個不屬於塵世的超然存在中扎根，可說是最混亂的意念。從生存角度來看，靠個人禁慾來拯救世界，這無非最瘋狂的行為。

這種態度以及隨之而生的倫理道德觀才是真正的敵人。無論體現在哪個領域、以哪種形態呈現，我們都必須推翻、不計一切對抗這種態度。面對這種非理性主義，我們絕對不可退讓半步，關乎個人存亡時更得堅持到底。

這是已經在美國當了十年自由撰稿人的蘭德學到的沉痛教訓。這一切說到底都是商業問題，在美國尤其如此。這就是為什麼在一九四三年五月六日，蘭德會在寫給編輯阿爾奇博德・歐格登（Archibald Ogden）的信中，史無前例地動怒說：「**信任……信任**，我都不曉得這個字到底是什麼意思了。如果你指的，是宗教意涵中的信念（Faith），也就是盲目接受和相信，那我基本上什麼人、什麼事都不相信。從來就不相信，未來也不會相信。我唯一堅守的是自己的理性和事實。」蘭德清楚闡明自己的根本世界觀，並且立刻用這套價值觀，來檢視自己能從跟歐格登的合作關係中得到哪些利益：「目前有哪些可參考的客觀事實，顯示梅里爾出版社（Bobbs-Merrill）有能力成功宣傳我的書？我到底該信任誰？理由何在？」[25]

她花了七年才完成這部小說，除了畢生精力與創造力，她更將自己的哲學灌注在這部作品中。現在，出版社決定在本來就少得可憐的宣傳廣告中，將《源泉》（The Fountainhead）這部小說包裝為建築界的愛情故事。出版至今，出版社行銷部都還沒成功讓市場與讀者知道，其實這本書的作者是女性而非男性：「顯然只有意志薄弱的人，才會對這種合作夥伴投以信任。……你期望我給予的，難道真是這種模式的信任嗎？」[26]

這顯然是個反詰問句。活到現在，蘭德曾蒙受各種誤解，但她從來沒有被誤認為是意志薄弱者。反之，每個跟她交談過的人不出幾分鐘就會清楚發現，眼前的女子不僅思考邏輯特別清晰，還具有一種不願妥協的特質。所以對她而言，這個世界上必須解決的根本問題並不是她的存在，而是其他人的存在。對蘭德來說，真正難解的，並不是其他人的想法與行動本身，而是他們**為何**這麼做：為什麼其他人就是沒辦法嚴謹地思考並行動呢？到底是什麼原因，讓其他人無法從一而終地遵照純粹基於事實的個人判斷來行事？她就辦得到啊。

直言不諱【蘭德】

為什麼她的編輯不至少在現在，也就是小說正式出版的前一天，坦然講出清楚擺在眼前的事實？出版社準備刊登的那兩三篇廣告只不過是陪襯品。實際上，出版社根本沒有多想，就隨便草率地出版這部小說。根據行銷部門的決定，要是《源泉》想讓各大書店進貨販售或甚至是成為暢銷書，那都得靠它自己的實力。畢竟，只要翻開小說讀完一頁，任誰都能發現這本厚達七百多頁、以看似超凡入聖的建築師霍華・洛克（Howard Roark）為主角的作品，其實是一部以小說體裁寫成的哲學宣言。小說中有許多長達整頁的獨白，堪稱是傑出、不朽的思想鉅著。同時，這部作品也不易宣傳，因為小說針對特定道德直覺提出質疑，但美國主流群體的道德感大概就是來自這些直覺。

對蘭德來說，這正是其創作獨有的承諾。行銷的時候就該主打、宣傳這個特點：一種**蛻變式**的文學閱讀體驗，替讀者開拓一種截然不同的世界觀，讓他們從洞穴走向光明，彷彿第一次清楚洞察自己和周遭世界那樣！蘭德跟最親近的朋友說，她相信這本小說的銷量至少能有十萬本，[27]而且還會被翻拍成好萊塢電影，並由她最欣賞的演員蓋瑞・庫柏（Gary Cooper）飾演洛克。

從**純粹理性**的角度來看，這本書有什麼理由會賣不好？這本書的品質絕對不用擔心。小說主旨切合時事更是暢銷的保證！整個世界、還有美國現處的局勢難道還不夠明顯嗎？美國的每一位公民，難不成都沒發現大環境已經嚴重出問題了嗎？群眾難道沒意識到，整個文化領域已在自作孽之下墮落沉淪，使得我們現在更需極力去維護嗎？此時此刻，也就是一九四三年春季，全世界就要在騷動之下被暴力淹沒，大家應該都有體認到，我們應該借助言論自由、簡潔連貫的論述，再加上敘事的翻轉世界之力，來讓世界脫離混亂頹喪的局面吧？

隨時備戰【蘭德】

寫這本小說時，蘭德替自己設定的目標，主要是點出「人類心靈（而非政治）中，個人主義和集體主義的角力。」[28]這才是小說真正的主題：自決與他決、思考與服從、勇氣與懦弱、創造與複製、全整與墮落、進步與衰退、自我與所有他者，還有自由與壓迫之間的掙扎。

個體被利他主義的奴隸道德觀給束縛，在真正擺脫這層束縛的道路上，麥克斯．施蒂納（Max Stirner）和尼采（Friedrich Nietzsche）的著述，只不過是思想狂潮的開端而已。唯有透過她的哲學，也就是蘭德的哲思，開明的利己主義（Egoismus）才會得到客觀的合理基礎！蘭德就是秉持這種精神，讓小說主角洛克化身為現世之惡的救世主，在小說尾聲的關鍵審判中站上被告席。洛克這個角色體現的概念極具開創性：他是熱愛自由的存在，而其理性是一種純粹、具創造力的理性。洛克的信念就是蘭德的信念：

創作者是為自己的作品而活。他不需要別人。他的首要目標在於自己。……利他主義（Altruismus）是要求個體為他人而活、將他人看得比自己還重要的學說……現實中，最接近這種為服務他人而活的概念的就是奴隸。假如肉體奴役令人厭惡，那精神屈從又是多麼可鄙？戰敗的奴隸還有一絲榮譽，因為他曾試圖抵抗，也體認到自己的處境之不光彩。但是，以愛之名自願為他人自我奴役者，是最低賤的生物。他貶低人的尊嚴和愛的概念。但這恰好就是利他主義的本質。29

蘭德知道她讓筆下的小說主角發出何種警訊。蘭德親身體驗過在國家創造的奴隸社會中生活是什麼感覺。蘭德出自羅森鮑姆（Rosenbaum）一家，早年住在聖彼得堡（Sankt Petersburg）的他們，跟許多曾經繁榮一時的猶太家庭一樣，財產在俄羅斯十月革命（Oktoberrevolution）期間被沒收充公。父親經營的藥局被搜刮一空和破壞後（列寧〔Lenin〕：「掠奪掠奪者！」），蘭德（當時還叫艾麗莎〔Alissa〕）在一九一八年跟父母和兩個妹妹，一起流亡逃到克里米亞（Krim）。流亡路途長達數千公里，先是坐火車，不久之後就開始步行。一九二一年，他們一家人得以重返聖彼得堡（當時名為彼得格勒〔Petrograd〕，一九二四年又改名為列寧格勒〔Leningrad〕）。不過，當年身為資產階級（Bourgeoisie）代表的蘭德父親，如今已一貧如洗，無法像當年那樣繼續經營藥局。30

當年秋季，蘭德進入大學修讀歷史與哲學，一九二四年畢業後又轉到應用藝術學院讀電影。不過當時，她內心真正的目標已有所改變：這位十九歲的潛力新秀只想離開蘇聯，不想跟蘇聯的「新人類」烏托邦有任何瓜葛，而是靠自己的力量、以自己的方式，成為自己想成為的人：變成個人世界的創造者。她想要迎向自由，想到那個有她最愛的電影明星和導演的國度：美國！

一九二六年初，蘭德的父母設法替她辦度假簽證，讓她到芝加哥（Chicago）拜訪親戚。經過為期六週的精彩旅程（里加〔Riga〕、柏林、勒哈佛爾〔Le Havre〕和紐約），她搭上前往好萊塢的公車，準備以作家和劇作家的身份在那裡討生活。她當時二十一歲，幾乎一句英語都不會說。從那個時間點起，她希望大家只用「艾茵・蘭德」來稱呼她，而非「艾麗莎・羅森鮑姆」。假如舊世界已無可挽救，蘭德還是能在新世界變成另一個人。她對自己發誓：寧死不回故鄉。

合乎邏輯【蘭德】

從那時起，十七年來，她每天都為自己的美國夢奮鬥。《源泉》出版後，蘭德總覺得這大概是她離人生目標最近的時刻。不過，在被希特勒的德意志國防軍（Wehrmacht）圍困已逾兩年的列寧格勒，她的父母和兩個妹妹都因飢餓在生死關頭徘徊。就算他們還活著，蘭德也無從得知。少數關於被圍困者赤裸掙扎求生的消息，以謠言的形式橫越大西洋來到美國，而這些傳言的內容都已超出人性極限。據說在一九四三年春季，已有近一百萬名居民喪生。有好長一段時間，民眾都靠吃貓狗維生，同類相殘吃人肉的情況聽說更是屢見不鮮。[31]不用，不必再向她轉述這些傳言了，所有的慘況她當年早就親身經歷過。飢餓、斑疹傷寒、亡者。從那時起，她的眼界就已不同於以往。與此同時，她的哲學思維也更鋒利清晰。

根據蘭德的觀點，希特勒跟史達林（Stalin）的嗜血意念，說到底都是遵循同一套邏輯，那就是打著理想崇高的集體之名，以暴力脅迫每個個體屈從於國家制約。無論這套集體的概念是「階級」還是「民族」，是「國家」還是「種族」，唯一差別只在外包裝，本質內涵其實是一樣的。從他們的動機、方法，以及泯滅人性的目的來看，這種「極權主義」（Totalitarismus）[32]造成的後果都一樣。在蘭德的定義之下，一九四〇年代初以來的政治威脅，都是所謂的極權主義。極權主義先在俄羅斯取得勝利，接著輪到義大利，最後則是德國。沒有國家能躲過其魔掌，連美國也沒辦法。極權勢力得以成功的真正秘訣，正是因為他們在進行大規模壓迫的同時，仰賴的完全不是廣大群眾的明確支持，而是那愚蠢至極、一副無關痛癢的態度。

在新政（New Deal）總統羅斯福（Roosevelt）的率領下，美國也加入了戰局。就蘭德看來，全世界之所以陷入險境，都是一個錯誤觀念、一項哲學的根本被誤解所致：將自我犧牲崇高化，而這種自我犧牲的對象則是他人利益，以及被政宣策略推上神聖地位的集體。我們應該破除的，就是這種以利他為出發點的思想障礙。這場戰爭其實是場思想之戰！

> 造就這些慘狀的罪魁禍首，**完全**是那些不尊重單一、個體人類的人。他們認為階級、種族與國家具有意義，個體毫無意義；他們認為多數人是神聖的，而少數者是污穢的渣滓；他們認定群體才是重要的，個體無足輕重。你們又是站在哪一邊？這裡沒有中間地帶。[33]

早在一九四一年，蘭德就將這段文字寫進一份政治宣言中。有鑒於全球當前的政治局勢，她想儘快將這篇文章擴充發展成一本非虛構著作。一九四三年春季，她的心意比以往更堅定，更想帶著自己的思想之力投身這場思想之戰。她之所以這麼做，完全是出於自身利益的考量，純粹是為受到威脅的**個人**自由和全整而採取行動。這一切，全是為了這個世界上（而非其他世界）對**她**來說重要、珍貴的事物。如果不為自己，難道是要為別人或為其他理念而行動嗎？

異鄉人【鄂蘭】

人也在紐約的漢娜．鄂蘭（Hannah Arendt），距離蘭德的曼哈頓公寓只有一箭之遙，她也認為徹底重新定義舊有事物的時候到了。不過她沒有那麼強烈的戰鬥意識。一九四三年一月，這位三十六歲的哲學家在一篇文章中寫道：「在個人社會、政治和法定地位如此混淆失序之際，很少有人能聚積力量來維持個人全整。」[34]此時離鄂蘭被逐出希特勒統治的德國正好滿十年，她望著鏡子中的自己，她也不曉得自己能否繼續保有這股不可或缺的能量。活到現在，她未曾像過去幾週以來那麼地倍感孤立，覺得一切如此空虛、了無意義。「我們沒了家園，也失去熟悉的日常生活。我們失去自己的職業，因而沒了信心，覺得自己在世上根本一無所用。我們失去自己的語言，所以反應不再自然、姿態不再簡單，傳達感受時也不再隨興自在。親戚被我們留在波蘭的聚集區，摯友則在集中營喪命，我們的個人世界分崩離析。……獲救時我們羞愧到無地自容；別人出手相助，我們卻覺得自己尊嚴掃地。我們發瘋似地掙扎，為個人存在的個體命運而戰。」35

事實上，鄂蘭對這種情態的描述，就清楚體現韋伊提出的概念：個人生存經歷「倒根」後，心靈必然會承受的那種苦痛。唯一差異在於，鄂蘭寫下這段話時，既非長期生活在被佔領的國家中，也不是被大規模遣送集中營的受害者。出自《我輩流亡者》（Wir Flüchtlinge）這本論文集的這段文字，描述的其實是一種無比巨大的失落感。在一九四二與四三年之際，這股失落感對身處新世界的德籍猶太流亡者打擊特別大。接連幾週，她跟丈夫每天盯著紐約冬日天空的虛無灰幕，抽著菸、不發一語，彷彿是世上僅存的兩個人。

沒有欄杆【鄂蘭】

鄂蘭天生開朗樂觀，回首過去十年的遭遇，她也以堅韌的態度與獨到的智慧來面對。歸根究柢，她總是能拿出足夠的能量與熱情，來替嶄新的人生開拓道路。從柏林到巴黎，從巴黎到馬賽（Marseille），最後來到紐約。她始終秉持一個目標，就是「向前邁進時，向適應（Anpassung）與同化（Assimilation）等偷懶的把戲說不。」36

來到一九四三年春季，就鄂蘭看來，她唯一設法從個人生活主幹中保留下來的，僅有她的先生有呂歇（Heinrich Blüher）和守寡的母親。鄂蘭跟先生同住在九十五號大道的一棟公寓大樓中，一間附帶傢俱的簡陋房間裡。母親瑪塔・貝爾瓦（Martha Beerwald）也住在同一層，而初抵這個新世界的她，不僅心態無助，身體也相當孱弱。當然，在逃亡之際，鄂蘭能救的已經比其他眾多「流離失所者」（displaced persons）還要多。但距離真正自主、自決的命運，這可還有一大段差距。

曾跟在雅斯培（Karl Jaspers）和海德格身邊做研究、寫論文的鄂蘭，即便在流亡的那幾年間，依然沒有揚棄自己特有的本能，也就是在各家學派與論述之間，目標明確地建立一套屬於自己的思維。其實在這個世界上，只有少數幾人的善意與友好是她能信賴的：住在紐約的導師庫爾特・布盧曼菲爾德（Kurt Blumenfeld）；耶路撒冷的猶太主義者格爾肖姆・朔勒姆（Gershom Scholem）；人在加州的前夫君特・施騰恩（Günther Stern）；還有同樣在紐約的神學家保羅・田立克（Paul Tillich）。雅斯培一家還活著嗎？如果是，那他們又住在哪裡？這些問題的答案已經無從得知。他們最後一次通信已是近十年前的事了。她也不曉得為什麼兩人這麼早就斷了聯絡。現在回頭看，雅斯培才是她過往人生中唯一、真正的師者。她跟海德格之間一度激情熱烈的關係，在一九三三年出於截然不同的原因驟然終止。那年，海德格加入納粹黨（NSDAP），並在發給學生的弗萊堡大學（Universität Freiburg）校長演講稿附錄中表示：「元首本人、他自己本身，就**是**德意志現在與未來的現實和最高律法。」[37]當時的她依然沒有勇氣去敲恩斯特・卡西勒（Ernst Cassirer）的門。當時在耶魯大學（Yale）任教的卡西勒，是透過共同友人知道鄂蘭這號人物的。

撕裂【鄂蘭】

自美國參戰以來，打聽留在歐洲的親朋好友的命運變得更加艱難，更別說協助他們逃亡了。所以，鄂蘭於一九四二年十二月十八日在德語流亡報《建設報》（Der Aufbau）中讀到關於南法居爾（Gurs）拘留營的遣送報導時，那一長串的遣送名單[38]令她大受打擊。曾替《建設報》寫了整整一年專欄的鄂蘭，也曾在一九四〇年被拘留在居爾營區，所以在那串名單中認出了幾位認識的人。

那年冬天，有數篇報導指出納粹即將以前所未見的手段，來處置數百萬名已被監禁在集中營裡的歐裔猶太人，而《建設報》的那篇文章只不過是其中的一篇而已。顯然，在希特勒或戈培爾（Goebbel）宣揚的「猶太問題之最終解決方案」（Endlösung der Judenfrage）精神之下，納粹已開始以近似於工廠的標準化作業方式，在特別為此方案建造的滅絕營中屠殺被拘留者——用毒氣將他們毒死。鄂蘭跟老公很清楚納粹對猶太人抱著絕對的惡意，也相信他們為了達成目標，會毫無保留地採取殘暴兇狠的手段。但面對這些報導，就連他們一開始也難以置信。報導中描述的程序太駭人聽聞，手段也毫無意義，從後勤或戰略角度來看更是沒道理。尤其在此時，希特勒的軍隊正在戰場上遭逢一次次的挫敗。聽說在這年冬天，納粹光是在蘇聯就已損失了一百萬名的士兵。

不過，事實顯然如此：報導數量太多、消息來源太廣。接續幾週間，鄂蘭內心那種失去全世界的感受，是她此生未曾體驗過的。這種感受跟特定團體或族群無關，也不涉及具體的空間或時間範疇，頂多只關乎她身而為人的存在感。一種近乎形而上的疏離、無依感將她籠罩著，彷彿在這個世界中央、在自我核心中突然裂出了一道、任何人事物都難以跨越的一道深淵。

他們不願相信的究竟是什麼？他們認為不可能發生的又是什麼？向一整個民族（即便他們遍佈世界各地）宣戰、將其視為不共戴天的死敵，這本身並不稀奇；戰爭本身以及兇殘的殺戮也沒什麼好大驚小怪的。歷史上，這類事件早已屢見不鮮，而且幾乎每次都伴隨著相同的恨意與殘暴。不過……始終無法用自己的語言來描述眼前所發生的一切的**這種感覺**，讓鄂蘭更清楚、更深刻地感受到自己的無力。[39]

此時此刻【鄂蘭】

她真希望能直接把過去的自我忘掉，假裝從此刻起，她能徹底無拘無束地決定自己是誰，以及想用什麼方式活在世界上：有些人，甚至還有一些哲學家，都會斷然聲稱把過去的自己忘掉是有可能的。不過，鄂蘭從來就沒有懵懂天真到會相信這種幻想。事實上，她知道「要創造一個全新的人格，就跟打造一個新的世界一樣，如此地困難、如此地希望渺茫」。[40]從來就沒有人能夠重新來過，從來就沒有人能如此自由自在、不受拘束。無論是出於浮誇的妄想還是最深刻的絕望，不管一個人再怎麼渴求或想像，這都是不可能的。

經過周詳、適切的思量，我們就能看清這種煉獄般的場面究竟是如何產生的。這一切其實都是源自一群個體的妄想，在個人意志驅使下，他們想讓整個世界改頭換面，想用一個統一的單一模型，鑄造出全然嶄新的世界。在這種狂妄的思維中，世界此後將由單一面貌來治理。換句話說，在這個世界的持續再創造中，其他人與實際具體的抵抗都不再必要——這是一種全面統治的政治惡夢。

不過，就算某些事是惡夢，我們在這極為黑暗的時期還能掌握這個事實，也代表我們能夠從惡夢中醒來。我們唯一該做的，就是提起足夠的勇氣睜開雙眼、讓雙眼保持雪亮，透過這個方式來清醒、警覺地感知個人當前面臨的深淵。就算會冒犯他人也要說出事實，[41]並藉此親眼見證這些深淵是從哪些淺灘演變而來的。不要被過去或未來所蒙蔽；不要盲目遵從個人或他者的判斷；鼓起勇氣，發揮並運用自己的理性思考能力；在思想上自由地找出個人的方向。

鄂蘭凝聚了全新的力量，而現在、此時此刻，最要緊的或許就是「全然地專注在當下」[42]。換個說法，就是讓自己在這個當下，全然地哲學化。

II. 流亡——一九三三至一九三四年

鄂蘭離開祖國，韋伊脫離政黨
波娃不再懷疑，蘭德放下手稿

思想框架【鄂蘭】

「通常只要有人在我面前坐下，我一眼就能知道哪裡苗頭不對了。但我要做什麼才能幫上你的忙呢？」[1]她的名字顯然還沒被登錄到蓋世太保的資料卡中。縱然鄂蘭想幫這位年輕警官的忙，她也不是很確定為什麼自己跟母親在這個五月清晨，在柏林亞歷山大廣場（Berliner Alexanderplatz）附近的咖啡廳吃早餐時，會被拖進一輛車、被帶到這裡接受質詢。

理由其實挺充分的。那年春天，她座落在歐比茲街（Opitzstraße）的公寓，是政治迫害受害者的藏身處。另外，大她一輪的友人庫爾特・布盧曼菲爾德，也託她替即將在布拉格舉辦的猶太復國主義大會「蒐集所有低階政府單位或人員的反猶言論」，為此她每天都到普魯士國立圖書館（Preußische Staatsbibliothek，現柏林國立圖書館）的書報檔案室找資料。如今，蒐集這些素材也成了違法行為。

或者，警方為了達到嚇阻之效，便直接將通訊錄上的所有人都找來訊問，與之相關的聯絡網也一個都不放過，貝托爾特・布萊希特（Bertolt Brecht）的通訊錄就是一例。希特勒取得政權不出幾天，蓋世太保就在布萊希特的住處搜到這份通訊錄，並將其沒收。這份通訊錄中的聯絡人，全是主張共產主義的柏林知識份子，鄂蘭當時的丈夫施騰恩也名列其中。

為了避免自己落入新成立的普魯士輔警手中，施騰恩早在二月初就從柏林逃往了巴黎。一九三三年二月，那場發生於二十七與二十八日深夜的國會縱火案（Der Reichstagsbrand），如同約定已久的行動代號，在施騰恩逃離德國兩週後，著實地在整個社會掀起了一番波瀾：納粹政府隨意逮捕、遣送民眾到鄰近農村的臨時集中營，就連市立體育館也被改造成一間間的刑求室。那年夏天，光是柏林就有兩百多處的警察單位。納粹引發的恐懼已滲透民眾的日常，受害者人數早已突破了四位數。

此時此刻，很可能有支蓋世太保小隊正在搜她的住處。不過那些傻瓜還能搜出什麼？不就是幾十本抄錄希臘文原句的筆記本、海涅（Heine）與賀德林（Hölderlin）的詩集，還有無數本探討十九世紀初柏林人精神生活的著作而已嗎？

從官方登記的資料來看，她只不過是一位清清白白的哲學系博士生，而且「德意志學術急難救助協會」（Notgemeinschaft der Deutschen Wissenschaft）給她的獎學金前年才剛到期。非常典型的柏林人：沒有收入的學者、作品沒人要的政治時事評論作家。想當然，她每天都在圖書館裡度過。除此之外她還能做什麼？畢竟，做研究可是一條永無止息的路。

事實證明，警方根本無法從鄂蘭的母親那裡取得什麼有用的情報。在偵訊過程中被問及女兒參與的行動時，守寡的鄂蘭太太瑪塔．貝爾瓦的供詞，體現了父母與子女團結一心的動人精神：「不知道，我不曉得她都在做些什麼。但不管她可能做了些什麼，那都是對的，換作是我也會這麼做。」[2]

她們都在被捕當天[3]獲釋，甚至不用請律師來。算她們運氣好。但好運也只有這麼一次。不過鄂蘭心意已決。留在這個國家是不會有什麼未來的，至少對她這種人來說是如此。

以拉赫爾為例【鄂蘭】

在希特勒取得政權的第一個夏天，大概沒人能比鄂蘭更清楚體悟到了這點：一個人究竟是誰、是什麼樣的存在，完全不是自己能夠決定的。過去三年來，鄂蘭以來自柏林的拉赫爾・范哈根（Rahel Varnhagen）為例，研究在十八與十九世紀交替之時，這位德國猶太女性與知識份子在身份認同上，經歷了哪些複雜的起伏波動。鄂蘭就此建構出了**一幅女性的心理描繪（Psychogramm）**。拉赫爾的存在，彷彿濃縮了所有受過教育的德國猶太人的人生，清楚體現出這個群體充滿張力的生命歷程，而且還帶出了「同化」這個問題。鄂蘭在這本大多以引言彙整而成的書中，描繪了拉赫爾的意識歷程。在其猶太根源遭受強烈否定的情況下，她早就無法與自己和世界建立穩固的關係了。身處那個年代的拉赫爾（鄂蘭目前的處境也是如此），被置於一種三度邊緣化的境地：女人、猶太人，以及知識份子。在他人眼中，她的存在必然具備某種意涵，而且她也無法擺脫這種觀點。由於拒絕接受社會加諸於己的形象，拉赫爾落入痛苦的「無我」（Selbstlosigkeit）狀態：「拉赫爾與事實的拉扯，特別是與生為猶太人的事實的掙扎，很快就演變成她與自我的拉鋸戰。她不得與自我取得共識，必須自我否決，必須改變或欺瞞自己身為弱勢者的事實，因為她無法斷然否認自己的存在。……一旦對自己說不，之後就沒有其他選擇，只剩一條路可走：**永遠在當下都只能做一個徹底不是自己的人。**」[4]

對鄂蘭來說，拉赫爾的案例之所以能代表整個時代，正是因為在拉赫爾的生命境況中，有兩種必不可少的勇氣相互衝擊著：一是啟蒙的勇氣，這代表個人會運用理性思考能力，自主將自己定義為理性個體；再來則是認清事實的勇氣，體認個人自決、自我籌劃的自由，永遠會受到歷史以及文化條件的制約，沒有人能全然擺脫這些制約。在拉赫爾身處的年代，這兩種勇氣的碰撞，**體現在自我發展的啟蒙理想和浪漫理想的拉鋸中**：介於理性與歷史之間；介於傲慢與偏見之間；介於思考與服從之間；介於自我能夠完全自主的夢想，以及必然面對的來自他者的他決之間。

根據鄂蘭的說法：「啟蒙運動的理性確實能解放過往偏見，並決定人類的未來。可惜的是，這顯然還不夠，這力量只足以解放個體，解放在孤島漂流的魯賓遜的未來。被這種力量解放的個體，最終還是會碰上世界和社會，**其約定俗成的框架會發揮『偏見』**（**Vorurteilen**）**的力量**。這份力量會讓個體發現曾經存在的事實，也是事實。對拉赫爾來說，生為猶太人的事實，或許僅指涉遙遠的過去，或許早已徹底消失在她的思想中。但是作為他人思維中的偏見，生為猶太人的事實卻是最痛苦的現在。」[5]

沒有人能逃出被拋進這種拉鋸狀態的命運，而且也不該合理地希望能擺脫這種宿命。因為這麼做的代價，其實不亞於失去那值得被稱為世界與現實的事物。

啟蒙【鄂蘭】

過於理性的自決會讓人面臨失去世界的風險。以拉赫爾為例提出這番警世箴言的鄂蘭，很清楚自己在追隨兩位對她來說影響深遠的學術導師的腳步，她走在他們的哲學足跡上。這兩位導師就是海德格以及雅斯培。鄂蘭在馬爾堡（Marburg）唸書時認識海德格，兩人從一九二五年開始了一段維持數年的戀愛關係。當時，鄂蘭就已透過海德格的學說和論述，敏銳地觀察出現代世界觀以及人類形象中的盲點。正如海德格在《存有與時間》（Sein und Zeit）這本劃時代鉅著中所言，大體而言，人類並非天生具備理性思考能力的「主體」（Subjekt），而是無緣無故被拋進世界的「此有」（Da-Sein）。作為一個會思考、會行動的生命體，**人類並非活在一個必須先賦予其意義、寂靜無聲的「現實」（Realität）當中，而是活在一個本身即充滿意義的「環境」（Umwelt）裡**。同樣地，對海德格來說，真正的人類**自決**幾乎跟全然理性的決定、盤算、甚至規則無關，而是跟處在攸關存亡的臨界與特殊境況中那股能夠緊抓住自己的勇氣相關。

在一九二〇年代，這些主題也驅動著和海德格思想最親近的密友——雅斯培。一九二六年，鄂蘭搬到海德堡，在雅斯培的指導下開始寫博士論文。不過雅斯培的存在哲學（Existenzphilosophie）跟海德格不同。雅斯培著墨的重點，並非**黑暗又強烈的孤離情態的力量**，如：憂懼（Angst）或是瀕近死亡（Todesnähe）。他關注的面向，反而是透過對他人的溝通（Kommunikation）及關注（Zuwendung），找出一條更光明、自由的人生道路。在理想情境下，對他人的關注一直是一種辯證式的對話互動，因此不僅點出實際對話對象的必要性，也同時排除沒有具體受眾的言談，例如與不知名「人士」、「公眾」甚至「人類」的對話。

在這些刺激的推進之下，鄂蘭從一九二〇年代末，開始發展出一套她個人用來詮釋人類境況的論述基礎。藉由這套基礎的形式與內容，鄂蘭得以用獨樹一格的方式來解讀拉赫爾的案例：拉赫爾的處境不就像個特製的案例嗎？在她身上，我們能清楚看出每個現代此有受到了哪些實際上的壓迫與制約。

眾聲喧嘩【鄂蘭】

意識到自己和拉赫爾處在相同的困境——對身為哲學家的鄂蘭來說，這代表拒絕認同任何與世界和歷史脫節的理性概念。她也體認到，唯有在他人的行為表徵中，我們才能達成所謂的自我追尋（Selbstfindung），同時也代表放棄以抽象的方式去談論「人本身」（Menschen an sich）。這麼說來，鄂蘭必然會進行具體的個案研究，而不是選擇全然抽象的分析與論述：以眾聲喧嘩的生命記敘來實踐存在哲學。

在這本以拉赫爾為主角的著作中，光是開頭的前幾句話，就清楚點出鄂蘭**替這種哲思取徑**樹立了一個令人印象深刻的典範。同時，她也將自己定義為一位活在一九三三年時空背景下的作家。那一年，德國猶太人的歷史再度出現關鍵轉折，而且也剛好是拉赫爾逝世一百週年。

拉赫爾就像唐吉訶德一樣異想天開、不切實際，一輩子被困在錯誤的敘事之中，滿懷理想地在世上遊蕩、尋找自我。不過在臨死前，來自浪漫時期的拉赫爾終於真切地洞悉事實、自我追尋：「多輝煌的一段歷史啊！身為來自埃及和巴勒斯坦的流亡者，我來到此地，在你們身上尋得協助、愛與滋養！……在狂喜之中，我想著自己的出身，想著這一連串命運的紐帶。透過這串紐帶的嫁接，人類最古老的記憶與最新的發展得以並肩而立，**並在最大程度上連結了時間與空間**。我生命中有很長一段時間，認為身為猶太人是我今生最大的恥辱，也是最痛苦的悲哀與不幸，但我現在會不計代價地緊緊握住這個根源。」[6]

寫下這段文字時，鄂蘭也正面臨人生重大轉捩點。經歷拿破崙（Napoleon）事件後，出生在中產階級家庭、受盡呵護的拉赫爾，終於體悟到原來「她的存在也會受制於普遍政治條件」。[7]身為思想家的鄂蘭，也是因為希特勒的崛起和掌權，才真正對政治領域有所體察。拉赫爾最後滿懷感激地肯定自己的猶太人身份，鄂蘭也在撰寫這本書的過程中，對於伴隨猶太身份而來的特定要求、風險，以及即將成為賤民的前景，有越來越敏銳的警覺和意識。針對這些因猶太身份而起的議題，她長久以來都未能去碰觸。

事實上，在逐漸興起的納粹政權壓迫下，她的政治意識越來越清楚，同時也對個人處境更加敏感。而且，受到猶太復國主義者庫爾特．布盧曼菲爾德的啟發，她也投身蒐集各種辱罵猶太人的言論。在德國，此類言論已成常態。

她究竟是誰、未來想成為什麼人，這個問題始終無解。不過有一點她非常清楚：這都不是她一個人能決定的，而各方人士對於找出明確解答的期望也愈發強烈。警方斬釘截鐵地將民眾分成不同群體的渴望，似乎在一夜間蔓延了整個社會。

德意志本質【鄂蘭】

一九三三年初，鄂蘭與博士論文指導教授雅斯培的通信內容，就繞著這些議題打轉。雅斯培跟鄂蘭一樣受到時代精神的啟發，決定建構出一幅特殊的心理描繪。對雅斯培來說，身份認同議題也是探討的首要重點。畢竟，他在「民族主義青年身上發現，其實在混亂與錯誤的閒言閒語之中，藏著不少善意的初衷和真切的衝勁」，所以他想以曾一起在海德堡教書、於一九一九年去世的社會學家馬克斯·韋伯（Max Weber）為例，闡述「身為德國人」蘊含的主張。

雅斯培刻意讓一間擁護民族主義的出版社發表這本書，目的是為了「觸及那些需要且渴望這種教養刺激的讀者」。[8]早在一九三二年秋天，雅斯培就將這份研究寄給了鄂蘭，而且還親筆題詞。著作的標題為《馬克思·韋伯——政治思想、研究與哲學中的德意志本質》（Max Weber – Deutsches Wesen im politischen Denken, im Forschen und Philosophieren）。[9]鄂蘭躊躇猶豫，隔了一個月才落筆回信：

一九三三年一月一日，柏林

致我敬愛又親愛的教授：

誠摯感謝這份馬克思·韋伯的個案研究，收到這部作品著實讓我滿心歡喜。我之所以到現

> 在才表達謝意，其實是有特定原因的：這本著作的標題與引言，讓我難以對其採取特定立場。之所以如此，並不是因為您將他形容為偉大的德國人，而是因為您描述他體現的「德意志本質」，以及您將這種德意志本質，視為「來自熱情之起源的理性與人性」……您會明白，身為猶太人的我，既不能認同、也無法否定；無論是表達同意或反對，其實都不適切。……對我來說，德國代表母語、哲學以及詩歌，對此我能夠、也必須站出來挺身捍衛。然而，當我讀到韋伯的壯烈文句，讀到他說為了重建德國，他願意與惡魔的化身聯手時，我便有義務保持距離，此事，我無法表示贊同或否定。對我來說，這句話似乎點出關鍵癥結。……儘管家務繁瑣，但我的寫作進度依舊未受耽擱。那本關於拉赫爾的書已完成絕大部分了。[10]

在一九三二與一九三三年之交，德國為了「重建」所締結的魔鬼契約愈發清晰可見。鄂蘭的回覆之所以不落窠臼、極具遠見，在於她拒絕採取明確的立場。唯有在母語以及傳統方面她願意清楚表態，因為她也是憑著德意志的語言與傳統，才一步步成為如今的思想者。至於明確的態度、理念或甚至是領土，她都無法選邊站。對於像鄂蘭這樣的人來說，他們反而是將故鄉放在心上（先以書本的形式，接著把故鄉裝進行李箱），行遍世界各地。

正因這種具有特定意義的「德國」（Deutschland），必須在閱讀以及重新詮釋的過程中，反覆被探討建構並賦予生命，所以我們不能用僵化、置於時空背景外的「本質」（Wesen）來定義德國。假如真有所謂的「救援重建」工程，那也只有透過理解、良善的掌權（Aneignung）才能實現。也就**是指透過排除任何與魔鬼契約有關的事項為本質來進行**。

雅斯培即時回信，並在信中告誡這位當年指導過的學生，表示作為一種文化存在，人「不能全然活在否定、懷疑以及曖昧不明中」。[11] 然而在一九三三年初，鄂蘭不想聽到任何關於德國歷史政治使命的雜音，也不想接收這套把以德語作為母語的猶太人收編進德意志傳統的偏頗論調。鄂蘭在一九三三年一月六日回信雅斯培，內容如下：

就我先前在信中提及的原因來看，我當然還是德國人。只不過我無法就這樣將歷史政治的宿命納入其中。我很清楚知道在這段歷史中，猶太人出現的時機太晚，佔據的部分也相當零碎；猶太人當初進入這個異文化時，實在非常偶然。……德國的昔日榮光是您的歷史，而我的歷史究竟是什麼，實在無法一言以蔽之。無論是猶太復國主義者、提倡同化者，還是反猶主義者也好，基本上任何一種明確的立場，最後都只會模糊情況的真正癥結。[12]

但是，身為德國猶太人或猶太德國人，要如何避免落入被動的情況，從此「徹底活在否定」之中，又能同時擺脫時代精神強加的**絕對形象**呢？這種生活有可能實現嗎？擺脫拉赫爾的宿命，同時又免除毫無保留的認同，進而不掉入政治收編的陷阱，這種人生會是什麼樣子？人生有了立足點，卻沒有欄杆可以撐扶？對鄂蘭來說，無論這些問題的答案能在哪裡找到或構思而出，這個地方都絕不可能是德國。

後門【鄂蘭】

鄂蘭和母親一起選擇了典型的逃亡路徑：從厄爾士山脈（Erzgebirge）穿越自然邊界來到捷克。政治迫害受害者大多都留在布拉格。隨著一九三三年春天的到來，強烈主張社會民主精神的反抗勢力，在布拉格形成強大的組織網絡。知識份子原則上會繼續經由瑞士逃到法國。一九三三年夏天，已有約四萬人經由這條路徑逃亡，其中有兩萬人逃到了巴黎。

彷彿不只心智要度過這樣的轉化，肉身也需真切地體會這種新獲得的「此間」（Dazwischen）身份，一位同情德國人處境的人士之住家，正巧位在跨越邊境的路線之間。她家的「入口位在德國境內，但一走出後門就來到了捷克。她白天接待自己的『客人』，提供他們食物，等到夜晚，就在夜色掩護之下從後門讓客人離開」。[13] 離開德國，迎接新人生。

狂亂【韋伊】

身為中學教師和工會社運份子的韋伊，也終於在一九三三年夏天向德國道了別。一年前，她臨時決定從巴黎來到柏林，想在柏林停留幾週、了解當地的情況。畢竟，她在替一份工會報紙寫的十篇系列報導中開宗明義地表示：「所有盼望勞動階層贏得勝利的人，……目前都將焦點轉向了德國。」[14]

她在柏林親眼所見的，卻是一個支離破碎的國家。「在德國，原為工程師的人，如今卻得靠在公園出租椅子來賺取每日的一餐冷食；老人頭戴圓頂高帽、身穿領片硬挺的襯衫，在地鐵站出口乞討，或在街上用破碎的聲音哼歌。學生離開大學校園，到外頭兜售花生、火柴、鞋帶……大家都等著有天被扔進那沒得選的無業狀態。對於近半數的德國勞工階層來說，這就是他們的命運。」[15]

換言之，在這個擁有全歐洲組織最完善、規模最龐大的勞工運動的國家，社會氛圍顯然極具革命性。不過，德國當地的左派份子卻嚴重分歧、毫無作為。德國共產黨（KPD），以及由史達林和全俄羅斯中央執行委員會（das russische Zentralkomitee）帶領的共產國際（Kommunistische Internationale），並沒有團結起來反抗納粹主義者，反而發起「以社會民主為『頭號宿敵』的宗派鬥爭」。對韋伊來說，後果顯然很好預期。一九三二年秋天，她寫信給一位在工會擔任高層的友人，並在信中寫道：「在德國，我已經失去對這個政黨的最後一絲敬重……對這個政黨的任何一丁點包容都罪不可赦。」[16]

短短一年後，韋伊在文章中提出的預測準確應驗。希特勒取得全面勝利，肅清行動火力全開。史達林的蘇聯甚至沒有提供逃亡的同志庇護。就韋伊看來，那些相信在莫斯科憐憫下發起的無產階級革命能成功的人，在精神上都已病到無可救藥了。

革命精神【韋伊】

對於還在大學讀哲學時就有「紅色西蒙」稱號的韋伊來說，這是讓她更積極投入政治行動的另一項原因。救援流亡者、工會教育，以及發表政治評論專文，這些都是她參與政治的方式。

之前在歐塞爾（Auxerre）中學就任的韋伊，在學校與人起了爭執（因為她教的十一位學生中，只有四人在結業考中通過哲學科考試），她因此在一九三三年秋天被轉調到羅阿訥（Roanne），一個靠近里昂的小鎮執教。教育局希望這位社運份子能在更寧靜、更中產階級的地區教書。每週只要教十二小時的課，學生只有五位，如此輕鬆的教學量，讓韋伊有時間跟空間從事她認為真正重要、刻不容緩的工作。一有機會，她就會搭火車到聖艾蒂安（Saint-Étienne）的勞工社區，替礦工開設夜間課程以及一系列講座。基礎幾何學、法國文學入門、科學社會主義基本原理——著眼即將到來的社會，這些知識都必不可少。身高不及一百五、雙手總插在裝滿菸草的大衣口袋內，韋伊從火車站匆忙趕到公會的活動空間。她只需要帶幾張筆記就能上台教課。

課程結束後，勞工夥伴通常會再相約到附近的一間公寓，屋裡的座椅排成一圈圈，中央就坐著西蒙。她繼續講課，不設限地談論提升產量以及生產手法之間的關鍵連結，闡述笛卡兒惡靈論證中的誘惑，或是背誦荷馬與艾斯奇勒斯（Aischylos）的詩作段落。其他人唱著內容無比粗俗的勞工歌曲時，她偶爾也會一起哼哼唱唱。唯獨跳舞她不會加入。「我又不知道要怎麼跳。」[17] 然後她又接著自言自語幾句，並馬上溜出房間。

每逢週末，她就會上街走在抗議隊伍的最前頭、身上披著紅旗，扯開喉嚨大唱《國際歌》（Internationale）。沒有人能輕易讓「這位西蒙」閉嘴噤聲，誰都沒辦法。就連史達林派系的鬧事者也辦不到。為了將韋伊喊下台，那些鬧事者越來越常出現在她現身的抗議活動中。

即便在羅阿訥的女子中學內，抗爭依然不停歇。同校另一位女教師宣布要在下午開一場讀書會，想在會上研讀公教進行會（Action Catholique）使用的素材時，韋伊一得知這件事，就請人從巴黎將資料寄過來，仔細研究過後對全體教職員宣布：「如果這場讀書會開成的話，我明天也要開一場探討理性主義的讀書會。」這起紛爭鬧到校長室。調解會談的結果未有任何紀錄。[18]

擔憂【韋伊】

不過，韋伊還有另一面。而且不只有在頭痛再次襲來時，她才會顯露另一面。她雙眼緊閉、手緊緊按著太陽穴，獨自一人徹夜坐在房內。劇烈頭痛讓她難以入眠，整個人深陷痛苦的折磨之中。之前在勒皮（Le Puy）與歐塞爾任教時，她的父母都有陪她到住處安頓一切，這次抵達羅阿訥的頭幾天也不例外。父母幫忙二十四歲的女兒找下榻處、添購傢俱，並提供一些基本的日常用品。母親「蜜米」（Mime）和父親「嗶哩」（Biri），比任何人都清楚女兒真正的脆弱何在，了解她那近乎自我毀滅的苦行與不食人間煙火的性格。

幾乎每天和女兒通信的他們，總會在信中表露相同、基本的擔憂：妳公寓有開暖氣嗎？吃飯了嗎？能不能寄衣服給妳？面對這些問題，西蒙可能會以強硬的抵抗口吻來回應：「親愛的蜜米，……我要清清楚楚地**禁止**妳，不准在沒得到我確切許可之下替我添購任何東西，除非我已經超過十五天沒進食，或有其他類似的情況發生。」[19]另外，父母也知道西蒙多年來是如何管理收入的。她只會從薪水中，**拿出和政府補助失業勞工最低金額的相同數字**，來作為自己的生活開支，其餘的部分都捐出去，捐給生活匱乏或流亡逃難的同志。

隨著情勢在一九三三年逐漸開展，韋伊的母親成為了她的私人助理，幫忙單打獨鬥的她援助流亡者。除了自住的公寓，韋伊的父母在同棟的八樓還有一間閒置的公寓。這間在盧森堡公園附近，座落於奧古斯孔德街（Rue Auguste Comte）的公寓，儼然成為流亡者的接待中心。

這年秋天，韋伊每週都會寫信給母親，告知她德國流亡者即將抵達，並指示母親必須二話不說收留、金援這些逃難者。父母總照她的意思做。他們早已屈服於她的意志，也認清自己的角色（父親是受人敬重的醫師）主要是竭盡全力，支持特立獨行的女兒過她那特立獨行的生活。雖然他們都知道女兒之後必然會再度體力透支、整個人倒下，但他們仍會在那之前，盡可能讓她順利照自己的意思生活。

一九三三年秋天，韋伊的一篇文章如同流星，精準命中法國左派的思想版圖。閱讀女兒在文末寫的那幾句話時，她父母肯定異常警覺，同時也格外擔憂。韋伊寫道：「世上沒有任何事物能禁止我們保持清醒。理論上的啟蒙任務，與實務上的抗爭任務，這兩者互不矛盾。反而，這兩件事是相互影響的。要是不知道自己要什麼、不曉得該克服哪些障礙，人就無法採取行動。然而，由於時間有限，我們必須在思考與行動之間妥善分配時間，或確切來說——在思考以及準備行動之間分配時間……儘管如此，對我們而言，最大的不幸在於：在尚未成功、尚未理解之前即崩毀消逝。」[20]

第三條路【韋伊】

一九三三年八月二十五日，韋伊的分析專文〈觀點——我們正邁向無產階級革命嗎？〉（Perspektiven – Gehen wir einer proletarischen Revolution entgegen?）首度在一份工會雜誌[21]上刊出。這篇文章的挑釁意味無比濃厚。文章中，她點出已成為法西斯政體的德國和史達林的蘇聯在結構上有哪些相似之處。短短幾個月內，希特勒就在德國……

> 建立了一個政權，其架構大致上可與俄羅斯政權相提並論，也符合托姆斯基（Tomski）的定義：「單一政黨掌握政權，其餘人士關進監獄。」我們還能額外補充：在這兩個政權之下，政黨都機械化地臣服於最高領導人，而且這兩個政體都是靠警察來捍衛維繫。不過，要是沒有經濟主權，政治主權也無法存在。所以在經濟範疇，法西斯主義也表現出與俄羅斯政權同化的趨勢，其手段就是將所有經濟與政治力量集中在國家元首手上。[22]

此外，韋伊認為史上第一個採取絕對元首形態的政權，建立在一種嶄新的、技術性支持而成的壓迫形態上。這種壓迫形態之所以得以發揮效力，關鍵在於那群負責監控的新任政府官員的權力大幅擴張。這群官員之所以行使權力，目的不在「提升被征服者的福祉」，而是「讓權力持續增長、擴張」。[23]不過，這終將摧毀馬克思主義的階級鬥爭架構。

希特勒與史達林的全新政治體系，站在外部經濟形態的角度，是往國家資本主義前進，但從內部結構來看，卻是朝壓迫式監控的國家邁進。在這種新體制中，由於監控技術不斷革新發展，那群主要目的為自我擴張的官員也持續行使職權，韋伊口中的「官僚獨裁」（bürokratische Diktatur）形態因而確立。截至目前，蘇聯就是這種官僚獨裁最鮮明、最極致的範例。

這麼說來，這就是與真正的勞工民主相距最遠的一種政治形態。畢竟，只要實質壓迫關係沒有改變，生產工具在名義上到底歸屬於誰（勞工、大資本家、國家）根本就無關緊要。要是真的出現變化，也只不過是史達林政權統治下的勞工日常變得更殘忍野蠻、且供給短缺的災難頻頻接踵而至罷了。

在與俄羅斯流亡者的通信和交談中，韋伊大致上對史達林政權在一九三三年秋季的情勢有所體察。在一封寫給母親「蜜米」的信中，她概括整理自己得到的資訊：「在馬格尼托哥爾斯克（Magnitogorsk），一個人民還有工作能做的城市，能見到人民徒手挖出腐爛的馬鈴薯生吃，當地工人在零下四十度的氣溫中，睡在沒有暖氣的營區裡。在烏克蘭，許多村莊的村民都因饑荒而全數餓死，當地政府不得不特別立下一項法規，規定吃屍體者會被判處死刑……因為害怕祕密警察（GPU）的殘暴惡行，民眾互不信任。還有人說民眾在零下三十五度的低溫中大排長龍，從早上八點排到中午兩點，只為領取一份馬鈴薯。」[24]

對於一九三二和一九三三年那場名為烏克蘭大饑荒（Holodomor）的駭人悲劇，及因饑荒導致的殺戮，韋伊也只有粗淺的了解。據說約有四百萬名烏克蘭人在挨餓的痛苦中死去，這也是史達林政權刻意造就的局面[25]。不過，她的通信證明了一點：在一九三三年的法國，想知道蘇聯發生了什麼事，是有辦法獲知真相的。這份無聲、不可思議的領悟，影響著韋伊的分析與判斷。

韋伊在文章結論中提到，從合理的角度來看，這種坐擁「駭人機器」的國家，必須持續加強對人民的壓迫，並打著自家國民的名義達到最大的政宣效果。國家不屈不撓地與外部敵人抗爭、求生存時，人民須將所有勞動生產貢獻給極權政府。唯有如此，個體被壓制在全然無名的集體之下的循環才算圓滿。此後，這個集體中唯一清晰可見的臉孔就是元首。

至於如何讓這個動態循環停下腳步，韋伊找不到辦法，也未在文中提出解方。身為一位盡職的社會主義者，她覺得能在文末提醒讀者社會主義的實質意義為何就夠了：「我們將最高的價值置於個體而非集體。我們希望能藉由去特殊化來創造完整的人類，因為特殊化使所有人殘缺不全。……個體認為其被殘忍地剝奪了鬥爭和勞動的手段；現今，倘若個體不全然屈服於集體的力量潛能之下，戰爭與生產就不可能發生……社會從屬於個人，是真正的民主主義，也是真正的社會主義。」[26]

救世軍【韋伊】

過度官僚化、政黨機器與基層脫節、盲目認同……在當時的左派陣營中，針對俄國革命進程提出此類批評的不只韋伊一人。確切來說，這些正是列夫・托洛斯基（Leo Trotzki）自一九二〇年代末以來，對前戰友史達林提出的批評。旋即在蘇聯被扣上「猶太陰謀論者」（jüdischer Verschwörer）與「法西斯走狗」（Lakai des Faschismus）帽子的他，先是被驅逐到哈薩克，一九二九年又被迫逃到土耳其。一九三三年七月，他終於在妻子娜塔莉婭・謝多娃（Natalia Sedowa）與長子盧・謝多夫（Lew Sedow）陪同下，逃到巴黎南方的小城巴比松（Barbizon）。持續處於缺錢的狀態，加上莫斯科又頒布法令剝奪其公民身份，他只好在嚴峻的生活條件，以及對蘇聯情報單位爪牙的恐懼中，以自由政治評論作家的身份活著。私底下，他還是持續努力建設第四國際（Vierte Internationale），而其宣揚的目標依然是推動共產主義的世界革命。

法國總理達拉第（Édouard Daladier）的政府嚴格禁止他干預法國內政及在巴黎停留。因此，策劃第四國際的風險相當高，需要縝密的安排以及高度的保密。「嗶哩」抗拒了好長一段時間，但在韋伊的反覆堅持下，他還是不出所料地屈服了。

來到年末與年初之交，時機終於成熟。托洛斯基換了新髮型、刮了鬍子、衣領翻起來遮著臉，並在兩名保鑣以及妻兒陪同下，住進先前提到的奧古斯街八樓。簡單察看一番後，韋伊一家的公寓顯然很合適。他們唯一的要求是加張扶手椅讓保鑣可坐。保鑣拿著已扣下扳機的左輪手槍，輪流守在托洛斯基夫婦的臥房外。

一來是因為韋伊本來就有在協助逃亡者，二來是她跟托洛斯基的兒子盧（所有人都稱他為「王儲」）早有聯絡，她才會跟這位即將掀起世界革命的新領導人在自家公寓初次碰面。韋伊與盧從那年七月就開始有書信往來，但這並不妨礙父親托洛斯基（在韋伊的圈子內，他都被稱作「爸爸」），親自對韋伊發表的那篇「無產階級革命」論文，做出非常個人的評論。一九三三年十月十三日，他在《真理》（*La Verité*）雜誌上，發表一篇題為〈第四國際與蘇聯〉（Die Vierte Internationale und die UdSSR）的文章。文中，他尖銳、斷然否定韋伊的分析與結論。他寫道：「無產階級獨裁的部分失敗經驗曾令她失望；如今，韋伊在新的任務中找到了慰藉：反對社會、捍衛個人人格。以浮誇的無政府主義來重新包裝舊時的自由主義，這種公式顯然在當下蔚為流行。最後，我還得點出韋伊在提及我們的『妄想』時，態度有多麼地傲慢自大！她跟她的同道中人，還得經過多年的磨練，才能真正擺脫那極度保守的小資產階級偏見。」[27]

看來「爸爸」一點都不開心。所以大家也不難想像，接受韋伊的提議，住進她家公寓時，托洛斯基有多不甘願。不過，韋伊內心也同樣激動沸騰。就算這位勇敢無懼的男子曾率領數百萬名革命鬥士，也不代表他的論述就站得住腳！

托洛斯基的聲音大到樓下都聽得見，[28]而且他激動到連跟「蜜米」和「嗶哩」一起坐著喝茶的妻子都搖頭：「這孩子真的敢公然挑戰托洛斯基啊……」

一九三三年十二月三十一日，與托洛斯基談話結束後，韋伊立即將對話內容寫成筆記，而筆記中列出的爭議點，也將在未來幾年、甚至是幾十年間，深刻影響左派的論述：為達革命目的，我們應該允許、應該需要哪些手段？在筆記中，韋伊尤其將焦點擺在每個人類生命的絕對價值上：為了煎革命蛋捲，我們可以、或是必須打幾顆蛋？還是說，這種非人性的措辭早就觸犯了關鍵禁忌，通往恐怖數百萬倍的慘劇大門早已被推開？

韋伊對此深信不疑，托洛斯基的態度則沒那麼堅決，這點他已經數次表明，而且他大概也不得不採取這種模稜兩可的立場。在一九二一年的「王冠城起義」（Kronstädter Matrosenaufstand）後，托洛斯基曾親自下令，要求立刻處決一千五百名造反的「反革命分子」（Konterrevolutionäre）。韋伊在與托洛斯基的談話初始，就直接以這起事件為由責備他。「好，既然您這麼想？為何還要提供我庇護？您難道是救世軍的人嗎？」[29]

回想起來，這簡直是個能預知未來的問題。不過，這也只是一場爭執的序曲。在這場爭執中，托洛斯基逐漸發現自己被迫擔起了一個略顯矛盾的角色，也就是打著革命的名號，替那些現在直接對他性命構成威脅的人辯護：「我沒什麼好責備史達林的（除了他個人政策架構內的錯誤之外）……他們已經達成不少成就了，對婦女勞工及童工來說，這位為俄國付出心力的男人以包容的方式掌控政府，因為，比起讓資本家回歸，他更偏好讓政府掌權。這就是他統治的勝利印記！」

哦，是這樣嗎？韋伊接著追問。這麼說來，那我們是否也能說，其他地區的統治者也是以包容的模式來控制政府的？例如法國或德國……「您這個理想主義者，將統治階級稱為被奴役的階級……說真的，為什麼您總是要質疑一切？」

總之，在此次對談尾聲，托洛斯基再次堅決表態：「我不僅相信新的左派反對勢力能成功革命，我還百分之百確定！」成功與來自歐洲各地的戰友密會後，托洛斯基在道別時留給韋伊父母這句話：「第四國際就是在您公寓開始的！」30

遺言【韋伊】

一九三四年初，韋伊也篤定確立了新的信念，只不過這個信念跟托洛斯基的截然不同。一九三四年二月六日，巴黎爆發嚴重騷動和街頭鬥爭，導致無數人死亡、數千人受傷。在經濟危機谷底，銀行與證券交易所的大規模詐騙行為也接連曝光。某位名為亞歷山大・斯塔維斯基（Alexandre Stavisky）的男子，以龐氏騙局的手法，貪污騙走幾億法郎的公款，此行為顯然被左派的地方政府和中央政府官員掩蓋。這個從天上掉下來的好機會，右派政宣媒體當然沒放過。除了強調詐騙者身邊的社會主義友人外，還特別放大他的猶太烏克蘭血統。騷動發生隔天，來自激進黨（Parti Radical Socialist）的愛德華・達拉第，在二度就任法國總理、擔任那如今被稱為「殺人犯政府」（Regierung von Mördern）的首腦短短六天後，就宣布辭職退位。政局根本沒能穩定下來。

幾天後，韋伊從巴黎寫信給人在瑞士的摯友西蒙・佩特雷蒙（Simone Pétrement，她後來寫了韋伊的個人傳記）：「這裡沒什麼新聞，我唯一能說的，就是這個國家正往法西斯主義直線前進，或至少正邁向極端保守的獨裁政體，不過這些妳早就知道了。所有來自俄羅斯的消息也令人絕望。

至於德國，還是別提了。……除了做理論研究之外，我已經決定徹底從政治抽身。不過，這不代表我不會參加任何大規模、自發性的群眾運動（以追隨者、鬥士的身份參與），只是從此之後，我不想再承擔任何責任，就算責任再小、形式再間接都不願意，因為我確定所有血都是白流的，戰爭還沒開打就已經失敗了。」[31]

在接下來幾個月內，韋伊將所有精力投注在一份論文上。她對朋友說這是她的「精神遺產」。當時韋伊二十五歲。那篇文章的標題，簡直就是對後續十年情勢的預言：《反思自由與社會壓迫之起因》（*Reflexionen über die Ursachen der Freiheit und sozialen Unterdrückung*）。[32]

身陷險境【波娃】

一九三四年二月十二日，波娃的同事跟其他四百萬名法國男女，聯合起來響應工會號召的全國罷工，但波娃說：「我完全沒有考慮要加入，我一直以來都遠離政治活動。」[33]畢竟，上街參加遊行，是表示自己支持其他勞動者權益的表現。不過，波娃正好對這種事沒有任何一點內在動機。她不僅還沒準備好接受、認同「自己的中學女教師身份」，[34]在這個人生階段，她也未能理解他者存在的益處為何。她在回顧時寫道：「他者的存在對我來說始終是種威脅……我一直處在防備狀態。跟沙特相處時，我才得以將自己抽離這種狀態，因為我清楚明白『我們是一體的』我將我倆放在世界中心，而圍繞在我們周圍的，是一些討厭、可笑又滑稽的人，他們蒙昧到看不見我，只有我才是目光清晰的。這就是為何我毫不掩飾地無視他人的意見。」[35]

近五年來，她跟沙特發展出一種特殊的伴侶關係：在精神層面全然投入、合而為一，同時又不排斥其他體驗和冒險。一九二九年，他們在全國中學哲學教師招聘會考（Agrégation）中榮登榜首。[36]按制度規定，他們將從巴黎被派往各省任教，正式步入第一年的教師生涯。

至少從這個角度看來，在一九三二年從馬賽被調到魯昂（Rouen）的波娃，等於重新回到了個人存在的中心。因為沙特當時在北方港口城勒哈佛爾（Le Havre）教書，搭火車一小時就能抵達，週末要往返巴黎也方便多了。

不過就算他們的親密距離得以拉近，也無法彌補因現實生活而造成的內心空洞。而且，她的文學創作一直未見起色。她多次在魯昂的咖啡館裡構思小說，但過了短短幾星期又會把初稿扔掉。這些小說主要是描寫女性在她所處時空背景下，開始追求真正自由的人生時會面臨哪些社會壓力。

他者【波娃】

首先，我們可以用更平實的方式，來描述這位極度聰慧、二十六歲的中學哲學女教師所面對的生活境況：雖然她和年長她兩歲的沙特發展出了一段深厚又獨特的關係，但她還沒找到內心真正的聲音，以及自己在人生中的位置與立足點。無論是工作還是文學方面皆是如此，政治和哲學層面也一樣，情慾的部分，就更不用提了。

顯然，有一個前所未聞、截然不同的自己正在體內發酵。波娃深感痛苦，尤其是因為她身邊有些女性同輩的成就已比她更高了。積極參加共產主義團體的科萊特・奧德里（Colette Audry）就是一例。在波娃任教的學區當地，奧德里大概是波娃唯一想建立友誼的同事。當然，還有奧德里最親密的戰友：

> 科萊特……有時會向我提起韋伊。雖然我不願承認，但這名陌生女子已強行進入我的生命：她是一位中學教師……聽說她住在馬車車伕的旅舍，而且每個月的一號都會將薪水擺在桌上，需要的人都能去拿。……她的智慧、她的苦行與禁慾，還有她那極端的思想與精神，全都讓我感佩不已。我知道假如她認識我的話，是不會像我佩服她那樣欽佩我的。我無法將她併吞進我的宇宙，我隱約覺得自己受到了威脅。[37]

早在十九歲進索邦大學（Sorbonne）讀哲學時，波娃就將「自我與他者」之間的對立，描述為實際驅動她哲思的議題。[38] 對波娃來說，在她修業期間令她穩定發揮個人創造力的沙特，成為讓她滿足、愉悅的「大同類」；而同學韋伊的存在，則在這段期間佔據「大它者」的位置。

她們如同兩塊磁鐵，初次見面時就完全相斥：「中國發生一場大饑荒，我聽說她（韋伊）接獲這個消息時泣不成聲：她在哲學方面的天賦本就令我激賞，但這些眼淚讓我對她更敬重。我羨慕她有顆能為全世界跳動的心。有一天，我居然順利地認識了她。我不曉得我們是怎麼搭上話的。她斬釘截鐵地對我說，當今地球上只有一件要事，那就是推動一場讓所有人能得溫飽的革命。我則不容置辯地反駁說，問題不在於讓人活得幸福快樂，而是替他們的存在找出意義。她毫不動搖地看著我。『妳看來就是一臉從來沒餓過的樣子。』我們的關係便就此劃下句點。」39

面對所有他者，尤其是最遙遠的他者，韋伊願意展現百分之百的共鳴與認同，而這種意願卻與波娃的目標針鋒相對。波娃致力於追求的，是讓自我與自己和身邊最親近的人產生絕對共鳴，並且抵抗所有他者。對波娃來說，「替人類存在找出意義」的挑戰，實際上隱含雙重難題：首先，自認為有意義的存在是建立在何種基礎之上？其次，他者的存在會扮演或應該扮演什麼角色？換個方式問：如果真的具有任何意義的話，他者昭然若揭的存在，又會替個人存在帶來哪些意義？

對於她本身，和她在這個世界上的生命意義而言，沙特的存在已然足夠。其餘的人完全可以用漠然的諷刺態度來對待；但無法秉持這種態度時，他者尤其會對她造成嚴重的干擾。

封閉【波娃】

波娃至今不願同理他人、與他人產生共鳴，甚至不願承認他人也存在於世界上，這種抗拒不只是特殊的心理特徵。追根究柢，自笛卡兒（René Descartes）開始，整個現代哲學的結構都籠罩著這層困惑：人作為完全被自身思想限制的主體，要如何或從何得知其他會思考的主體也同樣存在？人是不可能鑽進他人體內的。此外，我們只能藉著從自身經驗推導而出的結論來探查其他人的意識，好比「在她或他現處的情況，我會有這種體驗、想法、感受……。」不過，在《沉思錄》（Meditationen）[40]這本重要的作品中，笛卡兒已徹底表明這些結論有誤——沒錯，甚至在極端情況下，也缺乏真正合理的依據。一旦充分練就滿腹的哲學懷疑精神，就再也沒有任何人、事、物能令我們感到百分之百確定，令我們相信自己在他者展現的行為中看見的，是跟我們一樣具備思考與感知能力的生命。說到底，他者極有可能是內心世界空無一物的自動機械裝置或機器人。十七世紀時，笛卡兒就說過：

> ……我經常無意間看見窗外那些來來去去的行人，也已經習慣說我看見他們了，但是——我看到的只不過是帽子和衣服，畢竟這些帽子和衣服底下藏著的，可能只是部自動機械裝置。[41]

這番描述，恰巧與波娃和沙特在魯昂、勒哈佛爾與巴黎咖啡館中所見的不謀而合。對他們來說，他者的存在並不能稱作是人類。只有他們兩人才是真正有感情與感知的生命。其他人類只不過是背景，其存在的目的，是在他們的思想遊戲中提供一些刺激。雖然沙特和波娃也覺得這種觀點很迷人，但這始終是種故步自封的想法，因為，若想全然維護這種想像的獨特性（Einzigkeit），個人必會喪失直接性（Unmittelbarkeit）以及潛在的現實全整性（Wirklichkeitsfülle）。[42]

作為一對熱愛進行哲學思辯的愛侶，如何解決這團迷霧在他們當時那個年紀是相當經典的問題。如何不影響個人意識中不可侵犯的主權，同時又能避免現實消逝？個人要如何跳脫大腦思考的限制，又不會直接受到他者世界的主宰？如何能直觀地理解這世界與其主張，並能同時保有諷刺性的距離？

魔藥【波娃】

在一九三二與一九三三年之交，他倆約了昔日同窗雷蒙・阿宏（Raymond Aron）去喝酒。獲取獎學金到柏林進修一年的阿宏才剛回巴黎，準備在此短暫停留。他們約在蒙帕納斯街（Rue du Montparnasse）上的煤氣燈酒吧（Bec de Gaz）碰面。剛返國的阿宏向他們介紹一種全新的德國哲學思潮，也就是所謂的「現象學」（Phänomenologie）。波娃還記得：「我們點了這間酒吧的招牌：杏子雞尾酒。阿宏指著他的酒杯說：『同學啊，你看，如果你是現象學家，就能針對這杯雞尾酒高談闊論，而且這是哲學！』沙特興奮到滿面通紅，這正是他多年來追尋的目標：談論身邊俯拾即是的事物，這就是哲學的意義。阿宏說服沙特，現象學正好能滿足這種需求：克服唯心論（Idealismus）與實在論（Realismus）的限制，並肯定意識主權以及我們眼前具體所見之世界的存在。」[43]

突然間，這看似是沙特尋覓已久的可能性：以截然不同的第三種思考方式，進入自由體驗的日常性（Alltäglichkeit），不僅無需拋棄個人思想世界的活躍靈活性，也不用放棄與所謂的「實在」毫不掩飾的接觸。但這條路究竟涵蓋哪些構成要素？其原則又有何特別之處？

讀完內容及用語都不易理解的原作後，沙特與波娃很快就發現，身為數學家與哲學家的埃德蒙德．胡賽爾（Edmund Husserl），確實早在一次世界大戰前，就已在德國哥廷根與弗萊堡建立了一套全新的哲學研究形式。在「回歸事物本身」（Zurück zu den Sachen selbst）的口號下，胡賽爾要求他的追隨者，盡可能準確、不加修飾，而且不帶偏見地去描述在意識中所呈現的事物。在意識中，事物究竟是如何自我呈現的？

這種專注在被給予的事物本身，避免額外添加與刪減的態度，正是胡賽爾研究方法的特點。他將這種近乎沉思冥想的態度稱為「還原」（Reduktion）。他從中得到了一些初步的核心見解，其一為：無論意識具有何種具體形態，不管意識被什麼佔據，意識永遠屬於、關於某件人事物！我們**嚐到**利口酒的甜味；我們**被**疾駛而過的車發出的噪音干擾；我們**想起**在西班牙度過的假期；我們**希望**能有好天氣。在意識能被我們掌握並感知的情況下，意識就存在。胡賽爾將這種**指向**意識本質或**涉及**意識的概念稱為「意向性」（Intentionalität）。光是用巴黎市中心的一杯杏子雞尾酒，就能清楚闡明這個事實。

以這個概念為基礎，胡賽爾接著定義出意識的第二項關鍵：透過指引（指向性），意識總能於與其本質截然不同的外在事物上產生作用（利口酒、汽車、風景、天氣）。因此，為了能完全成為自己，意識總會將自己推出自我範疇、推向他者。換言之，意識本身就有跨出自我的動力，或是套用胡賽爾的說法：「超越」（trans-zendieren）自我。

阿宏就這樣精闢地向沙特與波娃解釋，充分掌握這種研究方法的哲學爆發力：現象學闢出了一條全新路徑，讓人徹底地重新認識自身存在。因為在胡賽爾的世界裡，意識並非全然被動地朝向事物（實在論），同時也不是事物參照的指南針（唯心論）。實在論與唯心論無可避免地相互牽涉，但又永遠不會合而為一。世界既不會完全消失在意識中，意識也不會全然消融於世界裡。如同一支美麗的雙人舞，兩者都是全然的自己，但少了一方，另一方就什麼也不是。[44]

圍牆【波娃】

六個月後，在一九三三年夏天，沙特來到柏林的法國文化中心（Maison de France），他預計在此停留一年，研究德國的新學說，並學習德語，現象學在他身上燃起的熱情，透過此舉展露無疑。他就此進入全新思想風暴的核心，也因此踏入新的現實。還待在魯昂的波娃，也在那年秋天加強自己的哲學研究：她向一位流亡者學習德語，研讀胡賽爾的原著，並與沙特進行密集的閱讀交流和討論。同時，在文學創作方面，她也追隨維吉尼亞．吳爾芙（Virginia Woolf）的腳步，嘗試現象學理論展現的全新敘事技巧，例如：「意識流」（Bewusstseinsstrom）。

變化漸漸發酵，尤其是他們之間的關係。一直以來，他們都是完全的生命共同體，在對話交流上也極致親密，但這個階段已經過去了。他們已經充分了解、掌握了彼此，從沙特的角度來看更是如此。為了忠於新的哲學原則，他們現在該斷開肉體關係。率先實踐這項理念的沙特，在時序即將邁入冬天時，向波娃詳細描述他與另一位柏林獎學金研究員之妻的關係。沙特與波娃在一九二九年立定忠誠契約時，就有表明不能向對方撒謊。雖然波娃表示自己完全沒有感到嫉妒，但此事已構成充分理由，讓她在一九三四年二月底，請一位巴黎精神科醫師替她開兩週的病假證明（病因：心理疲勞），並趕搭下一班特快車趕往正值寒冬的柏林。情況其實沒那麼遭。被沙特與波娃稱為「月之女」（Mondfrau）的這位研究員之妻，根本構成不了威脅。而柏林乃至整個德國，都是值得旅遊造訪的所在。

一九三四年也不例外。波娃對那段德國時光的描述，如今依舊是最強而有力的例證，證明一個人即便擁有傑出超群的哲學覺察，還是有可能對政治現實全然蒙昧無知。把韋伊在十八個月前從柏林帶回來的紀實報導和波娃的描述相對照，便能一目了然。

總之，針對希特勒奪權後對生活、對世界造成的影響，波娃在日誌中幾乎隻字未提。他們一起拜訪位在德國漢諾威的萊布尼茲故居（牛眼窗好美）、德勒斯登舊城區（竟然比柏林還醜），還有漢堡的繩索街（濃妝豔抹、頂著捲髮的妓女，站在擦得光亮的窗戶前搔首弄姿）。[45]日誌的重點都是對建築物的觀察以及飲食文化的體驗，其中當然也包含對夜生活的描述，例如以下段落：「坎丁（Cantin）帶我們到亞歷山大廣場附近的地下酒吧。我特別喜歡一面牆上的標語：『嚴禁調戲女賓。』……我在大型啤酒屋裡喝啤酒。有間啤酒屋是由一整排廳房組成，三支樂隊同時演奏。上午十一點，整間啤酒屋就已高朋滿座，大家勾肩搭背、搖擺歌唱。沙特對我說：『**心情**真好！』」[46]

不過，回到魯昂後，波娃的心情又在夏天跌入更深的憂鬱低谷。她不僅沒有覺得自己的視野變得更遼闊，反而還「處處碰壁」。[47]「我倆之間」的最佳年代已然過往，無憂無慮的青春期也隨之消逝。對政治冷感、教書工作令她厭倦、私生活面臨危機、文學創作又停滯不前，對於周遭社會環境，波娃能真正感受到的只有對「公民秩序」的隱約恨意。同時，看著自己在鏡中的超我（Über-Ich），只讓波娃徒增各種負面想法：「沒有老公、沒有小孩、沒有家，在社會上也沒有地位。在這個年紀，任誰都想在世界上有一番作為！」48

沙特每天都在柏林開闢自己的新天地，她卻有可能在單調的日常中，徹底失去進一步的自我意識和世界感。波娃不只孤單一人，她根本是寂寞。宇宙好像是想開她玩笑那樣，她剛好住在一家叫「拉羅希福可」（La Rochefoucauld）❶的旅館，還在名叫「聖女貞德」（Joan d'Arc）的中學教書。而且，旅館跟學校所在的這個狹小外省城鎮，還曾被福樓拜（Gustave Flaubert）寫進《包法利夫人》（*Madame Bovary*）中，作為女主角自殺的完美舞台。這一切都和她幻想能獲得的人生背道而馳，跟她內心所想的現實更是天差地遠。一切的一切，全跟內心渴盼的哲學救贖扯不上邊。

寫作機器【蘭德】

一九三四年春天，蘭德夫婦也終於被美國「經濟大蕭條」（Große Depression）波及。他們以羅亞爾河谷（Loire）城堡群為原型建成的住家外牆看來一切安好，但這對年輕藝術家夫婦的經濟資源已耗得差不多了。他是電影演員，她則是編劇。多年來，弗蘭克·奧康納（Frank O'Connor）

❶ 譯註：指法國箴言作家法蘭索瓦·德·拉羅西福可（François de La Rochefoucauld）。

的好萊塢事業一直不見起色。這位三十七歲，來自俄亥俄州的鋼鐵工人之子，長得高、皮膚黝黑，身形修長。他演戲至今最大的成就，就是在《金剛II》中擔任配角。[49] 對蘭德來說，個人野心與獲得認可之間也有一道難以跨越的巨大鴻溝。

對她來說，這絕不是缺乏意志力所導致的。**「從現在起，除了思索工作之外，不准把半點心思花在自己身上。妳不存在。妳什麼都不是，妳只是一部寫作機器。讓自己成為純粹的意志，這就是生命的祕密。知道自己想要什麼，然後去做！……唯有意志與控制能留，其餘的全都下地獄去。」**[50] 一九二九年，她就在日記裡這樣對自己發誓。此後，她果真每個禮拜都交出進度。藉由練習寫短篇故事以及設定人物劇情背景，蘭德用一個對她來說還很陌生的語言，逐漸接近戲劇、劇本和小說這三種文學主要的創作形式。

身為作家，對她來說最重要的問題始終是：如何在撰寫小說時，妥善處理哲學層面最具挑戰性的議題，又不讓廣大讀者失去興趣。至少，蘭德原則上確信這是辦得到的，而這份篤定感來自她從祖國俄羅斯汲取的文化養分。畢竟，杜斯妥也夫斯基（Dostojewski）和托爾斯泰（Tolstoi）的小說，不就是形而上的暢銷熱賣鉅作嗎？而小說張力十足的情節和深刻的議題，不也受到整個文化圈的擁戴嗎？契訶夫（Chekhov）的戲劇也一樣，不是嗎？替二十世紀打造奇蹟的時刻到了，而且，最好是以當時最具前瞻性的媒體——電影——作為主要工具。

在好萊塢待了七年，她很清楚什麼樣的套路才會賣座：電影情節必須具備數個層次。一九三四年五月十八日，蘭德在寫給製片兼導演肯尼斯・麥高恩（Kenneth MacGowan）的信中提到：「構思情節時，不能在故事裡安插太深奧艱澀的元素，這樣不追求思想或藝術深度的觀眾才不會感到厭煩；但是在同一份故事中，還是要讓對此有所期待的觀眾，能從電影中看出更深刻的面向。」[51]

舉三角戀的故事情節為例，在三角關係中，女主角為了拯救或得到她真心愛慕的男子，必須捨身跟另一名男子在一起。在情節推展上，這種設定本身就已經夠刺激有趣，觀眾會想知道故事會如何發展及結束。不過在第二個層面，相同情節也能讓觀眾進一步探究角色的情感生活及其所面對的特定挑戰。最後，在第三個層面，也就是哲學層次，這種設定也帶出「義務」與「意向」、「犧牲」與「快樂」、「手段」與「目的」之間，那種攸關存亡的根本張力。

蘭德確實也在前面引用的信中坦承：「試圖在電影中探討哲學議題確實是有些古怪。不過，假如哲學層次只觸及那些想探討哲學的人，同時又不會讓其他觀眾感到厭煩或沉悶……那又有何不可？」[52]總之，蘭德很清楚自己的作品要達成的藝術目標：讓所有人都能高度碰觸哲學議題，但是——一定要以電影劇本或小說的形式包裝題材，而且絕對要具備暢銷熱賣的潛力！這就是她想要的。在成功實踐這項理念並達成目標前，她是不會停筆的。

密不透風【蘭德】

為此理想奮鬥的她，一開始就交出了不錯的成績。一九三二年，數家製片工作室對她寫的劇本處女作很感興趣。這份名叫《紅色棄卒》（Red Pawn）的劇本，描寫的是一名勇敢、美麗的美國女子的故事。女主角為了拯救被監禁的丈夫，搭船來到遙遠的古拉格（Gulag）島。她的丈夫是位俄羅斯工程師，因為出眾的才華和強烈的個人主見，在蘇聯體制中遭人誹謗中傷。女主角的計畫是跟典獄長拉近關係、贏得他的心，並且讓他體察每個人的絕對價值，尤其是被監禁的丈夫的價值。

這完全符合蘭德的配方：經典三角戀；透過哲學與意識形態的方式，來強調蘇聯體制泯滅人性的本質；以及「追求幸福」之夢想的解放力量（這種夢想已經徹底美國化了）。蘭德在一九三二年完成劇本時，還在雷電華電影公司（RKO）的道具部擔任全職員工，這種愚蠢的後勤工作每天得做十四個小時，晚上和星期天才是她的寫作時間。[53]

最後，環球影業用七百美金簽下《紅色棄卒》的版權，並額外支付八百美金請原作者完成最終定稿。蘭德其實比較希望由米高梅（Metro-Goldwyn-Mayer）來經手這份劇本。當時與米高梅簽約的瑪琳・黛德麗（Marlene Dietrich）很喜歡這份劇本，不過時任黛德麗導師與導演的約瑟夫・馮・史坦伯格（Josef von Sternberg）斷然回絕，因為幾個月前他才剛拍出一部票房滑鐵盧的俄羅斯電影而已。[54]

簽約當週正處經濟危機的短暫高峰期，蘭德立刻辭掉了那份提供她基本收入、但她打從心底痛恨的全職工作，毅然決然成為自由作家。要是現在不這麼做，以後就不用想了！

但經過兩年，《紅色棄卒》還在等待製作拍攝。同時，蘭德傾注了幾乎所有創作能量構思的第一部重量級小說，仍遍尋不著有意簽約的出版社。這本名字暫定為《密不透風》（Airtight）的小說，在一九三四年春天已完成半數進度。這本書探討的，同樣是意志堅強的個人如何為自我實現、為愛情及幸福奮鬥。這一次，永遠被剝奪自由的場景並不是西伯利亞的古拉格，而是整個剛建立的蘇聯。這本書的暫定書名，恰如其分地傳達作品中那種經濟蕭條、殘敗荒廢的日常、無所不在的恐懼，以及制度濫權的氛圍。

蘭德以一位曾在蘇聯成立初期生活過的人的角度，寫下《密不透風》這部處女作，同時又帶入獨特的美國視角與立場。一定要從美國人的觀點切入才行！她之所以這麼堅持，主要是因為：「美國讀者根本不曉得在列寧格勒生活是什麼樣。不然美國不會有這麼多鬼祟的布爾什維克（Bolschewik）份子，跟同情蘇聯體制的理想主義者，他們的數量簡直多到嚇人。這些**自由派人士**（此指左派份子）要是知道蘇聯生活的真面目，肯定會驚恐地哀嚎。這本書就是寫給這些人看的。」[55]

不過基本上來說，除了俄羅斯的生活以及女主角為愛與自由的奮鬥，這本小說還想探討其他更深刻的議題：「《密不透風》絕不是琪拉．阿古諾娃（Kira Argounova）一個人的故事，這是她和廣大群眾的故事……個人與群眾相互對立，這才是這本小說唯一且真正的主題。因為這正是本世紀最大的問題——至少對所有想了解、掌握這個問題的人來說是如此。」[56]

紐約各大文學出版社的編輯顯然不是這種人。就算是，他們在一九三四年面對這個關鍵問題時，也比較有可能站在群眾而非個人的立場。

即使像美國這樣的自由國度，經濟危機爆發的這幾年，美國夢也變得黯淡無光。一九三二年，民主黨的羅斯福（Franklin D. Roosevelt）在總統大選中擊敗共和黨對手赫伯特．胡佛（Herbert Hoover），當時美國的失業率為百分之二十五。上任後，羅斯福立刻推行他在選前承諾的新政計畫

（New Deal）：嚴格監管金融市場、落實聯邦政府就業計畫、透過增稅來重新分配財富，並禁止私人持有黃金來穩定美元。

個人生活總是與政經狀況緊密交纏，這是不言自明的事實，蘭德根本無需解釋。因為曾與家人在聖彼得堡革命初期遭受極大創傷，新任總統提出的全套措施以及隨之而來的浮誇修辭，對她來說都顯得特別可疑、似曾相識。她馬上就擔心最糟的情況會發生。小說手稿被回絕，這對她而言又是另一個確鑿的徵兆，顯示東岸的創意產業菁英圈已徹底被共產主義滲透。

難道美國都沒有人願意去理解、對抗眼前昭然若揭的世局嗎？個人難道就要這樣臣服在叛亂群眾、甚至是暴民的支配之下嗎？這一切已不是虛構小說，而是翻開報紙就能讀到的事實：無論是莫斯科、柏林、巴黎，還是當前的華盛頓，過不了多久，集體主義每日都將贏得新的勝利！自從抵達美國，她從來沒這麼絕望過，內心深處的渴求與盼望彷彿被徹底破滅。套一句小說女主角琪拉的戲劇性台詞：「這是我與一億五千萬人的對決。」[57]

理想【蘭德】

一九三四年的危機之春，被迫以這種方式回歸自我的蘭德，開始動筆寫「哲學思想日記」。[58]這本日記想直截了當地探討一些直搗核心的問題，而這些問題都象徵人類生活的各種基層或深淵：自由意志的議題、感覺與理性的關係、語言的本質、絕對價值的存在，還有利己與利他主義之間的道德拉扯。

她在一九三四年四月九日寫下的頭兩段文字，就突顯出她在處理這些人性議題時秉持的特有自信：

> 這是一名業餘哲學家在摸索中跨出的第一步。等到我精通哲學之後，我會根據自己積累的洞見和理解，來重新檢視過往的想法，判斷這些論述中有多少是老調重彈、看看我是否能提出新的概念，或者能否以超越前人的方式來闡述舊的思維。

人類物種只具備兩種不受限的能力，那就是受苦與說謊的能力。我將與宗教信仰抗戰，因為這是所有人類謊言的根源，也是受苦的唯一藉口。

我深信（而且也會蒐集所有既定事實來證明這點）人類最大的詛咒，就在於以下這種能力：將理想當成純粹抽象的概念，因而認為理想與日常生活扯不上邊。換個說法，就是過著與**思想**背道而馳的**生活**的能力，以及在具體生活中徹底除去思想的能力。這不只針對目標明確、計畫周詳的偽君子，而是適用於所有更危險、更絕望的個案身上。任這些人自由行動、做決定，他們就會忍受個人實際存在與深刻信念之間出現徹底的裂痕——同時卻相信自己依然保有信念。這些人要不是覺得理想沒意義，就是認為生活毫無價值，但他們通常都不把兩者當一回事。[59]

尼采與我【蘭德】

對宗教的明確仇視、毫不掩飾的菁英主義觀點、拒絕各種受苦受難的必要、呼籲群眾將自己認可的發展理想，完整確實地融入個人生活中……試著有條有理地跨出哲思的第一步時，蘭德充分顯示尼采對她的影響。在所有哲學作家當中，她唯一投入大量精力研讀的確實只有尼采的著作。

尼采的《查拉圖斯特拉如是說》（*Also sprach Zarathustra*），是她在美國買的第一本英文書。這些年來，這本書儼然成為她家裡的聖經。尤其在低潮陰鬱的時刻，她總會回頭翻閱這本書，藉此找回勇氣、確立個人使命。早在她實際開始動筆寫「哲學思想日記」之前，就曾在個人筆記中寫過「尼采跟我都認為」，或是「尼采已提過」等句子。[60]事實上，蘭德初次接觸尼采的著作，應該能回溯到她還住在聖彼得堡時的青春歲月。尼采關於超人說的著作，在聖彼得堡的上流社會與思想前衛的時尚圈頗負盛名，在大都市裡進步的猶太族群中更是備受歡迎。

蘭德跟數以百萬計的年輕人一樣，都是藉由尼采的超人說，找到進入哲學的途徑。而對蘭德來說，除了叛逆反動的內容以及輝煌耀眼的寫作風格之外，心理因素或許也扮演相當關鍵的角色。畢竟，對那些在精神上特別清醒自覺，但被大幅孤立在自身年齡層群體中的青年來說，在這個至關重要的自我發展階段，尼采的論述，替他們身為社會局外人的狀態提供了真實存在的正當理由：一種能理解自身「他者性」（Andersheit）的基礎，同時，這套論述也發揮了誘人的效果，讓這群青年能在身為局外人的感受中，將自己視為菁英份子的其中一員。

這股動力帶點自戀的意味，所以並非完全無害。從艾茵的思想日記就能看出：現年二十九歲的她，也清楚意識到這種菁英形象的偏誤。

一九三四年五月十五日

總有一天，我會搞清楚自己到底是不是人類物種中不尋常的樣本。因為對我來說，本能與理性是不可分割的一體，而理性總引導著本能。我到底是不尋常，還是根本就很正常健全？難不成我正將自己的特殊之處，以哲學框架的形式強行套在他人身上？我到底是異常聰明，還是只是特別誠實？我認為是後者，除非誠實也是超然智力的一種形態。61

從根本動機來看，這幾句令人震懾的自我提問，也有可能是出自韋伊、鄂蘭或是波娃之筆。早在青春期初始，她們就被同一個問題困擾著：到底是什麼讓我如此與眾不同？跟其他所有人相比，我無法理解也無法為之而活的到底是什麼？在人生的高速公路上，逆向而行的瘋狂駕駛到底是誰？是我嗎？還是那些亮著大頭燈、猛按喇叭、一個接一個從對向往我呼嘯駛來的群眾？每個將哲學視為生命最高指導原則的人，內心深處都有這種疑問。

蘇格拉底式的懸念【蘭德、韋伊、鄂蘭、波娃】

所以，從本質來看，進行哲思的個體，就像因思想與他人不同而遭排擠的賤民，同時，也是現實生活的預言家。他們即便處在最深刻的虛假，還是能發現、辨別事件的蛛絲馬跡。無論如何，我們還是能以這種方式界定蘭德與同期的韋伊、鄂蘭與波娃在一九三〇年代初，漸漸變得越發自信，也越來越有個人自覺。並不是說她們的決定就一定是對的，**只是她們真切地體認到，自己在這世界上的本質跟他人很不一樣**。同時，她們也打從心底確信，她們知道究竟「誰」或是「什麼」才是該被導正的問題：問題出在別人而非她們身上。甚至，可能所有的「他者」才是走偏的人。

依循這個觀點，便可知：實際上，所有探討哲思行動的初衷，並非源自「那裡竟非一片虛無，而是有某種存在」，而是因為個體對於所有他者而言，真的都以他們自己的方式生活著而真心感到訝異。換言之，透過哲思來脫離起始點、向外探尋的行動，其實無關存有學或知識論，而是一種與社會密切相關的行為。哲思涉及的並不是「我」與無聲世界的關係，而是「我」與有聲他者的關係。

一九三四年歷史性的一刻：羅斯福終於在全美各州推動新政措施。我們能想像：蘭德就跟密切關注柏林情勢的鄂蘭、以及在探討共產主義的韋伊，還有在魯昂聖女貞德中學擔任受人敬重的老師的波娃一樣——都因周遭群眾的行為感到孤立疏離。

顯然這個世界、還有世界上的群眾在根本上出了錯。或許錯誤一直都在，但重點是——問題到底出在哪？在一九三〇年代初，作為單一個體，她們又該如何以療癒的方式，表達這種明顯愈發迫切的焦慮與不安？

III. 實驗——一九三四至一九三五年

蘭德前進百老匯，波娃被奧嘉吸引

韋伊搬進工廠，鄂蘭抵達巴勒斯坦

控告【蘭德】

大家都來了：導演法蘭克・卡普拉（Frank Capra）、波拉・尼格里（Pola Negri）、格洛麗亞・斯旺森（Gloria Swanson）跟瑪琳・黛德麗（Marlene Dietrich）。此外，一整群來自洛杉磯的俄羅斯流亡貴族，也在前沙皇將軍伊旺・列別戴夫（Ivan Lebedeff）的率領下坐在前排。在無比重要的這天，列別戴夫當然不會錯過力挺這位新生代才女的機會。托蘭德的福，列別戴夫邀大家當天稍晚到白鷹咖啡廳參加派對，這家咖啡館是許多散居海外的俄羅斯人固定聚會的場所。[1]

不過，率先登場的是陪審團。他們是否會宣判女主角無罪，從而證明這個國家還有真正的自由意識呢？他們是否還有殘存的善意，能拯救那些懷抱個人核心價值、野心、浪漫的勇氣，以及激勵人心之獨立精神的個體呢？還是，在接下來的宣判中，「為數眾多」的傳統道德觀、瑣碎的規矩、憂懼、空泛又拘泥的形式、訓練出來的行為規範、對各種真正宏大與大膽事物的畏懼抵抗，又會再次取得勝利呢？

大家都清楚感受到劇院裡的緊張氣氛了。有趣的是，唯有身為事件主角的蘭德，看起來恍若置身事外，彷彿這一切與她毫無瓜葛。在蘭德技巧高超的安排下，證據的配置使陪審團無法全然根據事實做出裁決。事實最後又有什麼用呢？生命中真正關鍵的問題，不就是一個人是如何理解眼前的事實的嗎？

根據蘭德所述，人類採取個人獨立觀點的能力，基本上大幅仰賴所謂的「生命感」（sense of

life）。蘭德指的是一種靠感覺而不是靠反覆論證得來的感受，而這種感受則是個人對自己真正重視之事物的意識：對於自己在世界上的定位的理解，因此總是涉及個人目標與理想。這種生命感是什麼狀態？在她全新的「自由」祖國，這種生命感又是如何分配並保存的？要怎麼樣才能有效激發出生命感？這些都是她的問題，也是她真正的實驗。

早在一九三三年，她就構思出了這場近乎完美的犯罪劇碼。在一九三四年十月底的一晚，名為《受審的女人》（Woman on Trial）的這齣三幕式法庭劇，在洛杉磯的好萊塢劇院（Hollywood Playhouse）上演。這是蘭德的第一部舞台劇，沒錯，同時也是她在美國發表的第一部作品！

審判將臨【蘭德】

她在七年多前抵達紐約，英文能力差強人意，除了一只手提箱以外，什麼也沒有。如今，好萊塢大道看板上偌大的發光字體，寫的正是她的名字！這正是她當年在列寧格勒提出的預言，也是她對自己與家人許下的承諾。面對眼前這番成就，其他人肯定會驕傲到不行。不過，比起演出本身，蘭德更害怕接下來的首演派對，她當晚被一種發自內心的疲倦與反感所籠罩。至少，之前演過默劇，且這次在劇中擔任女主角的芭芭拉．貝德福德（Barbara Bedford），在詮釋遭控告的秘書凱倫．安德莉（Karen Andre）時，舉手投足都讓人信服。雖然這次製作經費有限，整體設計與執行也有許多未盡之處，但身兼導演與製作人的艾德華．克萊夫（Edward E. Clive），也有如實根據蘭德的文本來呈現這部戲。更重要的是，劇中陪審團的小巧思似乎效果還不錯：演出前，劇團從觀眾中選出十二名自願者，讓他們成為演出的一部份，請他們在落幕之前，在露天舞台上以公民之名做出裁決，此舉可是史上頭一遭，確實非常新奇。而且這是蘭德的主意。

蘭德只花短短幾週寫成的《受審的女人》（原名：《豪華公寓傳奇》〔*Penthouse Legend*〕），靈感來自一起備受熱議的真實事件，事件主角是瑞典火柴大王與投機商人伊瓦·克魯格（Ivar Kreuger）。這名瑞典人透過風險極高的商業與信貸交易，打造出一個網絡化的國際企業，坐擁超過一百家公司，據說更從中累積無法想像的巨額財富。一九三二年春天，因無力償還債務，加上犯下金融詐騙罪而即將被判刑，克魯格選擇自殺，在巴黎一家豪華酒店內用子彈射穿自己的腦袋。由於克魯格生前過著外放惹眼的花花公子生活，這起事件也被小報媒體密切地追蹤報導。

在蘭德略帶虛構成分的改編中，克魯格化身為邪惡的奸商比約恩·福克納（Björn Faulkner）。該劇的關鍵問題在於，長年跟在福克納身邊的秘書、生意夥伴，而且對他付出熱烈愛意的情人凱倫·安德莉，是否必須為福克納從豪華公寓陽台墜樓身亡負責？如果是，那又是基於什麼原因？法庭證人席上站著福克納的年輕遺孀與岳父，而身為銀行家的岳父其實也與福克納的商業勾當脫不了關係。這兩位證人聲稱安德莉是因為對福克納又愛又失望，才會冷血出手謀殺。不過，雖然目擊證人證實福克納摔下樓時，安德莉確實人在現場，但身為被告的她堅決否認犯案。出庭時，她堅定的態度令人印象深刻，而且她也否認對自己深愛、又欽佩的男人，有過任何失望或甚至是嫉妒之情。長年來，都是因為安德莉的掩飾與協助，才得以維持這場假面婚姻，福克納也才能從事非法商業勾當，並盡情在外捻花惹草。

這麼說來，這是一場典型的間接審判：多方各執一詞，說詞相互矛盾，事實也非百分之百確鑿。這齣戲，走的是蘭德最愛的劇情套路。除了三角戀之外，「兇手到底是誰？」也營造出緊張懸疑的整體氛圍。不過，這齣戲在更深的層次裡，帶出「鮮明強烈的人格」與「服膺規範者」、還有「獨立」與「順從」之間的根本衝突，而每位觀眾都得對此做出個人判斷與評價。[2] 陪審團必須決定哪邊的說法比較可信、值得同情。在缺乏斬釘截鐵的清楚事實之下，一切都取決於陪審團的「生命感」。所以，戲裡的判決跟真實法庭中的審判一樣，其實主要都是針對裁決者自身的審判。

自私【蘭德】

論及個人情態，蘭德絕對不會有所遲疑。在早已內化的尼采主義驅動下，蘭德特別迷戀絕不妥協的實踐者，就算這種人在現實世界裡是公開違法操弄金融手段的罪犯，或甚至是謀殺他人的性罪犯也無所謂。羨慕嫉妒的大眾懷抱著約定俗成的道德觀，而只要是將這種道德觀視為真正的敵人、無怨無悔地藐視這些規範的人，就會立刻結為盟友。這種超人生命感的最高指導原則一點都不複雜：不要平庸，其他都可以！不要謙遜，其他都沒問題！

演出隔天一早，蘭德感到特別失望。多數劇評都大力讚賞這部戲，而且也格外肯定作者的過人才華。此外，劇評家都熱烈盛讚現場挑選陪審團員的巧思。但是，在蘭德心中，這部戲探討的真正主題，卻沒有任何劇評提及。對蘭德來說，「英雄個人」與「數量眾多的大眾」這兩個世界激烈洶湧的重要鬥爭，劇評家卻隻字未提。[3]就算贏得觀眾的認可，但真實意義卻未被看見，作者最後又得到了什麼？只有缺乏真正自我價值的人，才會真的在這種成功中得到滿足。但蘭德不是這種人。事實上，蘭德深信這種完全無法站在正確角度來鑑賞藝術創作的現象，已遍及各文化之中了。此現象會造成慘烈的後果，更會傷害藝術家創作時的自信。

幾個月前，蘭德仔細讀完奧特嘉．賈塞特（Ortega y Gasset）的《群眾的反叛》（*Der Aufstand der Massen*）[4]後，在哲學日記中寫道：

> 當今所謂的「自私」（selfish）者，只會將「想法」視為用來達成**個人**目標的手段。但這個目標到底是什麼？單靠滿足大眾的需求來換取成功與聲望，這麼做究竟換來了什麼？在這種狀況下，勝利者並不是**他**，也不是他的想法與準則，而是他的肉身軀殼。實際上，這種人就是大眾的奴隸。所以，我才說當代野心旺盛的「自私」者，其實本質上是**無私**（unselfish）或**沒有自我**（selfless）的人。反之，主張有權擁有**個人**更高層次的理想與價值，才是自我中心的真實形態。言下之意，「最高層次的利己主義」的特徵，就是根據事物的實質價值而非次要價值，來替自己提出擁有這些事物的主張。
>
> 從個人經驗來看，目前我最關切的例子，就是鮮少有人有能力**或甚至是渴望**，在評價文學作品時以其**實質**價值為判斷依據。對多數人來說，一部作品只有在被某人賦予價值之後才會得

到價值。他們沒有一套自己的評價標準（也不覺得有此必要）。[5]

只有將獨立、鞏固的自我，稱為是自己的自我的人，才能真正成為傑出的利己主義者。另一方面，那些精明操弄大眾的人，主張的是一種庸俗的利己主義。為了成功、獲得名聲與權力，這種人隨時都準備好做任何事、說任何話。事實上，這種人內在太過空洞、缺乏方向與目標，無法合理正當地主張自己是最高層次的利己主義者。

此外，毫無保留地將空洞的英雄理想化的社會，將會失去所有支撐自身價值的標準，從而危及自身存在：這尤其會造就一種看似具有民主正當性，實則為獨裁的認可模式，而其頂端坐著一位操弄能力特別強大的大眾個體。對蘭德來說，這就是自由國度的真正惡夢。

二手貨【蘭德】

不過，面對「為數眾多」的大眾，那種自願揚棄自我的衝動到底從何而來？其中又有哪些關鍵心理與社會機制？針對這個主題，一場與鄰居的日常對話，讓蘭德有所頓悟。這名年輕女子跟蘭德一樣在電影產業工作，是大衛・賽茲尼克（David O. Selznick）的助理，職場表現相當亮眼。一直以來，蘭德都覺得她的野心與事業心特別強大。有一天，蘭德問她真正的人生目標是什麼。這位叫瑪瑟拉・班奈特（Marcella Bannett）的受訪女子不假思索地回答：如果沒有人有車，她也不會想要有車；如果有些人有一輛車，其他人沒有車，那她會想要一輛；如果有些人有兩輛，有些人只有一輛，那她會想要兩輛。而且，她一定要讓別人知道她擁有的比他們多。[6]

蘭德聽了簡直不敢置信：這名女子顯然是將個人意圖，全然奠基於周遭他人追求的目標之上，而且又回過頭來抱著盡可能在各方面超越、贏過他人的目標。對這名女子來說，所有看似值得追求的事物，都是以他人的慾望為基礎，因此也是以他人設定的目標為基準。所以，這其實是種次等的追求。

但是，如果驅使這位秘書慾望的群眾，同樣也只是被他們在其他人身上感知到的慾望所驅使的呢？蘭德腦中浮現一幅可怕的畫面：在一個據稱自由的社會中，野心及個人主義的燃料，只不過是衍生的自決以及想被認可的扭曲衝動。她沒辦法，也不會這樣活著。沒有人該這樣活。

電影般的生活【蘭德】

不管怎麼說，所謂的成功如今已經實現了。這部戲的電影版權很快地售出了，而當時大名鼎鼎的導演山姆·伍德（Samuel Grosvenor Wood），也提議將她的劇本用在紐約的百老匯製作，前提是——必要時他有權自主調整文本內容。另外，他還要求蘭德親自到紐約，跟他一起將這部戲搬上大舞台。

好萊塢有什麼令蘭德留戀的嗎？絕對不是加州的天氣，也不是丈夫奧康納遊手好閒、不務正業的狀態。簽約後不到一週，過去這段時間在好萊塢的足跡全被抹除，這對夫妻開著輕型舊卡車駛向東岸。車程中，美國的另一面首次呈現在蘭德眼前：窮困的小鎮、一貧如洗的農場工人、黑人極端艱困的生活，還有破敗的基礎建設。

來到維吉尼亞州，為了閃避一輛超車的卡車，奧康納不得不突然改變行進方向，車子就這樣翻覆掉進路旁溝中。雖然兩人毫髮無傷，車子卻徹底燒毀。他們轉搭灰狗巴士（Greyhound Lines）來到紐約。一抵達目的地，局勢卻急轉直下。這齣從《受審的女人》改名為《一月十六日之夜》的百老匯舞台劇，因為資金方面出了意外而無法開演，蘭德只能在一九三五年初無奈地苦等。為節省開支，他們夫妻倆與奧康納的弟弟尼克合租一間公寓，尼克當時也在紐約過著拮据的生活。他們三人擠在廚房最狹小的空間裡，等待更好的時機降臨。假如蘭德坦然面對現實，便會知道自己現在的生活，其實跟當年和家人在列寧格勒的景況相去無幾。家人寄來的信中寫道，曾經自信滿滿的父親現在仍然失業、沒有收入。而且為了尋找一顆燈泡，他還在城市街道上遊蕩多日。要是家裡有一公斤的蘋果，那就已稱得上是豪華盛宴。精通多國語言、教育程度高的母親與妹妹，必須格外小心不能錯過任何共產黨舉辦的晚會，以免丟掉接待外賓的工作。

移民美國的蘭德功成名就，成了激勵羅森鮑姆一家繼續活下去的主要動力。為了讓父親也能欣賞她的作品，母親還親自將《一月十六日之夜》翻成俄文。父親季諾維也夫（Sinowjew）盛讚這部戲，還說劇本在語言與架構上不輸莎士比亞的作品。妹妹諾拉（Nora）在信封裡附了幾張插畫，畫中的大型霓虹告示牌上寫了蘭德的名字。最後，母親安娜（Anna）表示她真的很開心、很滿意，因為即便在好萊塢這種膚淺的地方，最終還是繞不開「白永遠是白」[7]的見解。他們一直都明白：在自由當道之處，優秀的人才總會出頭天。雖然，通往成功的道路有時稍嫌曲折，或者更具體地說——非常曲折。

除了製片方每週不斷延期，已成書的《密不透風》小說手稿也一再被退回。為了不在這方面陷入被動狀態，蘭德開除了之前的經紀人。連續數月，她沒有任何收入，奧康納在經濟衰退的紐約尋找有償工作卻是徒勞無功。所以，其實蘭德應該要感到開心，她能在那年初夏重新回到雷電華電影公司擔任劇本編輯，領著微不足道的薪資。一切重回原點，幾乎就像電影情節那樣。

外省的禮俗【波娃】

一九三四年秋天，一場慷慨激昂的戲碼在法國北部的魯昂熱烈開展。每逢週末，這場戲就會在魯昂的咖啡廳、小酒館，和按時計費的旅店重新上演。劇中的靈魂人物是一名醜聞纏身、二十六歲，在當地女子寄宿學校擔任哲學老師的波娃，以及她長年來的愛人沙特。只比她長兩歲、同為哲學教師的沙特，幾週前才從柏林返回法國。平日他都在勒哈佛爾這座港口城教書。另一位劇中要角，則是現年十八歲、帶來豐富感官愉悅的奧嘉．柯薩切維契。出身俄羅斯上流貴族的她，之前也曾是女子寄宿學校的學生，如今，她與數量漸增的烏克蘭與波蘭流亡者共同探索這座城市的夜生活。

由於波娃跟她那身材明顯矮小的伴侶沙特，都在性愛以及情感層面，以程度各異的表現與技巧來吸引三人之中最年輕的奧嘉，所以，這起初是一段典型三角關係。不過，其張力也不斷在更進一層的三角關係中壓縮、聚積，而此張力的力量也影響著每個清醒自覺的生命：「自由」對上「必然」、「當下」對上「未來」、「主體」對上「客體」、「屬己性」（Authentizität）或是「非屬己性」（Uneigentlichkeit）。

這些張力與拉鋸成為清晰可辨的概念，並逐一體現在情節推展中，而率先提出這些概念的，就是這對來自巴黎的哲學家愛侶。我們能用以下這段文字，來描述他們在那年秋天提出這些概念時的原始狀態：來到成年的最後一道門檻，沙特與波娃不得不承認，他們現在的狀況遠不及自己的希望與期許。當年在全國最著名的大學中，他們是同級生裡的前兩名，現在卻只是法國外省城鎮中，數千名哲學教師的其中兩人。此外，對自己感到失望的沙特，陷入不間斷的憂鬱裡，而且這種憂鬱感越來越揮之不去，在柏林拿獎學金做研究的那年實在太振奮人心，也讓他在精神和感官層面眼界大開。

幾個月以來，他的思想與言談幾乎只圍繞在一件事上：他預見自己會單調乏味地過完此生。他的人生與波娃的人生緊密交纏；交到了真誠相待的幾位知心朋友；職涯規劃也已清楚定案。「我們還不到三十，卻已不會再經歷什麼新鮮事了，永遠沒機會了！」[8]

就連沙特的頭髮也開始明顯變粗。他看著鏡中的自己，突然發現自己換了一個新的、完全不吸引人的樣貌，就像他五歲那年，一頭金色捲髮被髮型師剪掉那時一樣。這種失落感再次成為他的創傷，但這次的衝擊更強，因為這預示了其存在必得蒙受的最終羞辱：死亡。

波娃心有餘力時，會激烈反駁沙特對凋零腐朽的診斷，反覆讚美他在哲思上的原創性。對沙特的特出才華深具信心的她，勸沙特要有耐心、毅力以及現實感。不過她的勸告與鼓勵顯然沒有奏效，尤其是因為波娃自己也越來越常陷入沉思。一想到瞬間的幸福以及所有努力終將成為徒勞之間，其實存有駭人的直接連結，她就常哭濕雙頰。只要一喝多，這種狀態尤其頻繁。[9]

兩人各自在魯昂的日常生活已變得乏味無趣。要是他們坦然相待，會發現這種狀態也適用於兩人頻率越來越低的性生活上。儘管雙方都很坦誠開放，但沙特在性方面尤其被動，導致波娃長期缺乏性愛。難道這只是因為他們在精神上太親密嗎？還是說，兩人持續透過對話來維持思想統一，並以此作為他們與世界之間的重要基礎，其實只是另一種假象？

無論如何，隨著時序進入一九三四與一九三五年冬季，前年的裂縫終將成為無底深淵。波娃的抽屜裡躺著好幾份未完成的小說，她已經整整一年沒寫半個字了。相較之下，沙特仍繼續創作，而且強度與速度都相當驚人。在沒有既定方向與目標的探尋中，這種強度與速度顯然帶有強迫的意味：光是在前幾個月，他就完成一份數百頁的手稿，主題是在探討人類心理。此外，他也繼續（或說再次提筆）針對那部已改動多次的小說進行大規模編修，這部小說此時暫名為《憂鬱症》（*Melancholia*）。[10]

這兩份寫作計畫密切相關，因為沙特深信，讓人永遠處於荒蕪狀態的，正是自身想像力的圈套。假如個人對自己抱持的想法與他的實際存在公然抵觸，就有可能陷入更深的荒蕪之中。我們在建構個人身份認同時有各種出錯、失敗的可能，這些可能就跟人類想像力一樣豐富多元。想理解這點並不難。只要往咖啡館窗外看，看著魯昂或勒哈佛爾街上那一大群路人，就能發現路人從窗邊走過時，多少都處於沉默的絕望中。用不著遭遇什麼厄運或不幸，路人就已經處於這種狀態了。而不出幾年，他們也會是其中之一。

儘管如此，他們還是懷抱著遠超出日常瑣事的目標。但這真的是件好事嗎？還是說，這正是問題所在？

奧嘉原理【波娃】

奧嘉確實與眾不同。直到中學最後一年末，波娃才藉一篇關於康德（Kant）的精彩論文注意到奧嘉。這種看似不知從何而來的思想爆發，似乎清楚體現她飄忽不定的特有世界觀。她的世界觀難以捉摸，在不帶偏見的清晰洞察和深沉的迷茫之間擺盪。她似乎一眼就能釐清最複雜的關係與連結，尤其是他人的精神生活，但同時似乎又對個人目標與動力視若無睹。

波娃認為奧嘉之所以如此，都是家庭背景以及教養方式產生的特殊張力所致。奧嘉的法國籍母親早年到俄羅斯當褓姆，並在當地愛上家世背景一流（白俄羅斯貴族）的工程師。十月革命爆發後，這個剛建立的小家庭被迫逃往法國。在法國當地，他們跟許多流亡的俄羅斯人一樣，過著與社會隔離的生活，而生活在外省也進一步加深這種隔離感。他們既不屬於這裡，也不嚮往融入當地生活。

雖然能在家中過著貴族般的生活、維繫菁英主義的自我形象，但這種感受卻與日常生活中降格、孤立的體驗相互衝突。原生家庭提倡的是不受拘束的自由教育觀，有這種觀念的通常是那些從來就不必為五斗米折腰的人；不過在現實生活中，貧困的家庭環境使孩子不得不野心勃勃地謀求能養家糊口的工作。這就是奧嘉的狀況。根據父母的期待，奧嘉本該去唸醫學院。但是在中學畢業後第一年，她發現自己對於「成為醫生」這個目標一點感覺也沒有，但也不至於強烈排斥。「打從童年起，奧嘉就深信，在自己身處的社會中，根本沒有它的立足之地，也不期望這個社會能給她什麼未來；明天對她來說幾乎不存在，明年就更不用說了。」11

奧嘉跟許多在那年畢業的女中學生一樣，將波娃這位不落俗套的哲學老師視為值得敬仰的楷模。另一方面，波娃則將奧嘉明顯迷失方向的狀態以及思想深度，理解為教育者的使命。剛開始，他們一起喝咖啡、散步、互相了解，很快就對彼此越來越坦承。波娃對奧嘉越來越著迷，她發現外界施加於奧嘉的要求與期望，都直接從她身上彈開，完全不構成任何影響，根本沒有對她造成壓力，或是產生羞恥與悔恨的感受。當年二十六歲的波娃，依然意識清醒地努力掙脫父母的要求與期望，而剛滿十八歲的奧嘉，似乎早在不知不覺中達成了這個目標。奧嘉直接在沒有事先籌劃的情況下過生活。對她來說，自己並不是一位他者，同時，她也不讓其他人知道他們能佔有她的自我：「雖然我跟奧嘉在本質上差異懸殊，但我們很處得來。我追求實踐自己的規劃，而她則否定未來。對她來說，任何努力奮鬥都是可恥的，謹慎是怯懦的表現，而堅持則是自欺欺人，只有情感才算數；那些用腦子來理解的東西，她完全不感興趣……對奧嘉來說，當下就已足夠。那些定義、限制、承諾或總是滿懷預期的言詞，似乎完全不合時宜……」12

將這種世界觀與態度轉換成思想智識的能量來源，會發現奧嘉清楚體現生命哲學直接性的烏托邦，以及純粹、瞬間生命力的原理。沙特與波娃多年來試圖精通熟練的，正是這種將心理哲學能量傾注到社會生活中的能力。

魔法師【波娃】

三人初次會面後，沙特就意識到自己跟這位「俄羅斯少女」的互動令人格外振奮，發現自己能將各種態度和慾望完美地投射在奧嘉身上，藉此找到一條出路，擺脫令人心煩意亂的乏味生活。這是因為在一九三五年春季，沙特不僅持續處於重度憂鬱狀態，還愈發深信自己正逐步走向瘋狂。他之所以這麼想，主因歸咎於那群緊跟著他的人形甲殼類動物和昆蟲軍團。出於對人類想像本質的學術興趣，沙特加入巴黎一位精神科醫師友人的迷幻劑實驗。雖然這位醫師保證藥物引發的幻覺不會持續超過三十六小時，但沙特的幻覺卻在服藥後的數週至數月內反覆出現，強度更是未見衰減。當然，他已明顯逐漸老化，而且有一天也會跟所有人一樣——真正地死去。但除此之外，瘋狂的魔掌現在更逐步侵佔其心智。

那年春天，沙特反覆要求波娃答應不要拋下他，不要讓他孤單地走在無法回頭的精神錯亂之路。醫生都認為沙特太緊繃、壓力過大，要求他徹底休息、暫停寫作。然而，因為多年相伴而對沙特的憂鬱最為熟悉的波娃，卻做出另一種診斷：在這次危機中，沙特最需要的是新的慾望投射對象。而且最好是一個性格複雜、主觀意識強烈的人，讓他在肉體與精神上能持續分神應付的對象。藉由轉移注意力來求生存：「與其讓他的妄想性精神錯亂不斷復發，我寧可讓沙特專注在觀察奧嘉的感受與情緒。」[13]

因此，在一九三五年間，隨著「鬼牌」奧嘉的加入，沙特與波娃之間那種合為一體、唯一必然的關係，正式從兩人生命的對偶契約拓展成三人關係。這位少女從這對她無限敬仰的思想家情侶身上得到支持與認可，反過來，她也發揮提振生命力的功能，這對沙特來說尤其迫切、不可或缺。用比較花俏的方式來描述這段三角關係，可以說：「在我們目光相互交會的魔幻三角中，每個人都覺得自己是魔術師，也是被施了魔法的人。」[14]

對自身角色之理解【波娃】

要是缺乏妥善計畫，三人關係也無法維繫。所以在波娃主導下，他們發展出一套雙人會面以及全體集合的機制，讓各方都能保有自己的權利。在這份實驗的開端，波娃特別有一種解脫感，覺得自己終於不用像前幾個月那樣，被沙特的身份認同危機壓得喘不過氣。事實上，在此階段，他們對世界以及對自己的感知都大不相同。

對於總是受到庇護、能源源不絕地從家中獲得經濟支援的沙特來說，當老師肯定是條毫無價值的死路，他認為「他的自由正逐漸消亡」；對波娃而言，雖然當中學老師得面臨各種不合理的要求，但這份職業卻替她指出一條通往真正自決的道路，尤其，當時的法國婦女甚至連投票權也沒有。身處外省的沙特，覺得自己是在他決之下被扔進這個角色，波娃卻能自豪地認為自己選擇了個人命運並為之奮鬥。[15] 對波娃來說，她「親愛的小東西」[16] 的幸福，仍是她個人存在的意義核心。而沙特在人際互動方面的獨特之處，就在於他完全只專注在自己身上，聚焦於個人思想與寫作。至少就這點看來，波娃還是被困在傳統伴侶關係中：一切以他為優先！

不過只有在波娃同樣在精神思想上保持奔放時，沙特才能真正感到開心自在。所以過去一年來她在寫作方面的枯竭著實使他擔憂。他反覆詢問波娃在文學創作上的進展，時而擔心、時而督促，有時甚至語帶調侃：「可是小海狸❶啊，妳以前腦子裡總是裝滿了各式各樣的點子啊。」[17]

在他們所謂的存在核心，也就是創作方面，沙特跟波娃之間存有明顯又絕對的差異。這份差異並非智識、才華或理解力所致，而是因為他們的思想實際上朝著不同方向邁進。波娃如此描述：

> 假如有一項理論說服了我，我會將其融入個人生活中。它會改變我與世界的關係，讓我的經驗更豐富多彩。簡言之，我具備紮實的整合能力以及全整的批判意識，哲學對我來說是鮮活的現實，是取之不盡的源泉。
>
> 然而，我不認為自己是哲學家。我清楚知道自己之所以能輕鬆穿透文本，正是因為我缺乏

❶ 譯註：波娃的名字（Beauvoir）用英文發音聽起來很像海狸（beaver），因此摯友都暱稱她小海狸。

> 創造性的想像力。在這個領域，真正富有創造力的人是如此稀少，所以根本不必問我為什麼不試著躋身其中。我們更應該去深思，是什麼東西讓某些人能在這種建構出一套系統、秩序井然的狂熱狀態中堅持下去；以及他們的毅力是從何而來，讓他們得以將想法轉換成通往宇宙的鑰匙。我已經說過，這種始終如一的頑固與倔強，與女性的天性是相互違背的。[18]

不管從哪個角度看，這都是一段引人注意的回憶記事。波娃在一九五〇年代末寫下了這段文字，當時她的《第二性》（*Le Deuxième Sexe*，1949）已出版十年，這本書後來也替女性主義運動打下重要根基。這段話顯示波娃確實終其一生堅信，男性與女性的心理傾向是大相徑庭的。而波娃是沿著「柔軟對上剛硬」以及「現實導向對上狂熱妄想」這兩條軸線，來詮釋男女之間的差異。仔細觀察，會發現這種區別其實並未支持所謂的男性本位分類者。就算再怎麼**秩序井然**，狂熱終究還是狂熱，因此也是一種明顯脫離現實的形態。

波娃的哲學取徑，是以鮮活生動的手法來參照日常生活與生命，利用重新描述的手法，讓那些大家認為自己早就知道與理解的事物，變得更清晰鮮明，最後以更自由、更不受拘束的方式將之呈現。這種重新描述的藝術，首先來自個人經歷以及自身事件，並以敘事的方式加以美化、加工，把哲學包裝成傳記式的半虛構小說。

經過多次嘗試以及失敗的開始後，波娃在一九三五年春季以作家身份跨出了新的一步。這次她動筆寫的不是完整的小說，而是多篇彼此隱約關聯的短篇故事，目的是揭露「宗教的神祕靈性觀，到底產生、又掩蓋了多少微小、駭人聽聞的惡行」。[19]

波娃深刻厭惡、抗拒自己的出身背景，也就是法國中上階層的資產階級天主教環境。懷抱著這種反感，波娃的文章秉持以下目標，她想清楚揭示：其實宗教理想，以及與之緊密相關、奠基於宗教信仰的日常規範，根本就是自我挫敗的罪魁禍首。這種挫敗尤其持續將年輕女性逼進非屬己、不自由，以及性挫折的狀態中。「我只會將論述範圍侷限在自己知道的人、事與物上；我會努力讓自己經歷過的事實變得可觸可感。這就是這部小說連貫一致的重點，而這部作品究竟在探討什麼，從我自馬里旦（Maritain）那裡借來的諷刺標題就能一窺究竟：《至高無上的聖靈》（*Primauté du Sprituel*）。」[20]

靈性之花【波娃】

現在應該不難看出，在這個在哲學層面充滿生命力的混合體中，作為意志以及想像的奧嘉，必然會在哪些方面成為別具啟發的研究對象。毫無籌劃的奧嘉體現出渴望的直接性，從而展現一種生命力，以全然不加掩飾、最純粹的方式與世界接觸。對沙特來說尤其如此。跟奧嘉一起，沙特透過她「體驗到那赤裸、瞬間意識的眩暈，似乎只讓人感到猛烈與純粹。我將它看得如此崇高，所以也是生平第一次在他人面前感到卑微、毫無防備，想要學習。」[21]

波娃也承認自己傾向將奧嘉，還有「她的反叛、自由與拒絕妥協」塑造成一個「神話」。[22]確切來說，那就是一種純粹、毫不掩飾、徹底綻放的當下意識的神話。另一方面，波娃其實也有所顧忌，因為奧嘉極其強烈地影響沙特的世界：「出於想征服她的執著，沙特將奧嘉的價值提升到無限大。突然間，我再也無法輕視她的觀點以及好惡。」[23]

波娃之所以逐漸拉開距離，有可能是因為她在文學寫作以及教師工作中培養出的敏銳覺察，發現這種絲毫不加掩飾的光鮮面貌（尤其在年輕女性身上），其實是最深的自我困惑，以及找不到立足點的長期絕望：這種失落感如此深刻、徹底，因此造就出一種表面效果，讓人無法分辨那到底是絕望困惑，還是直接坦然的真誠。對波娃來說，奧嘉看起來就像一幅提供兩種觀看方式的圖。在三角關係的兩極中，根據她正在扮演（或認為自己必須扮演）哪一極，閃爍飄忽的她會展現不同面向。然而，沙特還不夠穩定，無法堅決抵抗這種表象：「在言行方面我積極付出，努力讓三人關係圓滑進行。但我不滿意，對自己不滿意，對他們也不滿意。我害怕未來。」[24]

還好，波娃至少在文學方面有所進展。一九三五年春季，她就已經寫完第一篇故事，標題為〈麗莎〉（Lisa）。麗莎是一位對哲學感興趣的女中學生，住在一所女子寄宿學校。虛弱憔悴的她，在校園裡接受的教育反而使她「乾枯成一片荒蕪」，[25]而無法真正喚醒她的精神與性靈。

撒了小謊後，麗莎被允許搭車到巴黎國家圖書館去。她唯一的目的是在那裡偶遇暗戀對象，也就是她最好的、唯一的朋友的哥哥，不過他顯然對麗莎一點興趣也沒有。在車站等車時，她被一位老婦指控是她先生的情婦。這讓她對自我形象有了全新認知：「向來很不喜歡自己的尖臉跟削瘦身形的她，總認為自己像隻草蜢。但她突然覺得自己的肉體變得柔嫩，如花朵般綻放。我真的有可能被誤認為是熟年紳士的情婦嗎？」[26]後來她去看牙醫時，看診的牙醫又有意無意對她放送性暗示。那天晚上，她在聖依搦斯（Saint Agnes）寄宿學校的單人房中自慰，腦中想像天使長（Erzengel）跟圖書館裡暗戀的對象合為一體。

靈性之花，邪惡之華。就讓整個世界繼續自由落體吧。波娃越來越清楚地感覺到，身為作家的自己，正走在通往個人目標的路徑上。

谷底之底【韋伊】

那一整年，她幾乎無法判斷到底是憂鬱讓偏頭痛週而復始，還是頭痛直接讓她再度陷入憂鬱。長久以來，藥物治療完全沒有緩解頭痛的不適。她根本無法有條有理地結束這一年的教學工作。一九三四年夏天，韋伊離開學校一年，讓自己暫時從教書中喘口氣。以她所言，她要用這段空檔寫出自己的「哲學遺言」。當年她二十五歲。

此時此刻，她很篤定世界免不了會爆發另一場大戰，正如法國、西班牙與美國等國家，同樣會不可避免地被捲入極權社會邏輯的漩渦：

……世界各地的人類，此刻都往極權形態的社會組織邁進。以納粹主義者常用的說法來看，這就是一種國家力量在所有領域實行主權統治的政權，尤其是在思想領域。對俄羅斯人民

> 來說，最遺憾的是，俄羅斯幾乎成為這種政權的完美典範。……不過在未來幾年內，其他國家多少也會遵循這種發展模式，此趨勢似乎無可避免。[27]

一九三四年九月至十一月間，這篇原先設定為學術論文的文本，篇幅已可構成一本書。這篇文章的標題《反思自由與社會壓迫之起因》讓人聯想到盧梭（Jean-Jacques Rousseau），而文章的目的是探討人類需要建立哪些基礎原則，才能打造一個真正自由、由自決個體組成的勞動社會。之所以將這篇文章理解成「遺言」，是因為它明確訴諸於大災難**過後**的世代。對韋伊來說，她自身所處的年代已墮落到谷底之底，以至於無法阻擋迫在眉睫的世界大災難。

從實質政治層面來看，這篇論文根本無法拯救世界，但韋伊還是能將自己的洞見運用在生活中，透過具體實踐來測試、調整個人論述。因此，一九三四年十二月，她在寫完這篇「遺言」後不久，終於實現自己在學生時代就懷抱的夢想，到阿爾斯通公司（Alsthom）旗下的一家巴黎金屬工廠，擔任未經專業訓練的臨時工，做起論件計酬的工作。

她想親身體驗自己身為思想家努力試圖消弭的壓迫。走出理論的高塔，走入勞動者的日常苦難！馬克思、恩格斯（Engels）、列寧、托洛斯基、史達林，這些人從來沒有親自體驗過工廠內部的生活。根據韋伊的批判，這些人的分析與提議，都清楚顯示他們缺乏第一手經驗。

一旦停留在原有疆界，再加上缺乏具體經驗，人就會對另一種生活形態一無所知，進而對彼此貼上錯誤標籤、做出陰謀影射，從而建構出真正殘忍兇惡的世界。勞工既不了解密不透風、充滿回音的資產階級場域；資產階級也沒有在勞動階層中生活過。根據無產階級的幻想，「金融」、「產業」、「證券交易」或「銀行」的邪惡力量（當然，「猶太人」也越來越常被列進這份清單中，在法國也不例外），在資產階級企業家的領域裡稱王。資產階級則認為，無產階級社運份子不過是一群「挑唆者」、「領薪水的鬧事者」，或純粹就是「打劫者」。[28]

生產線【韋伊】

一九三四年冬天，韋伊決定大膽進行一場紮實的現實考察，她甚至在工廠日誌中提及要達成「與現實面對面接觸」[29]的終極目標。不過，為什麼每天工作十小時、領著勉強能維持生計的最低工資、用相同手勢壓出金屬模具的日常，會比法國外省地區中學哲學教師，或在紐約電影產業工作的俄羅斯流亡者的生活更「真實」？仔細一想，這或許很難講出什麼所以然。

總之，韋伊想融入工廠生活的意志，其實是源於哲學突破實驗的古老傳統，其明確目標為轉身背對所謂疏遠的世界，透過進入一個據稱更真實的生活形態或環境，來讓思想更清晰深刻。佛陀逃離皇宮，第歐根尼（Diogenes）在木桶裡生活，當然還有梭羅（Thoreau）住在瓦爾登湖（Walden Pond）旁的木屋，這些都是歷史例證。

為了讓體驗更真實，韋伊搬出父母位在盧森堡公園附近的公寓，搬進郊區工廠周邊的出租套房。儘管如此，「蜜米」和「嗶哩」的安全港就在不遠處，隨時都可以停泊靠岸。她很樂意跟父母共進晚餐，唯一條件是母親必須同意讓她在用餐後，將與上餐廳吃一頓相當的花費放在餐桌上。面對這種把戲，韋伊的母親自有一套應對方式。她時常到韋伊永遠雜亂無章的勞工階層住處拜訪，再偷偷把一點小錢藏在衣服和抽屜裡，讓女兒能在接下來的幾天內體驗那種意外找到錢的確幸感。[30]

這個計畫顯然也有時間限制（事實上，她甚至不會做滿二十四週）。她之所以能進工廠上班，其實是靠舊時的工會夥伴居中協調的。那位工會夥伴認識阿爾斯通工廠的相關決策者，也事先讓主管知道韋伊想親身體驗勞工生活的計畫，還說她一點生產力也沒有，根本無法替生產線帶來任何貢獻。除此之外，工會同事也拜託工廠主管，要求他答應會特別留意這位手拙的尊貴學徒，多多照顧可想而知不會在工廠久待的她。

一九三四年十二月十七日，韋伊到奧古斯孔德街的公寓跟父母共進晚餐。才剛到工廠上班兩週的她，穿著一件沾滿油漬的工作服，她的情況令人相當憂心。韋伊說的話比她吃的飯還要少。在她身上，這是最終警訊。她幾乎沒有力氣在椅子上挺起身。此外，她沒料到自己竟會疲憊到四肢無力，就連反思工廠體驗、將日常經歷寫進日誌的力氣也沒有，而這卻是她事前打算要做的。十二月十七日的日誌大概是她在地鐵上完成的，內容如下：

> 下午——壓擠機：要把金屬料放進去真的很不容易，進度為0,56%（從兩點半到五點十五完成六百件；花了大概半小時重新調整機器，因為我把一塊金屬留在裡面，所以模具沒對準）。疲倦與厭惡。當了二十四小時的自由人（週日），現在又要卑躬屈膝地遵守一套規矩。

厭惡是因為不得不為了賺那五十六生丁（Centime），把自己搞到體力透支、疲憊不堪，同時又怕因為手腳太慢或是把工作搞砸而被訓斥……感到被奴役。

感到加速的瘋狂（尤其為了匆忙趕工，必須克服疲勞、頭痛以及厭惡感）。[31]

擔任工廠工人的韋伊的典型日常。在這六個月內，她從來沒有一次成功達成最低產量。反之，她經常產出廢品，機器就會在她的操作之下輕易地故障、崩解，零件要不是壞掉就是無法運轉。她也會搞混、遺漏重要的工具零件，或是以錯誤的方式放入機器中。更常發生的狀況是，金屬料一完成壓擠，就會被她忘在機器裡。

手上那種單調乏味的工作，讓她反覆呈現心不在焉、容易犯錯的狀態，最後因過度疲勞而思想枯竭：這種內心的死亡，短短幾天就擴散至她整個人的存在。失敗的恐懼悄然進入不安的夢境中，驚醒抽泣依然是最後的解脫。不過就算哭著從夢中驚醒，令她痛不欲生的頭痛還是揮之不去。

認知與意向【韋伊】

韋伊並不是為這種生存形態而生的，這對她來說或許根本就不算什麼意料之外或天大的領悟。不過，到底什麼樣的人是為這種生存形態而生的？任何具備思考能力的人，真的有辦法在這種情況下繼續保有自尊與尊嚴嗎？

這些正是她在已完稿的哲學「遺言」中探討的問題。同時，這些也是卡爾・馬克思（Karl Marx）在分析中探究的首要議題。但正如韋伊在《反思》中描述，馬克思是根據神話般的幻想為基礎來回答這些問題的。對於應在革命過程中獲得解放的各國無產階級來說，他的答案將帶來致命的後果。

韋伊認為，雖然馬克思的分析提供清晰的洞見，而且也努力達到科學研究的嚴謹與效度，但他的論述仍被一種準宗教的歷史哲學束縛。馬克思的核心錯誤在於，他假設任何生產力的進展，都能讓人類在解放之路上向前邁進。這點他不僅沒有具體說明，也沒有加以質疑。因此在馬克思的重建下，通往真正能讓個體自由的共產主義社會的過程，等於生產力因技術與機器發展而進步的歷史。雖然無產階級的痛苦弧線可能會拉得很長，且過程困難又艱辛，但這條線最終一定會導向解放。多虧「生產力提升」（Steigerung der Produktivkräfte），人類歷史被一種來自內在的使命驅動，而這項使命最終一定能夠達成。

在此，我們應完整引用韋伊對這種教條的批判。在馬克思對生產力成長的盲目迷戀中，其實隱藏著資本主義與共產主義史觀的共有根源，而韋伊的批評恰好能揭露這條脈絡。根據韋伊的說法，這兩種意識形態都在無限成長的迷思之中，異想天開地幻想著歷史的終結。兩者都想像最後能在經濟基礎上達成全球的系統性勝利；兩者都認為人類不僅能掙脫勞動的枷鎖，更能擺脫與渴望相抵觸的現實。換句話說，在科學論述的掩護下，兩者的基本假設其實一點都不符合科學邏輯，而且顯然相互矛盾，因此觀點偏頗。

馬克思主義者……相信每次生產力一有進展，人類就會在解放之路上前進一步，即便暫時受到壓迫也無所謂。這麼看來，其實不難理解堅守這種道德信念的布爾什維克份子會做出舉世震驚的暴力之舉。

不過，令人心安的信念很少是合乎邏輯的。研究馬克思主義的生產力概念之前，我們就已發現在所有社會主義的文獻中，關於生產力的論述都蒙著一層神話般的色彩……馬克思從來就沒有解釋為何生產力必須持續增加……大規模產業的興起，將生產力的地位拉抬到與宗教神祇並駕齊驅……好幾世代的企業家打著生產力信念的名號，在毫無愧疚、毫不良心不安的情況下打壓勞工群體。這種生產力的信念，就是社會主義運動中的壓迫工具。所有宗教信念都將人類化約為神意的手段，社會主義也將人視為歷史進步的工具，換句話說，就是為生產進步服務。無論俄羅斯壓迫者的崇拜如何玷污馬克思的名號，在某種程度上來說，這都是自找的。[32]

成長的界線【韋伊】

韋伊對馬克思主義迷思的批評，也是對現代成長信念的直接批判。因此，這必然也是對生產力成長能解放人類之教條的反駁。顯然，資本主義者與社會主義者口中那歷久不變的解放承諾，其實是奠基在這份假設之上：過去三百年來已有驚人成長的生產力，未來還是能以同樣方式、相同強度繼續增加，甚至還能加快速度。[33]要是認真看待這項預設，我們不免會思考必要的能源該從何而來，以及資源有限的世界是否能提供源源不絕的能源。

因為，就算現在無法預知未來會出現什麼樣的能源，事實依舊不變：「不管是什麼形態的能源，自然都不會把能源送給人類：動物之力、煤炭、石油——我們必須從自然奪取能源，並藉由人力勞動奪取能源，目的是讓能源為我們所用。」因此，韋伊沿用自己在一九三四年的觀察，並將其磨得更銳利，點出這種自相矛盾的論述：在資源有限的世界懷抱無限成長的信念。而這種論述幻想的終點就像一台永動機，是既不存在、也不可能會存在的東西。

根據馬克思的說法，共產主義的終極理想情境中，未來的人類幾乎能全權決定自己「今天做這個、明天做那個；早上打獵、下午捕魚、傍晚放牧，晚餐後進行批判，……同時又不會真的變成獵人、漁夫、牧者和批判家。」[34]這麼看來，這種朝理想境界發展的想法終究是虛幻的。自然資源日益稀缺，加上因為地理環境限制而無法取得，開發與利用天然能源「所需的勞動量，遠大於人類想靠天然能源來節省的勞力」。[35]相較之下，這個假設顯然更有道理。這麼看來，未來勞動者肩上的枷鎖只會更加沉重。

所以，對韋伊來說，如果要對得起無產階級革命這個名號，真正關鍵的問題只有一個：

> 有沒有一種生產組織，能做到不耗損人類所需的自然資源，也不會感到由此而生的社會壓力，又能讓人身心不受極端壓迫地好好生活？[36]

要探討和回答這個問題，光是坐在扶手椅上思考是不夠的。要找出答案，必須具備與生產過程相關的親身經驗，並且發自內心去領會。就算韋伊到工廠冒險的決定有很大一部份出於想聲援勞動者的道德動力，但她想進一步認識勞動者生活的主要動機，其實還是想在理論層面上有所突破：她想在現場搜集素材，以逐步解放勞動者為目標，找到這個關鍵問題的解答。

鏡中世界【韋伊】

在持續提高產量的需求之下，工作流程被以機器為中心的邏輯制約，進而達到缺乏思考的「合理化」（Rationalisierung）境界：不是為自己思考，而是不假思索地運作；不許質疑，只有主動服從；沒有創造性的創造，只有單一無變化的奴役。這一切都不是為了自己（為了只能勉強提供溫飽的工資做這種選擇，一點意義也沒有），而是為了大集體（民族、國家、階級等）的利益，因為在競爭激烈的生存鬥爭中，大集體總覺得自己受到外敵威脅。在這種數百萬人的大集體視角之下，個體人類變得無限渺小、無足輕重，以至於對個人思想的潛在無限性失去所有意識，同時也對個人行為的具體後果與意義失去所有覺知。因此，韋伊認為集體與集體化的修辭，根本就不是真正爭取解放的表述，而是清楚展現一種在意識形態上經過包裝、極力壓迫個體的意圖：

> 個體從來沒有像現在這樣，毫無節制地受到盲目集體的擺佈；群眾從來沒有像現在這樣，

無法用思想來指引個人行為，事實上根本完全沒有在思考……這些現象在當代文明形態中達到了極端。……在我們身處的世界中，一切都不符合人類標準。[37]

行文勾勒當前社會生活的韋伊，認定這個世界已經腐朽衰頹。世界行進的方向已與先前的首要目標背道而馳，因此必須繞著自己對權力的渴求，更快速狼狽地運轉，而這種對權力的追求已徹底失去意義：「研究者不再借助科學來釐清個人思緒，而是希望找出與現有科學契合的結果；機器運作的目的不再是協助人類生活；人之所以甘願讓群眾謀得溫飽，都是為了讓他們能活下來操作機器；貨幣不再是商品交易的便利媒介，商品買賣才是流通貨幣的手法；最後，組織不再是行使集體行動的方式，任何團體的行動才是強化組織的手段……順道一提，這種為了集體利益而強行徵用個人的現象不是絕對的，不可能如此。但是以現階段情況看來，我實在很難想像這種現象還有辦法繼續大幅擴張。」[38]

摩登時代【韋伊】

若想讓人類真正掙脫這個星球的惡夢，就必須在文化上進行全面重置。談到生產力的組織，我們必須找出方法，將勞動的合理化視為個體化而非集體化的過程。根據韋伊的說法，這代表我們必然得縮小工廠企業的規模，同時在規劃與控管整個生產程序時，往「漸進式去中心化」（progressive

Dezentralisierung）[39]的方向邁進。如果要重建符合人性的生產手段，可以讓在地經營的企業集結成合作社，而這種合作組織的規模也不該大到對個體造成壓迫，使其無法充分發揮個人判斷力。[40]這種組織企業中的理想典型勞動者，應該要能夠透過自身經驗，來掌握所有與企業營運相關之行動的全貌，並且認為個人利益與社群利益緊密相繫，「進而消弭各種競爭敵對的關係……因為每一位個體都能控制集體生活的整體走向，使其越來越契合群體意向。」[41]

讓一群在知識思想、技術以及在同理心方面都特別強健的專業勞動者，組織出由中型合作社串連而成的全球網絡，韋伊很清楚這種對未來目標的全新描述，根本是無法實際執行的理想。然而，「我們還是得清楚構思何謂全然的自由。這麼做的用意不是要到達這種境界，而是獲得雖尚未整全、卻仍能提供比現階段條件還要多的自由。」

在工廠生活的經歷讓她更加篤定這份信念。工廠這套以嚴明階級為基礎、散播恐懼的體制，對個體勞動者施加壓迫與控制，勞動者顯然失去個人思考與判斷，工廠要求的工作既單調又乏味——主體的成就與表現根本就與投入的勞力不成比例。專注力、極限、獨立思考、全然投入，各種對生命來說真正不可或缺的要素，在工廠裡都不可能存在。**摩登時代**儼然是惡夢成真。

抹除【韋伊】

在工廠的每一天，韋伊都覺得「受辱至極」。「在阿爾斯通的那段時間，我幾乎只會在週日反抗。」她以這句話替工廠日誌作結。然而，這份經驗也讓她獲得一些至關重要的東西，那就是親身體驗何謂全然的壓迫，以及徹底遭到剝奪、赤裸的感受。她體驗到作為一個有思想的個體，全然仰賴外在環境是多恐怖的一件事。而這份依賴，足以讓她「總有一天會被迫接下一份永遠沒有休假日的工作——畢竟，這是有可能的。然後我就會變成一頭役畜，順從而忠誠（至少在我眼裡是如此）。」[42]

所以，韋伊在「工廠年」中第一次實際直接接觸到的，與其說是「現實」，不如說是她個人和每個人類存在面對的具體可能：作為一個活在鮮活肉體中的思想者，感到自己永遠遭到抹除消滅，而且還伴隨「不具任何權利（不管這個權利可能是什麼，也不管它指的是什麼）」的感受。

不過真正關鍵的覺醒，在於她親身體會到，原來個人不僅能夠忍耐、接受個人權利徹底被剝奪，還能將這種現象視為一種自相矛盾、層次更高的解放推力。她認為這是另一種自我理解的途徑，也是進入另一個境界的步驟。就本質而言，這個境界已經超越人類純粹的意志與決心。

韋伊之所以說「強行徵用個人的現象」不可能是絕對的，就是因為在一九三四至一九三五年的工廠經歷中，她體驗到這種超越純粹社會的動力來源。只有在個人感覺自身價值歸零時，這種動力來源才會展露、釋放其療癒效力。她這麼說：「由社會建構而成的個人尊嚴感被**打破**。雖然思考能力徹底被疲勞消滅，但人必須創造另一種感覺。我必須極力維護這另一種感覺。」[43]

對韋伊來說，這「另一種感覺」的體驗，這種在所有被賦予的尊嚴背後還有另一種尊嚴的感受，讓她深刻、徹底蛻變。在她的思想家之路上，這種感受不斷影響、伴隨著她。因為身體已經來到疲憊不堪的臨界點，她在一九三五年夏天結束「工廠年」，在精神上，她仍是一位破碎的女子。不過，她從來沒有像現在這樣感到如此自由、對自我與個人使命如此篤定。

法律當前【鄂蘭】

在一九三四與一九三五年，鄂蘭在順應世局發展之下，發現那種超越普世律法和人類尊嚴概念的此有經驗，讓她的生命變得更豐富充實。跟多數同為流亡者的人一樣，尤其是德國猶太人，流亡巴黎的鄂蘭很快就再度面臨威脅，因為局勢出現現有國家法律也始料未及的變化。一九三三年起，希特勒統治的德國頒布越修越嚴峻的種族法案，一九三三年夏天更實施「褫奪德國公民權」的法條。根據新立的法案，流亡的猶太人以及批判政府的人士，會在不具否決權的情況下被註銷德國公民身份，這種案例事實上也越來越多。鄂蘭跟其他流亡者受到這種威脅，有可能在法國成為**無國籍**流亡者，從而在這種特殊的中間狀態下失去法律保障。法國提出臨時解決方案，發放所謂的身份證明，作為最後一種具有國家認可效力的身份證明文件。但是隨著難民人數持續增加，這份文件也越來越難取得。這使情況更棘手，因為政府很快就規定要是流亡者想在法國找工作，持有這份文件是正式的必要條件（但申請者是否能拿到這份文件，通常取決於是否已找到雇主）。

所以說，為數眾多的德國流亡者，其中以德國猶太人為甚，就像悲慘的前鋒部隊那樣，後頭跟著數百萬名接踵逃到至法國的流亡者。他們彷彿活在不斷加速旋轉的暫緩遣返漩渦中，漩渦的流向與動態每週都會出現變化。幾乎就像在上演悲喜劇那樣，受影響的流亡者都不曉得自己是否還有國籍、又算是哪一國的公民；不確定自己是以何種方式、合法或非法在法國拘留；甚至，他們也不知道自己的婚姻狀態是否改變，是否突然變成誰的先生或太太了。

就像那首關於三角帽的古老兒歌所唱的，❷在希特勒奪取政權的第一年，成千上萬名以德語為母語的流亡者在法國首都尋找身份證明文件、工作以及住處。剛好在這一年，卡夫卡（Franz Kafka）的首批法文譯本在書店上架，這讓鄂蘭與當時身旁的友人在開心之餘，也覺得格外諷刺。

在巴黎，介於蒙帕納斯與拉丁區之間的咖啡館，成了流亡海外的德國猶太思想家的生活場域，但這並不是出於存在主義式的生活風格，而是因為生命存亡受到威脅。這些曾經地位崇高、備受尊敬的作家與思想家，從前在柏林的咖啡館裡或許不一定互相欣賞，但在這個全新的環境中，他們的身份地位大不如前，也體驗到那種失去個人聲量的感覺。這群人每天在巴黎的咖啡館裡打照面、待在一起，場面想必很美好、也火花十足。對這些與文字為伍的人來說，語言障礙是真正限制他們的因素，使他們無法打入法國的知識份子圈。就算法語流利，例如班雅明（Walter Benjamin），頂多也只是巴黎社交圈中的局外人。當地人之所以邀他們出席宴會或社交晚會，大多是出於同情，而非真心對他們感興趣。要是德國博士學位能直接兌換成法郎，那該有多好啊！由此看來，除了其他所有事物之外，他們還缺最重要的東西——就是購買基本生活必需品的錢。

❷譯註：大意是說帽子要有三個角才是帽子，這裡用來譬喻身份證明文件、工作與住處缺一不可。

當然，身份地位的差異並不會因為流亡法國而徹底消失。像湯瑪斯・曼（Thomas Mann）和利翁・福伊希特萬格（Lion Feuchtwanger）這種等級與財力的人，雖然在一九三三年八月跟海因里希・曼（Heinrich Mann）一樣被褫奪德國公民身份，他們還是搬進蔚藍海岸的別墅。從那時起，濱海薩納里（Sanary-sur-Mer）就正式成為流亡德國詩人王子駐紮的中心。一九三三年夏天，曼一家跟傭人一起搬進有六間臥室的寧靜別墅（Villa La Tranquille）。從此，湯瑪斯・曼每天下午都會去拜訪他的鄰居利翁・福伊希特萬格，一起喝所謂的「服喪茶」[44]（Trauertee）。當時也住在那裡的阿道斯・赫胥黎（Aldous Huxley），批判地審視這群傲慢自大的新鄰居，將他們形容成「相當悲哀的俱樂部，清楚顯現流亡的致命影響」。[45]這麼看來，既便是在流亡法國期間，人只有在法律面前才會覺得自己與他人平等。在法律的無人之境，人根本什麼都不是。

家園【鄂蘭】

有些人一開始就能在當地打好人脈、建立社交網絡，這真是再好不過。當時二十六歲的鄂蘭初抵巴黎，決定「再也不碰任何關於思想史的研究」。[46]她毅然決然放棄學者身份，投入務實、實際的工作中。在這種情況下，這對她來說也只能是「猶太人的工作」。[47]

拿到第一份工作時，她尚未取得身份證明。[48]在名為「農業與手工業」（Agriculture et Artisanat）這個猶太復國主義組織當秘書的她，任務是在參議員賈斯汀・高達（Justin Godart）的指導下，「培養年輕人農業與手工藝方面的技能，替這群巴勒斯坦未來的新移民做好準備」。[49]

來自德國與東歐的猶太流亡者讓社會氛圍變得相當緊繃，對已在巴黎長期扎根的猶太社群來說更是如此。除了擔心這群顯然來自左派的新住民會進行政治滲透，他們還怕說德語的猶太人會進一步助長法國的反猶主義，使反猶情緒越燒越旺。希特勒與墨索里尼（Mussolini）成功奪取政權後，法國的法西斯份子也重新站起來，而德國猶太人正好就具備所有他們仇視的元素。班雅明就精闢點出這種氛圍：「比起德國人，移民更讓人厭惡。」[50]

但這絕不代表新移民對待彼此的方式就很友善，因為德國移民（其中有一部份是受過高等教育的菁英）時常以法國猶太人輕視德國猶太人的態度，瞧不起那些通常來自農村地區、相對沒那麼自由開放的東歐猶太人。不只如此。鄂蘭回憶當時的情形，表示：「法國猶太人堅信，所有來自萊茵河（Rhein）對岸的猶太人，都是**波蘭人**（Polaken），德國猶太人則稱之為『東歐猶太人』（Ostjuden）。但真正來自東歐的猶太人也不認同法國猶太人的觀點，並將我們稱為德裔猶太佬（Jaeckes）。」[51]這就是人之常情。每個人都有自己根植於來源地的身份認同、特質、偏好，尤其還有各種偏見。

對這些流亡者來說，比「自己究竟從何而來」這個問題更迫切的，是自己在既定社會結構與組成之下，能朝哪個方向前進。這也是催生出猶太復國主義運動的根本。早在一八九七年舉辦的猶太復國主義世界大會上，兩百零四位來自世界各地的代表，在維也納新聞工作者西奧多・赫茨爾（Theodor Herzl）的領導下，共同建立以下章程，並以章程中的項目為猶太復國主義運動的指導原則：

猶太復國主義的目標，是在巴勒斯坦替猶太人建立一個獲公法保障的家園。為達此目標，大會建議採取以下措施：

- 安頓猶太農民、工匠與勞動者，進而有條有理、循序漸進地拓殖巴勒斯坦。
- 透過地方協會以及傘狀監理（umbrella regulation），在所在國家法律允許的情況下，組織並統一整合所有猶太人。
- 強化猶太人的歸屬感與民族意識。
- 採取前置準備步驟來取得各國政府的同意，藉此達成猶太復國主義目標。[52]

如果你跟一九三〇年代初的鄂蘭一樣，認定、接受自己身為猶太人的身份，同時也看清用同化策略來解決「猶太問題」根本只是假象，無法實際消弭反猶主義的話，你應該會認為猶太復國主義似乎是唯一可行的解方，在近期情勢發展之下尤其如此。比起當時其他來自俄羅斯或烏克蘭的流亡者，流亡的德國猶太人之所以更深刻、更沉痛地盯著失去國籍的這個深淵，正是因為對於自己出生以及成長的祖國來說，他們唯一「觸犯」國家法律的行為就是「身為」猶太人。而這種遭到自己國家排除的身份標籤，也不代表他們就能取得另一國的公民身份。所以對鄂蘭來說，這主要是一個政治問題，而且只能靠實際行動來解決。

矛盾【鄂蘭】

鄂蘭在這個時期建立的信條是：「『如果身為猶太人的你遭受攻擊，就必須以猶太人的身份保護自己』，而不是以德國人、以世界公民的身份，或是出於人權等等的其他理由。」[53]這個信條之所以具有如此強大的衝擊力，在於其後半段：「不是以德國人、世界公民的身份，或者是出於人權等其他理由。」說到底，早年流亡巴黎的經驗之所以對她帶來如此深刻的影響，就是因為所有承諾會維護個人人權的圍欄，在她身上都沒有發揮效用。

直到十多年後，她才清楚描述一九三〇年代初在巴黎的生活經歷，讓她得到什麼體悟：自法國大革命以來，人權的概念與思維就帶有重大的先天缺陷。這個缺陷在於……

> 當群眾不再受到政府庇護、不再享有公民權，被剝奪到只剩下生來本應具有的、最低限度的權利時，沒有人能保障他們保有這些權利，也沒有任何國家或其他權威單位願意保護這些權利。[54]

這種自相矛盾的絕對保護權，正好替那些根本**無法**行使此權利的情況所設想、設計而成的。比起其他地區，這種現象在法國最顯著。因為，在一七八九年的法國大革命（以及不久前的美國革命）影響下，法國憲法制度中首度出現具有約束力的普遍人權宣言——無論出身或種族，每個人都適用這些人權規範。[55]

此人權規範的來源以及實際目標就是人本身。[56]就鄂蘭看來，這種概念長期未被察覺的矛盾在於：

> 這種權利關照的是一個根本就不存在的「一般人」（Menschen überhaupt），因為就連野人也生活在某種形式的人類社群中，所以這種權利在形式與本質上確實相互矛盾。由於我們所知的「人類」只有「男人」與「女人」兩種形態，如果要讓人類的概念具有政治效益，就必得涵蓋人類的多元性（Pluralität）。在十八世紀的政治條件下，唯有將「一般人」視為一個民族的成員，才能彌補這種多元性。……有鑒於法國大革命將人類設想為一個民族大家庭，作為人權根基的人的概念，就不再是以個人而是以民族為導向。[57]

因此，鄂蘭認為這些天生「固有權利」的首要矛盾在於，這些權利在清楚指涉其應用對象（人本身）時，明顯與人作為一個離不開群體之生命的本質相抵觸，因為這種與群體緊密相繫的生命，無法與區域和歷史切割開來，而且也只有在多元的複數思維中（人類！），這種生命才能被理解**為**人。唯有將**絕對**必須受這些權利保障的個體，默視為一個「民族」的成員，才有辦法掩飾這種矛盾。

而在十九世紀進程中，這裡所謂的「民族」，就是具備能決定自身法律之主權的「國家」。一九三〇年代初，隨著「無國籍流亡者」大規模出現（特別是在法國），這種源於人權精神的第二種解決辦法，也已顯現出那必然的矛盾。

具象化問題【鄂蘭】

早在一九三四與三五年，鄂蘭肯定就已察覺到，身為一位被納粹德國驅逐的猶太女子，她自己就完美體現了這種人權概念固有的矛盾：她生來所屬的**民族**，數千年來都沒有自己的**民族國家**，但正因她屬於這個民族、身為受迫害的**個體**，她絕對需要受到保護。

在這種背景脈絡下，鄂蘭個人的傳記式案例將這種矛盾推展到極致，因為身為猶太人的她，之所以明確認可個人的猶太身份，都是因為被排除在自己最初、主要想認同並視為文化存在的社群之外（德語詩歌與思想傳統）。一九三〇年，鄂蘭寫信向博論指導教授雅斯培解釋自己的范哈根計畫。信中，鄂蘭表示，在她看來「特定人士在他們的生命中是如此赤裸，以至於他們彷彿變成『生命』的交會點，以及客體化的具體產物」。[58] 而她自己也已變成這種「具體客體」，變成一個探究人權實際根基的具象化問題。

這個問題在她心中引起了一陣波瀾。在鄂蘭的餘生中，這個問題會不斷糾纏著她，她就像一位鍥而不捨的質問者，「不曉得人權究竟是什麼」，而且還很清楚「其他人似乎也不曉得」。[59]

蘇格拉底在德爾斐神諭中接到一份指令，那就是「認識自己」（Erkenne dich selbst!），鄂蘭也秉持這種精神。在思想之路上，她代表其他猶太人，承認自己就是一個流亡的難民，她打破當下時空文化背景中的政治論調，並對此提出根本上的質疑：我們該如何在放棄「人本身」這個抽象概念當中，同時抗拒將每個個人視為集體（即民族、國家、階級……）之必要組成的思維架構，構思出所有權利中最根本的權利——也就是「擁有權利」的權利？還是說，這個再明顯不過的問題，迄今都被整個哲學傳統所忽略了？

處女地【鄂蘭】

在流亡巴黎的這些年間，傳統概念中的根本矛盾越顯清晰，鄂蘭就像彈性十足的海綿一樣吸收這些衝突。而且，這種自相矛盾的現象，也體現在實際參與猶太復國主義運動和救援組織的經驗中。不到一九三五年她就換了工作，到一個猶太兒童之家的慈善單位任職，該組織是由羅斯柴爾德家族的男爵夫人賈曼（Germaine de Rothschild）所維繫與金援。這是非常典型的人道主義資助計畫，發起者是巴黎會堂（Consistoire de Paris）中影響力十足的成員，巴黎會堂則是巴黎猶太人社群內力量最強大的宗教組織。身為男爵夫人私人助理的鄂蘭，首要任務是整合、監督流向各收容所與救濟單位的捐款。[60]

對「猶太事務」來說，這絕對是相當有價值、又能帶來具體助益的工作。但說到底，這種純粹透過私人資助來執行的慈善計畫，其實無法獲得鄂蘭內心的認可。就她看來，將猶太事務以及保護猶太人的工作，交到資本雄厚的贊助人手裡，無論他們有多仁慈慷慨、思慮周詳，這最終都是看不見未來，甚至可能造成反效果的策略。畢竟，本質上牽涉到政治的問題，是無法靠私人途徑來解決的。

所以，只有在一九三五年初，開始在猶太復國主義青年組織「回歸」（Jugend-Aliyah）的辦公室上班時，鄂蘭才真的覺得自己來對地方了。這個組織由德國詩人蕾哈．佛萊爾（Recha Freier）所創立，她同時也是猶太教祭司之妻。這個組織的名稱清楚揭示其宗旨：在希伯來文中，回歸（Aliyah，亦為 Alija）的字面意思是「上升」；但根據《聖經》，「回歸」指的是讓猶太人從巴比倫流放地回到以色列地（Eretz Israel）的返鄉過程。此組織的目標是讓猶太流亡青年，獲得在巴勒斯坦定居時必要的知識與技能，並透過後勤運籌安排，讓猶太流亡者能夠實際移居到應許之地。鄂蘭在這個兩年前才剛成立的組織擔任秘書長，因此得以在一九三五年夏天，前往當時仍受英國託管的巴勒斯坦。藉由這趟旅程，她在當地親眼見證了猶太復國主義運動的進展。

排除【鄂蘭】

一九三三年起，光是來自德國的移民就有一萬人左右，這對當時仍在建設中的猶太社區來說是極大挑戰。湧入巴勒斯坦的人流並沒有停止。來自柏林的宗教學者與猶太主義者格爾肖姆．朔勒姆，早就在一九二三年移居耶路撒冷，而處在這番境況的他，也成了當地的紀實者，記錄德國猶太知識份子逃往應許之地的生活。

如同隨著季節遷徙的候鳥，這一小群猶太知識份子雖然遍佈世界各地，但還是靠著親戚關係、傳言，當然還有傳統書信方式，在各大洲之間維持密切聯繫。一九三五年八月二十五日，朔勒姆寫信給當時待在巴黎的班雅明。信中，朔勒姆對這位當年在柏林認識的摯友說：「幾個禮拜前，我在這裡看到你表親的太太漢娜．施騰恩。她現在在巴黎，替準備移居巴勒斯坦的青少年做準備，但我覺得她跟你大概很少聯絡，不然她應該會替你問候我才對。所以，我沒有向她問起你的事。她曾經是海德格門下非常優秀的學生。」61

事實上，施騰恩（又名君特．安德斯〔Günther Anders〕）是班雅明舅舅的兒子。這位舅舅叫威廉．施騰恩（William Stern），曾在漢堡教發展心理學。由於鄂蘭早在一九三四年就在巴黎與班雅明結為好友，她跟朔勒姆碰面時之所以沒那麼熱絡，主因可能是她跟丈夫施騰恩的婚姻。當時，他們的關係已岌岌可危。當然，也可能是因為他們對猶太復國主義安頓計畫的進展，抱持截然不同的判斷與感覺所致，這點其實不難預料。鄂蘭得以在當地親眼視察工作村的狀況，尤其是名為基布茲（Kibbuzim）的工作聚落。

基布茲可說是一種社會實驗。針對猶太民族在世上受壓迫與不得自由的真正原因，鄂蘭與韋伊各自提出自己的分析。而在這份實驗中，她們的論述似乎不謀而合。基布茲基本上是種沒有階級制度的中型農業合作社。在理想的狀況下，基布茲裡的每位勞動者都能完成所有須承擔的任務。從韋伊的觀點來看，這些社群已經在實踐小規模組織與合作形態，至少能讓人對全球與在地社會主義形態的無壓迫式勞動懷抱一絲希望。然而，巴勒斯坦的居住人口多為阿拉伯人，因此就建立猶太復國主義國家的計畫來看，這些持續擴張的基布茲網絡，成為猶太少數族群在面對阿拉伯人時，所採取的殖民與我有化政策的基本要素。

以此看來，我們就能理解鄂蘭後來針對巴勒斯坦初訪印象的描述，她寫道：「我還清楚記得自己對基布茲的第一反應。我心想，這又是一種新的特權階級。當時我就曉得……根本沒有人有辦法在那裡生活。『統治你的鄰人』，這就是主要原因。當然，如果你真誠信奉平等，以色列還是很令人印象深刻。」[62]

哪種形式的集體化能抵抗夷平（Nivellierung）以及平均化（Gleichmacherei）的現象？如果有的話，又有哪一種集體生活形態，能實際落實在社會上，但又不會建構出一個他者群體，讓自身社群受其威脅？

一九三五年秋天，從巴勒斯坦回到巴黎時，鄂蘭在內心思索著這些問題。她一方面備受鼓舞，同時也有些幻滅。她在九月抵達巴黎時，德國正通過紐倫堡法案（Nürnberger Gesetze）。新的法案包含「血統保障法」（Blutschutzgesetz），也就是禁止「猶太人」與「非猶太人」締結婚姻或性交，同時也引入「帝國公民」（Reichsbürger）以及純粹「國民」（Staatsangehöriger）的區別，從而正式將帝國境內的猶太人貶為次等公民。又往去人化的方向前進了一步，鄂蘭的存在也是。而且這還只是去人化的開端。

IV. 下一步——一九三六至一九三七年

蘭德愛上超人，鄂蘭愛上賤民

韋伊愛上共和國，波娃愛上新的家庭

我們，活著的人【蘭德】

「我長期保持沉默的唯一理由，是因為我才剛脫離地獄。過去一整年，接踵而至的失望、無盡的等待、漫長的掙扎，狀況糟到我連自己的聲音也不想聽。因為除了哀嘆，我也沒別的好說。」[1]

一九三五年十一月二十九日，蘭德從紐約寫信給加州的編劇同事古弗尼爾·莫里斯（Gouverneur Morris）。信件開頭的這幾句話，彷彿也是在描述韋伊、波娃和鄂蘭的心情。即將跨過三十歲關卡的她們，過去一年來，不管是在工作上還是私生活中，都扮演著受難者而非創造者的角色。世界政局波濤洶湧的動盪就更不用說了。生活在這個時期的每個存在，都面臨更具體、更迫切的威脅，徘徊在被捲入動盪漩渦的邊緣。

「直到現在，我才敢稍微抬起頭來。」蘭德接著寫道：「但這不是因為我的劇本大鳴大放的緣故（雖然那齣戲確實滿受歡迎的），主要是因為我的書。我人生至今最大的成就，就是終於把書賣出去了。我辦到了。不管會不會大賣，至少確定會出版。」[2]

一週前，《密不透風》受到了出版商的青睞，預付款為兩百五十元美金。等到春天，這家著名的紐約出版商——麥克米倫（Macmillan），就會以《我們，活著的人》（We the Living）為書名，將這本書推向市場。與此同時，《一月十六日之夜》（Nacht des 16. Januar）自八月在百老匯首演後，就受到廣大的歡迎。光看蘭德的收益，在一九三五年秋末，她每週都能靠這部戲領到最多一千兩百元美金的版稅，這跟當時美國人的平均年收差不多。[3]雖然蘭德還是很痛恨導演，因為那齣戲在導演的詮釋之下淪為「慘不忍睹的低俗滑稽雜劇」，但至少她現在在財務方面已經沒什麼好哀怨的了。

時序來到了十二月，在更寬敞的新公寓內，蘭德又在她的胡桃木桌前坐著，這是她唯一從洛杉磯運來的傢俱。此時此刻，她正在草擬下一份寫作計畫：她要寫一部在範疇與複雜程度上超越以往作品的小說，但更重要的還是小說蘊含的哲學深度。在自由女神像與新落成的帝國大廈的庇蔭下，蘭德將這本書暫時取名為《二手貨的生活》（Second-Hand Lives），而她寫這本書的真正目的，是「用『利己主義』這個詞的真正意涵，來替利己主義辯護」。[4]

重新征服自我【蘭德】

蘭德特別想藉著這本小說清楚勾勒出現代消費資本主義中，那絕望地自我否定的犬儒主義，是由哪些基督教與共產主義長期共有的假設前提所導致的。「摩登時代」危機的真正起因，並非來自物質層面，而是來自精神層面，這點絕對無庸置疑——對此，蘭德與她的哲學導師看法相同，像是尼采、奧斯瓦爾德·斯賓格勒（Oswald Spengler）和加塞特：

> 對，沒錯，技術上確實是大有進展，但我們在精神層面卻遠不及文藝復興時期的義大利。事實上，群眾目前的生活形態，根本**不配**用「精神生活」這種偉大的說法來形容。這該怪機器

嗎？……還是說，根本就是因為在兩千年的基督宗教影響下，「我」這個微不足道的字從人類意識中被抹除，連**原先的**人類意識也跟著灰飛煙滅？[5]

當代資本主義社會表面上主張個人主義，但是從道德層面來看，這種個人主義就跟集體主義一樣徹底腐蝕了社會，因為在這種個人主義之下，群眾的願望很簡單，那就是毫無節制地想得到別人已經擁有、能夠擁有，或是極度珍視的事物。在這兩種體制之中，沒有人知道人類個體真正特出的地方在哪，也不知道個體決策可能會受到什麼事物的引導。在這種將個人價值判斷與生命前提斷然建立在他人身上的年代，「自我」這個神聖的詞已失去所有重要又根本的功能：審美、道德與政治功用。在這種情況下，只有一條出路：我們必須靠徹底否定他者——所有他者——的相關性與意義，來重新征服「自我」！

不過，假如一個人毫無保留地認可自己的判斷與創造力，決心堅持走在征服自我的這條路上，他的存在會是什麼形態？在當前主流社會情勢下，這種人有辦法生存，甚至是成功嗎？還是他注定會失敗，成為「為數眾多的大眾」怨恨的對象？

光是在初期構思階段，她就有夠多懸而未決的問題得思考了。不過在一九三五與三六年冬天，蘭德已替小說主角勾勒出極為清晰的輪廓。小說男主角會將自己的獨特創造力，傾注在契合二十世紀社會需求、具有前瞻性的藝術形式上：建築。而在一九三六年二月九日，蘭德就已經仔細、完整構思出人物設定，創造出她的全新超人。

霍華・洛克【蘭德】

「人生觀……兩件事主導他的整個人生觀，第一，他個人的優越地位；第二，世界毫無價值的認知。他知道自己想要什麼，也知道自己在想什麼。他不需要其他理由、標準或考量。這種全然以自我為中心（自私）的狀態，對他來說像呼吸一樣自然。這不是他後天養成或邏輯推演後得到的結果。這是天生的特質。他從來不加以質疑，因為他從來就沒有想過要去質疑。」[6]

蘭德筆下的主角洛克並沒有後天學習或刻意培養這種意向，他只是緊緊守護這種特質，使其不受他人的污染與破壞。在小說後段，讀者會發現洛克其實是一名孤兒，他的過往經歷是一片未知。但是，與此相關的問題依然存在。蘭德筆下的洛克具有真正的自主權，體現出一種從根本上令人信服的存在典範。但是在通往真正自主的道路上，個人不免會受到社會條件的制約。被扔進此有時，我們——我們當中的每一個人——基本上都是毫無能力、全然無助的個體，一開始都得靠其他人的言行舉止來認識自己與周遭世界。我們之所以成為有思想、會思考的個體，都是因為他者的聲音。從這個觀點看來，蘭德心中設想的典型就像在爬梯子一樣，一旦達到個人自主的高度，就必須斬釘截鐵將梯子推開。蘭德一開始就將小說主角置於這個孤獨的高度：

漠不關心和無盡冷酷的漠視，是他對世界及與他不同的人類的唯一感覺。他完全理解人類。而正因他理解人類，才會將問題推到一邊。作為一個全然安身並立基於自我的人，他不渴望其他同類、不追求團結親密，也不想要他們的理解。[7]

因此，洛克不否認其他人的**存在**，只是不覺得他者與他人生的方向和形態有任何**關聯**。正因他理解多數人的思維與生活方式（他人的思想跟生活無比貧瘠！），他才會站在一個更高的位置，並將其他人推到一旁。將這個新的、以自我為中心的救世主，想像成一個無比積極、開朗又幹勁十足的人，這完全說得通。與其原諒他人的罪過，體現完美人類典型的洛克反而活在積極實踐的心態中。對他來說，在這種心態之下，唯一可能犯下的罪過就是褻瀆自己把創造力投入想達成的目標裡。作為與基督教救世主耶穌基督（職業為木匠）相反的清楚例證，建築師洛克沒有試圖透過自己的苦難來讓其他人得永生，而是藉由自己的行為來自我救贖：

> 他不受苦，因為他不相信苦難。失敗與失望對他來說只是奮鬥的一部份。因為知道並了解自己的能力，他持續、堅定地對生命感到喜悅，這就是他的情緒狀態；他甚至沒有意識到這種喜悅，因為這個狀態是如此恆定、不變和自然。……世界對他來說是一個行動場域，而不是感覺的空間。他的感受完全受制於邏輯。更確切來說，這兩者其實密不可分，但感覺永遠遵從邏輯。[8]

因此，洛克之所以能抵抗挫折，就是因為他有能力用思考來控制所有情感生活。正如洛克不覺得自己的肉體可能是個人意志與抵抗力的來源，他也沒有讓情感生活成為自己的絆腳石。在他的整體此有中，洛克一貫將他者性排除在外，但這種排除並非源自於他者的存在，而是與他個人的身體狀況、情態與動力相關。

理性利己主義【蘭德】

蘭德筆下的理想個體——洛克之所以持續感到歡快與喜悅，就是因為他確信在這個世界上，個人完全能達成自己的願望與目標，而手段則是思維與邏輯（蘭德很快就會談到善意的宇宙〔wohlwollendes Universum〕的概念）。讓主角洛克在各方面都與眾不同的，正是這種喜悅與歡快：活著就是持續快樂地解決問題，藉此實現自己設定的目標。

在此，整個自然界看似只是達成目的之手段。建築師洛克之所以對石頭感興趣，單純只是因為石頭是建築素材；山坡是建築的場地，太陽則提供光與影。換句話說，他認為自然本身不具任何價值，只有在應用到他本身和他的計畫上時，自然才具有價值。所謂的「追求幸福」對他來說，唯一阻礙就是他者。洛克已經明白這點，並從中得出符合邏輯的推論。

> 他對政治的興趣在於對政治不感興趣。所謂的社會對他來說並不存在。其他人無法引起他的興趣。……全然、徹底拒絕受制於他者的想法與慾望，這就是他的行動指導原則。……金錢、

名聲、特權，這些通常會隨成功而來的回饋，對他來說一點都不重要；他的人生追求真實，他的人生就是他的創作。他只會以自己想要、享受的方式來創作──不然就不要做，然後在鬥爭抵抗之中滅亡。[9]

即使是洛克這樣的人也有可能失敗，但他會用正確的心態來面對失敗：既不將錯誤全然導向自己，也不會徹底推給物理世界，因此他永遠不會覺得自己在失敗中失去尊嚴與價值。這種尊嚴對他來說比任何事物都重要，甚至比實際去實踐所謂的創造性計畫還重要，因為這股尊嚴能讓他持續感受、理解自己在世上的價值與位置。說到底，這種自我價值是能讓人自信說出「我」這個詞的基礎，或甚至是來源。

所以，絕不能讓這個來源受他者污染。這項論斷甚至適用於那些極度人性、極致狂喜愉悅的狀態。洛克身為全然世俗的血肉之軀，也不希望脫離這些狀態：

> **性**：健全動物的感官表現，不過對這個領域沒有特別大的興趣。在愛當中，他無法全然給出自己。他的態度並不是：「我愛你，我把自己全部交給你。」而是：「我愛你，你屬於我。」關鍵態度在於想要某人的那種感覺，但不在乎對方是否想要自己。[10]

所以，根據一般理解，洛克這樣的人既不懂、也沒有體驗過什麼是愛。他對自我的愛是唯一無條件的愛，而這種愛將永遠成為一道屏障。假如要讓洛克體驗、或進入穩定關係，穩定關係的力量必須來自那些準備好無條件將自己奉獻給他的人。根據蘭德的說法，只有在對方恆久崇拜他的模式下，這種關係才有可能成立，性服從就更不用說了。這種充滿感官刺激的臣服，總是帶有虐戀的意味。在小說中，洛克與多米妮克（Dominique）的關係就清楚體現這點（在蘭德的作品中，人名總是透露出角色的性格與命運，而這個名字也不例外）。事實上，洛克與多米妮克在小說中的第一次性行為，其實與強暴沒什麼差別（矛盾的是，女方算是自願被強暴）。這種精心算計、可能被解讀成醜聞的橋段，是蘭德作品中反覆出現的主題。

所以說，洛克這位理想個體的基本特徵就這樣擬定了，但小說情節的進度還是零。在一九三六年春天，小說情節與架構還是一片未知。不過，蘭德打從一開始就不想把這部作品定位成經典教養小說（Bildungsroman）。❶但可以預期的是，小說的懸念與張力主要會是來自洛克遭逢的障礙，而這些障礙是其他次等者，也就是那些二手貨造成的。由於她筆下的主角堅定拒絕各種形式的「諂媚」（boot-licking），蘭德在第一份人物細節設定的最後，提到洛克不得不「從事最卑賤的工作長達多年」，還得忍受「各種社會施加在個人身上的經濟羞辱」。[11]

❶ 譯註：源於德國文學的一種傳統小說類型，主要是描述主角成長的過程。

康乃狄克州的婚姻【蘭德】

對蘭德來說，洛克就是——而且也應該是——她個人存在的理想典型。不過她跟這個目標之間的差距其實不小，對她跟丈夫來說都是如此。在他們夫妻共有的日常中，這種落差更是顯而易見。遲至一九三六年，蘭德終於在婚姻中擔起典型的「男性角色」。她就像傳統家庭中的男性那樣負責養家糊口，賺錢回家、獲得外界肯定、創造與創作，還有負責決定並評估家中大小事。雖然從商業角度來看，一九三六年四月出版的《我們，活著的人》銷量實在差強人意（那年春天意外暢銷的小說《飄》〔*Gone with the Wind*〕，作者是一個叫瑪格麗特・米契爾〔Margaret Mitchell〕的人），不過這本書確實頗受好評。而且，由於這本小說以蘇聯為主題，蘭德也成為媒體爭相訪問的政治評論家。在大量電台採訪以及清楚表明個人立場的晚間講座中，蘭德愈發樂於扮演政治評論家的角色，而且也越來越得心應手。丈夫奧康納盡力支持她，盡己所能地扮演體貼細心的家庭主夫，以及情感支持者的角色。搬到紐約後，電影事業的遠大目標對他來說最後成了幻影。與其讓自己在不斷碰壁的狀態下繼續被羞辱、貶低，不如乾脆不去參加選角試鏡了。蘭德很能理解他的決定，因為她父親也有相同的經歷。畢竟，若個體要在某些情況與時期維護自身尊嚴，能選擇的並不是與當時的主流情勢鬥爭，而是主動拒絕隨波逐流。狀況允許時，奧康納會當個有耐心的聆聽者，對蘭德思考探究的議題給點貢獻，或偶爾提出犀利尖銳的評論。蘭德的作品可說是相當嚴肅正經，但奧康納總能發揮他那冷調的幽默感，精準掌握蘭德想傳達的訊息。

在這七年的婚姻生活中，這對剛搬到紐約的夫妻根本就沒有所謂的社交生活，就連深交的摯友或不熟的朋友也沒有。這基本上都得歸咎於蘭德，因為她完全沒有社交慾望，而且美國常見的閒聊、寒暄聚會更是令她感到不自在。奧康納的弟弟尼克活潑有勁，創意十足，只有他偶爾能替這對夫妻的生活帶來一點調劑。不過，這對夫妻的性生活也越來越死氣沉沉。

在接下來的幾年，奧康納唯一的工作（與其說是工作還不如說是嗜好），就是在蘭德的《一月十六日之夜》中出演，參與這齣戲在紐約以外的巡迴，也就是所謂的夏日戶外劇場。一九三六年夏天，他為了這齣戲去到了康乃狄克州，而這也是這對夫妻長年以來首度分開超過幾個小時以上。奧康納的火車才剛出發不久，蘭德就坐到桌前：

一九三六年八月十九日

親愛的老公！

終於，第一封情書，我終於有機會寫第一封情書給你了。除了非常想你，我其實沒什麼話要說。不過實際上我根本就不想你，這才是最有意思的感覺：一方面我可以當場哭出來，顯示我對你有多麼思念；另一方面，我感到非常自豪、覺得自己很了不起，因為我真的做到了。我讓你離開，自己留下來履行「我的義務」。

從火車站回家的那段路程最糟糕。這種感覺很糟，但我同時又樂在其中，因為這是一種前所未有的感受，是我以前從來沒有過的體驗：整座城市看似空無一人，這聽起來可能很老套，但事實上絕對不是如此，因為這代表我清楚知道，任何地方、任何街道上的任何人對我來說都不重要。我覺得好自由、好苦澀，好想大哭一場。我完全沒有轉頭看你的車。你當時又是什麼感覺？

不過，有件事絕對是好的：少了「我的靈感」，比其他事物都更能讓我文思泉湧。寫作到目前為止真的很順利，現在也好想工作。

……

一定要說我愛你嗎？

親愛的，晚安！

你的寶貝[12]

可以肯定的是，洛克絕對不會把這種東西寫在紙上。同時，就算沒有受過伴侶諮商訓練，大家還是能從字裡行間清楚看出這段婚姻中潛藏的張力。他們表面上扮演的角色完美無瑕，但實際上內心早已走樣。

除了奧康納之外，其他人在蘭德的世界究竟扮演什麼角色，將是她生活與思想中張力十足的一個問題。蘭德深信，思考是一種只能獨立進行的活動，這個道理同樣適用於最高層次的思考：發揮創造力去創造，並籌劃出值得在其中生活，甚至是值得去愛的世界。

前線【鄂蘭】

一九三六年八月，鄂蘭也在內心掙扎，無法毫無保留地將「我愛你」這句話寫在紙上。一九三六年八月二十四日，她以觀察員的身份，到日內瓦參加世界猶太人大會成立會議，並從當地寫信給生命中的新男人：「我愛你——這點你早在巴黎時就知道了，我也是。如果我沒說，那是因為我怕面對後果。現在，我能說的只有：為了對彼此的愛，我們願意嘗試。我是否能成為你的妻子、是否會跟你結婚，我實在不曉得。我的疑慮還沒有隨風消散，我已婚的事實也依然還在。」[13]

鄂蘭所謂的恐懼是害怕失去獨立性。愛的體驗必然會使她無法獨立。早在馬爾堡讀書的那段年輕歲月，鄂蘭就體會過無法獨立的滋味，而這股強大的力量也差點使她失去自己在世上的立足點。那些年的陰影依然籠罩著她。布呂歇還不曉得她跟海德格曾有過一段情。海德格不僅是她當年的哲學老師、是《存有與時間》的作者，更在一九三三年春天加入了納粹黨。同時，漢娜．施騰恩也不曉得，其實布呂歇跟來自俄羅斯的娜塔莎．傑弗基恩（Natascha Jefroikyn）還存有婚姻關係，而且傑弗基恩也住在巴黎。漢娜名存實亡的丈夫施騰恩，已在一九三六年春季移民美國。漢娜跟布呂歇才認識幾個月，一點小祕密是不會對愛情造成多大傷害的，尤其是剛萌芽的愛情。總之，顧慮依然存在，況且，當時全球的政治局勢正往越來越黑暗的方向發展。

彷彿是在回應祕密訊號那樣，在一九三六年間，全世界的緊張局勢加劇，前線戰事和武裝衝突頻傳。因此，一九三六年八月二十六日，朔勒姆寫信給人在巴黎的哲學家老友班雅明：「三個月以來，我們活在被圍困的耶路撒冷，每晚都會聽到瘋狂的槍枝掃射聲……大家都抱著聽天由命的態度，誰也不知道走到下個轉角會不會突然有炸彈飛來。另一方面，我們發現其實炸彈很少爆炸，也很少造成實際傷亡，所以最後也變得相對冷靜。這裡的戰爭開打了，一部份是軍隊和阿拉伯游擊隊之間的交火，另一部份是這些游擊隊跟他們不斷攻擊的猶太殖民者的衝突。」[14]在受英國託管的巴勒斯坦，住在當地的阿拉伯人終於發起第一波反抗運動，「歐洲的情況……以潛在結構來看，不比巴勒斯坦樂觀」[15]——早就擺脫各種幻想與假象的班雅明，如此平鋪直述地道出事實。而且，就算不是移居巴黎的德國猶太人，對局勢的判斷也不會有太大差異。

黑暗審判

一九三六年，接獲希特勒的指令，德國工業的當務之急是替戰爭做準備。在「軍備自由」（Rüstungsfreiheit）的口號下，經濟和國防軍必須在四年內做好再次作戰的準備。大規模武裝正式展開，第一個明顯的信號，是德軍在一九三六年三月進入非軍事化的萊茵蘭（Rheinland）。此舉公然違反《洛迦諾公約》（*Locarno*）以及《凡爾賽條約》（*Versailles*），但一次世界大戰的戰勝國並未加以制裁。納粹德國現在已在政治上達成統一，而其指導原則是：什麼都可以談，就是不要再次開戰。與此同時，德國的左派勢力被嚴重削弱、擊潰，以至於被囚禁在集中營裡的政治犯人數達到最低點，一共不到三千人。[16]以希特勒政權的邏輯來看，國家必須塑造、並獵殺新的敵人，內敵外敵皆然。因此，猶太人成了納粹主義仇恨宣傳的重點，程度比先前更加猛烈。

經過六個月的防禦戰事、損失超過二十五萬名士兵，衣索比亞軍隊在一九三六年五月，在阿的斯阿貝巴（Addis Ababa）向墨索里尼投降。接著，「元首」（Duce）宣布義大利「帝國」（Imperium）正式復興。[17]同時，在莫斯科的史達林也更強硬地與黨內反對派高層鬥爭，其中包含多位托洛斯基先前的密友。第一場大規模作秀公審安排在一九三六年夏天。所有被告都會被處決，他們的近親通常也會遭波及。此時此刻，被關押在古拉格的政治犯已達十八萬人。[18]作為在整個蘇聯進行全面「清洗」（Säuberungen）的序曲，中歐的審判使左派知識份子首度疏遠史達林的帝國與其理想。

正因如此，對於組成所謂人民陣線（Volksfront）的歐洲左派份子來說，一九三六是復甦的一年。由於莫斯科當地的策略已在一九三四年有所轉變，[19]法國與西班牙的社會民主主義者，不再被共產國際歧視為「社會法西斯主義者」。反之，史達林鼓勵當地的共產黨跟社會民主派系結合，以便以民主的方式取得權力。

新戰略首先在西班牙大獲成功。一九三六年二月，由「共和主義者」（大多來自擁有資產的中產階級）、共產主義者、分離主義者以及工會組織成員組成的「人民陣線」，在選舉中險勝右派天主教政府聯盟。民眾投下的選票總計略為九百多萬張，而左派「人民陣線」只領先十五萬張。[20]

三個月後，一支左派「人民陣線」也在法國取得勝利。與其說是民族主義對上國際主義，政治上的實際分界線，其實是介於民族天主教義以及人民共產主義之間。在這些選戰中，政治自由主義的中間位置再也沒有生存空間——或者說，民主式的反對全然被左派所取代。正如韋伊所預言的，除了英國以外的其他歐洲國家，都正被吸進相互對立、水火不容的集體信念漩渦中。

新上任的法國總理萊昂・布魯姆（Léon Blum），是第一位領導法國政府的猶太人與社會主義者。在他的領導下，政府承諾推動一系列改革，例如退休養老津貼、減少每週工時以及失業保險（但卻不包含之前同樣承諾過的婦女投票權、有薪假或是勞資協同經營權）。

政府才剛決定實施這些措施，法國就在六月和七月發生史上最大的罷工潮。[21]由民眾自主發起、完全和平的數千起抗議行動，像是罷工、靜坐、佔領工廠……等，使公共生活停滯不前。空氣中彌漫革命的氣息，布魯姆也借助這股威嚇的態勢，來對擔心受怕的私部門提出更多要求。與其有一天被沒收徵用，倒不如現在就屈服讓步。當然，法國經濟仍深陷危機之中，高達兩百萬的失業人口以及得靠國家干預才撐得下去的法郎，就是最昭然若揭的徵兆。民眾之後就會發現，雖然這些政策表面看來很受歡迎，但從國民經濟的角度來看卻是毫無助益。

七月十四法國國慶日，群眾興高采烈地在巴黎街頭遊行時，西班牙已出現類似內戰的衝突。短短三天後，一九三六年七月十七日，弗朗西斯科・佛朗哥（Francisco Franco）將軍發動軍事起義，目標是推翻新政府。而這兩個陣線也形成內戰的對立雙方。社會中意識形態的裂痕，成為貫穿每座城鎮與村莊的衝突前線。短短幾天內，緊繃的氛圍演變成互相殘殺、搶劫、掠奪、強暴以及行刑處決。即便內戰才剛爆發，數以萬計的西班牙男女就已為此喪命。

一九三六年八月一日，來到新落成的柏林奧林匹克體育場（Olympiastadion Berlin），義大利和德國隊在入場時以法西斯式的禮節向希特勒致敬，佛朗哥的軍隊也在此時得到墨索里尼與希特勒的支持，獲得大量武力後勤支援。因此，西班牙內戰很有可能演變為兩大極權主義集團的代理人戰爭。

全歐洲的左派份子表達了極為強烈的抗議。但新上任的布魯姆政府與英國都無意直接干預這場衝突，就連內戰剛爆發時，史達林也完全不吭一聲。尤其是在巴黎，這種沉默被譴責為對社會主義弟兄的「背叛」。一九三六年八月底開始，數以萬計的民眾自願組成國際縱隊（Internationale Brigaden），協助西班牙共和國對抗佛朗哥的長槍黨（Falange）。因此這場內戰也進展為知識份子與文人學士的戰爭。

部族與親親【鄂蘭】

在鄂蘭的巴黎社交圈中，大家密切討論著西班牙的局勢。不過，這群人想必不會認真考慮加入國際縱隊，並到當地協助作戰。因為除了同樣被困在巴黎之外，這群背景與職業相差懸殊的人之所以會聚在一起，並且從一九三五年起越來越頻繁地舉辦討論晚會，關鍵在於他們都認為，在未經深思之下接受任何形式的政治意識形態或運動，都不是明智之舉——不管是共產主義、無政府主義還是猶太復國主義皆然。說到底，這個巴黎「部族」（他們很快就自嘲是「部族」）的核心意志，其實是保護自己最後、最珍貴的自由，那就是替自己思考的意志！在新的賤民生活中，這也是他們僅存的自由。

對於逃離柏林的哲學家與評論家班雅明、來自法蘭克福的律師埃里希・科恩本迪特（Erich Cohn-Bendit）、來自波蘭的詩人沙南・克楞波（Chanan Klenbort），還有凱特・赫希（Käthe Hirsch）、洛特・森佩爾（Lotte Sempell）以及畫家卡爾・海登萊希（Karl Heidenreich）等人來說都是如此。不過，對於在一八九九年生於柏林的布呂歇來說，這點更是成立——當時未以合法身份居留巴黎的他，根本「不曉得自己住在哪裡」。22

年輕的布呂歇密切參與勞工運動，也在二〇年代初積極投入共產黨事務。他在巴黎的生存之道是在白天喬裝成遊客，手拿手杖、穿著最體面的衣服，舉止得體大方地融入當地街頭，以便傍晚在旅館或女性贊助人那邊謀得臨時下榻處。被問起職業時，他只簡短地說自己是「拉線工」。這曾是他在黨內的代號，不過在一九三〇年代，他已逐漸與共產黨的意識形態軸線脫鉤。23

在柏林威丁（Wedding）長大的他，從小就沒了父親，一路以來都是靠自學成才。除了原生環境特有的陽剛氣概與口音之外，布呂歇還保留了柏林人的批判式懷疑精神，並刻意與過於浮誇的主智主義（Intellektualismus）保持距離。他就是白手起家的典型範本，一路以來沒有仰賴任何助力與踏腳石，只靠自己的力量站穩腳步，而唯一能與其精神思想獨立性相匹敵的也只有貧困程度了。換句話說：他是一位出類拔萃的賤民，完全符合鄂蘭那經過生活淬鍊而成的品味。

他的舉止總是優雅大方，還具備一定法語能力，所以鄂蘭總開玩笑稱他為「法國先生」（Monsieur），特別親密的時候也會柔情地喚他「親親」（Stups）。儘管兩人可能已經打得火熱，但正如鄂蘭在一九三六年八月的信中所言，她一點都不希望自己因為這段關係而全然「隨風消散」。尤其，讓她有所保留的，是不確定該如何、以及是否有可能在體驗愛情的同時，保有個人身份認同與全整（Integrität）。面對這個疑慮，鄂蘭的態度越來越嚴肅，因為這正是她在博士論文《奧古斯丁之愛的觀念》（*Der Liebesbegriff bei Augustinus*）[24]中探討的核心議題。一九二八年，她在雅斯培的指導下在海德堡完成這份論文，當時她仍持續與海德格私下密會。

絕對的鄰人之愛【鄂蘭】

鄂蘭以教父奧古斯丁（西元三百五十四年至四百三十年）對愛的詮釋為基礎，在自己的第一份獨立創作中，探討個人與世界及自我的關係，會如何受到「他者的影響」。而最能令人迫切面臨這個問題的時機，同時大概也是最能清楚得到解答的領域，就是所謂的愛。海德格在一九二五年寫給鄂蘭的信中表明：愛是「他者存在闖入我們生命」[25]的事件。只要有「愛」這個行動，人就不是孑然於世，而且再也不會以孤立的角度來感受這個世界與自我。

更讓人意外的是，在奧古斯丁對愛的理解中，另一個人類實體（作為一個具有不可替換之個體性的對應者）其實沒有太大意義。因為在奧古斯丁深受基督哲學影響的思想中，愛的本源是上帝——而其實際目的最終也回到上帝身上。世上各種形式的根本生命意義以及潛在的安全感，也同樣適用此概念。

根據奧古斯丁的觀點，在具有具體他者形體的鄰人身上，被愛以及應該被愛的只有鄰人來自上帝的本源，以及他屬於這個群體的事實：因承載原罪而終有一死的生命群體。而上帝作為愛的實際來源與目標，所有人在祂面前皆為平等。這就是為什麼祂在人類之間的愛，並不是為了每個人各自的個體性而存在，而是因為每個人基本上是平等的。

在奧古斯丁看來，亞當與夏娃的墮落確保人類之間的相互平等，同時也是人類有限性與不可逆之墮落的塵世根源。因此，在一九二八年的這份論文中，鄂蘭替最後一章取了〈社群生活〉（Vita Socialis）這個意味深長的標題，指出：

> 這種平等的明確性（Ausdrücklichkeit）包含在愛鄰人的誡命中。因為他者基本上與你平等，即與你一樣擁有罪惡的過往，因此你應該愛他。[26]
>
> 鄰人從來就不是因為他本身的緣故而被愛，而是因為託上帝的恩賜。從更極端的意義來看……這種間接性破除親密無間的自明性（Selbstverständlichkeit），讓每段關係變成純粹的通道，讓人直接與上帝建立連結。具有救贖力量的並非他者本身，這只是因為上帝的恩典在他身上起了作用。[27]

是否、以及如何能在愛中保有個人的個體性，甚至是否能在愛中獲得個體性的問題，並沒有在奧古斯丁的哲學思維下出現，而且，也不可能出現。早在一九二八年，鄂蘭就清楚揭示這點，認為這是西方思想中名副其實的醜聞，因為愛的辯證終究只是存在主義的進階探究：**其他**人究竟存不存在？又是以什麼形態存在？（而且還不只是在類型上與我絕對相同的他者。）此外，他者的他異性（Andersheit），能對我們個人的此有帶來哪些貢獻？根據《舊約聖經》的原始想像，就連身為女性的女人也不是真正的他者，只是原始男性的翻版，而且是有所缺失、不全整的翻版。所以根據聖經故事，女人是由人體的其中一部分所形成，但這個部分對生存續命來說其實可有可無——這個部分就是肋骨。

就純粹塵世的關係來說，在奧古斯丁的哲學（以及他對愛的理解）中，人類具有親緣關係的共有源頭，確立彼此之間的平等，這個源頭就是「同為亞當的後裔」。沒有人能擺脫這個源頭：

> 這種親緣關係創造出均等的……境況（Situation）。全人類都擁有相同的宿命。個體在世界上並不孤獨，他有共享宿命的夥伴（consortes），而且不只是在特定情況下，整段人生皆是如此。整段生命是一種具有明確宿命的境況，也就是必死性（Sterblichkeit）的境況。這就是人類親緣，同時也是人類社群（societas）的根基。[28]

身為海德格與雅斯培的學生，鄂蘭分析完教父奧古斯丁對愛以及政治的理解後，認為這套論述真正、非常值得批判的癥結，在於將單一個人視為原本就平等的人類的其中一員，而人類就是一個絕對的宿命社群，注定有一天會死亡凋零。難怪奧古斯丁會寫出《上帝之城》（*Über den Gottesstaat*）這種書。

鄂蘭的轉折【鄂蘭】

根據這番詮釋，後來出版《極權主義的起源》（*Elemente und Ursprünge totaler Herrschaft*）的鄂蘭，很有可能早在一九三六年就清楚看出這點：奧古斯丁思考的議題看似乏人問津，其實仍以不可思議的方式持續存在（彷彿躲在世界政治行動者身後），各自揮舞著集體的旗幟，繼續推展、發揮其極權與均等化的效應。

其實在詮釋當前政局時，鄂蘭只需將超然於世的全能上帝，轉換成塵世中的全能領導者，就能清楚理出那套貶低單一個體價值的原則：相較於領導者，每位個體都是在「全然意外、孤立的狀態下進入世界」。[29]對於這種極權世界觀來說，個人作為一名個體，其實不具備多大的意義。她或他可能存在，但不一定要存在，而其犧牲也絕對不是世界末日。

在關於人類社群起源的神話敘事中，這個群體是由一群被逐出天堂的個體組成。而鄂蘭身處的政治時局（例如希特勒政權）中，這種神話敘事一貫被據稱有歷史根據的民族或國族敘事所取代。在此，絕對均等（Äqualisierung）的目標，也就是各自民族集體的理想歸屬，這點早就達成了：就像愛你自己那樣愛民族同志（Volksgenosse）！在必要之下，以民族同志之名，為她或他犧牲你的性命。依此邏輯看來，我們應該要愛自己的元首，就像愛每一位各自代表民族主體的人那樣；正如在奧古斯丁的論述中，對鄰人跟對上帝的愛是沒有差別的。

他者作為獨一無二的人類，「他者的影響」確立世界的存在，因此必須加以保守。而在這套思維架構中，針對「個人存在會如何受到他者影響」的問題，其實是沒有合理解答的。以更極端的說法來闡述：這甚至不能被理解成一個問題。只有在所謂私領域的純粹人際關係範疇，這個問題才具有合理性。但是，當一個國家已然成為極權政體，這種形態的關係是不容於國家理想之中的。戀人之間私人又親密合一的關係作為最後與首要的抵抗樞紐，抵抗一個即將成為絕對公眾均等化的社會……這個想法清楚體現在鄂蘭從日內瓦寫給布呂歇的信中：「為了對彼此的愛，我們願意嘗試。」不是為了其他形態的愛，甚至不是為了上帝之愛。換句話說，純粹為了我們自己、為了各自的幸福以及在世上的位置，同時更是為了愛的典型特徵：不再害怕個人有限性。

純粹從哲學角度來看，鄂蘭並沒有解決這個問題：如何設想出一段戀愛關係，使作為他者的對方能充分進入自己的存在，同時又不讓自己被掠奪、永遠遭到圍困？不過，至少在兩人充滿愛意的共有日常中，具體線索很快就出現了。一年後，同樣身在日內瓦的鄂蘭毫不保留地對「親親」寫了以下這封信，口吻還帶點柏林人的調調：

一九三七年九月十八日

最愛的親親，唯一的摯愛——

我很自豪也很高興，因為我晚上（在夢中）在你身邊。你看，親愛的，我一直都很清楚自己只能在愛中生存，我還小的時候就知道了。所以我才會這麼害怕自己會迷失，並失去個人的獨立性。其他人總認為我冷酷無情，而面對他們的愛，我心裡總想：你們知道這本身以及對我來說有多危險嗎？遇到你之後，我終於不再害怕——第一次擔驚受怕時，我其實就像孩子被嚇到那樣，只不過外表看起來如同大人般成熟罷了。到現在我還是覺得很不可思議，不敢相信自己竟然能夠同時擁有「摯愛」，又不失自己的身份認同。而且，我也是因為先擁有其中一項，才得到另外一項。我現在終於知道幸福是什麼了……離婚判決今天送達，我肯定會開心地拿著它跑來跑去。不過我真的很開心，因為終於能拿回原本的姓氏——哈，我好幼稚。30

離婚正式生效後，鄂蘭也收到德國公民身份被註銷的通知。就算她的世界將在眾目睽睽之下落入地獄，有「先生」陪在身邊，失去國籍的鄂蘭就能重拾安全感——就像船難後漂流上岸的殘骸一樣。布呂歇的感受也一樣。他們在一九三六年秋天開始同居。具體來說，就是共用塞萬多街（Rue Servandoni）上某家旅館的一間房間。房裡最重要的傢俱是兩個酒精火爐、一台留聲機與數張唱片——真實體現出在這黑暗時期，何謂塵世的、有限的幸福。

巴黎，戀人之都【波娃】

兩人同住在破舊的巴黎酒店內，書架與黑膠唱片機是他們唯一的私人傢俱。這兩句話精準描述了波娃在一九三六年秋天的生活境況。波娃與沙特相互依存，彷彿想用行動回答奠定時代精神的問題：「世上是否真的沒有希望可攀附之處？」[31]然而，他們並沒有從柏林流亡到巴黎，而是從令人厭倦的北方外省回到家鄉。他們之所以選擇住酒店，並不是因為經濟拮据或沒有合法居留身份，而是因為這兩位具有公務員身份的高中教師，自主決定想過這種不遵從主流價值的生活。他們之所以選擇蒙帕納斯與拉丁區的咖啡館作為實際生活與工作空間，也是基於這個理由。在咖啡館中，鄰桌的流亡者以各自不同的母語呢喃低語。波娃特別喜歡聽他們說話，但這不是因為他們的對話具有潛在新聞價值或生命價值，而是因為這些人的存在帶給她廣闊的敘事範圍，他們「離我如此之近，卻又無比遙遠，他們蹣跚踉蹌地在生命中探索前行。」[32]

性工作者、輟學者、毒販，還有每天晚上喝得酩酊大醉、流連在煙霧繚繞的咖啡館中的美國人，這些人對波娃來說更是如此。由於布魯姆的「人民陣線」政府改革對國家預算造成極大負擔，法郎對美元再度劇烈貶值。早在一九二〇年代，法蘭西斯・史考特・費茲傑羅（F. Scott Fitzgerald）、海明威（Ernest Hemingway）與葛楚・史坦（Gertrude Stein）等時髦的文化偶像，就已紮實地將巴黎塑造成歐洲派對首都，法郎對美元貶值則進一步使觀光客對這個迷思趨之若鶩。

一九三六年八月，波娃打開教育部發來的年度教師委任信時，她幾乎不敢相信自己竟然如此幸運：她被派到位在巴黎第十六區的莫里哀中學（Lycée Molière），只要搭地鐵就能輕鬆從市中心抵達學校。沙特則被調到只有一百五十公里遠的拉昂（Laon），這讓他能花更多時間待在巴黎。「每週兩次，我會到巴黎北站接沙特……之後我們會登上蒙馬特。我們將總部設在『多摩咖啡館』（Dôme）。如果我不用去學校，就會在那裡吃早餐。我從來不在自己的房裡工作，而是在咖啡館後方的一個凹室裡。我身旁的德國流亡者要不是在讀報就是在下棋。」[33]

來到十一月，奧嘉就在未徵得父母許可之下追隨這對愛侶，目前住在波娃樓下。現在她再也不談課業或學習。白天，她會不定期到一間茶室工作。到了晚上，他們會根據個人安排以及自己有空的時間，以兩人或三人的形式外出喝酒聚會。自魯昂以來，對波娃來說改變最多的是生活範圍，但她個人地獄漩渦的形態依然未變。

沙特現在三十一歲，波娃二十八歲，她的朋友和昔日的同學幾乎都已婚或有穩定的關係，以公民的角度來看他們知道自己已經站穩腳步，例如莫里斯・梅洛龐蒂（Maurice Merleau-Ponty）、保羅・尼贊（Paul Nizan）和雷蒙・阿宏（Raymond Aron）。看到波娃與沙特顯然想讓自己的存在變得更混亂，不免令人惱怒。在父母家中，生活的變化也同樣掀起動盪波瀾。因為怕感染疾病，波娃的母親拒絕踏進女兒的酒店房間。而在頻率越來越低的週日晚餐中，波娃的父親也毫不掩飾自己對長女的想法與期待：「妳的年紀已經大到沒辦法思考了，更不用說寫出一本像樣的書。除了當那個矮冬瓜的淫婦，妳什麼也不是。」[34]不過父親要氣的不只是波娃。因為波娃的妹妹伊蓮娜（Hélène）正努力往畫家之路邁進，而她完全被姐姐的生活風格所吸引，並以她為楷模。

對愛情合約的疑慮【波娃】

然而，最讓波娃的生命感蒙上陰影的，就是奧嘉持續對她與沙特的關係帶來的挑戰。這裡指的主要不是性愛上的優勢或肉體方面的妒忌。沙特與波娃的愛情合約來到第七年，性在他們的相處互動中早已不是重點。尤其是因為在剛回巴黎的初期，沙特才剛開始充分探索（並滿足）自己無比龐大的性慾。不計其數的約會，逐漸佔據他在巴黎的空閒時間。他幾乎挪不出空檔到多摩咖啡館跟波娃碰面，甚至沒辦法到車站將即將成書的小說《憂鬱症》新版手稿交給波娃。

沒有，在波娃的世界裡，奧嘉其實無足輕重，根本稱不上是個真實的人。對波娃來說，奧嘉比較像是一個問題的契機，讓她得以探究自己與沙特的關係的本質與形態，了解這份愛情合約究竟代表什麼。對他們的人生來說，這段關係與唯一「必然的關係」究竟有幾分接近？沙特究竟會如何回答這個問題？而這段關係的必要支柱與穩定動力又是從何而來？

在波娃的看法中，不間斷的人類羈絆的根本核心，是對共有未來的籌劃。而此未來的形態與目標，則是建立在雙方都認可的過往之上。[35]不過，隨著奧嘉以第三者之姿進入兩人關係中，一種絕對直接性的原理也相繼出現，破壞所有對承諾的期望：「奧嘉打從心底鄙視所有自願的建設。雖然這無法進一步令我動搖，但沙特卻讓自己在對她的情感中載浮載沉。他時而不安、憤怒與喜悅，這是他和我在一起時從未有過的體會。我的不安已遠大於嫉妒。有時候我還會想，不曉得自己的幸福是否全然建立在一個可怕的謊言上。」[36]

看待他們的關係時，沙特又是怎麼理解、詮釋自由的呢？這個問題讓波娃的疑慮越來越深，更加懷疑自己是活在可怕的謊言而非必要的連結之中。對沙特來說，波娃所維繫的穩定與協調一致，到底是給他更多自由還是施加更多限制？

假如「奧嘉原理」在他身上起了作用，波娃就只是眾多女人當中的其中一位——她的特權地位也只是虛有其表。只有在波娃繼續以另一種對自由的理解為導向來採取行動時，這種表象才得以延續。所以，奧嘉與波娃之間的拉鋸拔河，並不是兩個女人想在另一個男人的性生活中爭取優勢，因為奧嘉根本就沒有在拔河繩的另一頭用力拉。她甚至連拉都不想拉。對沙特來說，奧嘉雖然帶來充分精神刺激，但她的肉體卻令他反感。這比較像是一種直搗核心的赤裸檢視，將沙特與波娃對愛的理解攤開來，探問在這種互相給予自由（同時包含性愛方面的自由）的情況下，一段戀愛關係必須滿足哪些條件。

自由之愛【波娃】

波娃對愛的哲學式疑慮跟鄂蘭的憂思可說是南轅北轍。如果對鄂蘭來說，戀愛中真正得破除的矛盾在於如何「一舉兩得」，換言之，就像她在寫給布呂歇的信中所提到的，如何同時保有「摯愛」以及個人身份認同。在波娃的感受中，她對沙特的愛裡隱含的美妙祕密，打從一開始就在他們在親密無間的狀態中，得到一個一致的、天衣無縫的「我們」的身份。對鄂蘭來說，真正的挑戰在於：如何在進入一段雙人戀愛關係時，不放棄個人的身份認同；對一九三六年的波娃來說，難題則是如何在不危及、或甚至放棄個人身份認同的同時，認清這段一致、一體、必然的愛情羈絆已出現明顯裂痕。同時，她的個人身份認同也與這段雙人關係的存在緊密相連。沒了沙特，她又是誰？針對這個問題，波娃根本不曉得如何給出一個令人信服的答案。而且根據她堅定的意志，她也不希望自己未來有辦法回答這個問題。她終究是深愛著沙特的。她將自己在一九三六與三七年冬天的處境濃縮成這段文字：

比起我跟奧嘉的差異，更讓我困擾的是我跟沙特之間時而出現的觀點歧異。他總是極力不說、不做任何能改善我們關係的事。我們的討論總是極其熱烈，但最後總無法勾勒出清晰的定論。儘管如此，我不得不修改一些我迄今認為堅定不移的假設：強迫自己與另一個人走進「我們」這個模稜兩可的舒適圈之中，是錯誤的。有些經驗是每個人得自己去體會、經歷、感受的。我總以為文字無法真實呈現事物；我必須從中記取教訓。當我說「我們是一體」的時候，我其實在說謊。兩個個體之間的和諧從來就不是既定的，雙方必須反覆追求，達成所謂的和諧。現在，我終於看清這一點了。[37]

縱然違背個人意願，波娃還是得坦承每個人各自的經驗是不可逆的。不管是言語或誓言，不管兩人有多親密無間，世上沒有任何事物能將兩個截然分離的存在完全接合。就算不是巨大鴻溝，兩人之間永遠都會存有縫隙。這份體悟是如此重大、如此去中心化，以致波娃將其提升到更高的層次，將這份感受與自己年輕時對上帝的信念失去信心的體驗相提並論。根據康德所述，上帝的存在是實踐理性的公設（Postulat），而相信上帝存在的意念，則在世界上發揮道德支撐的作用。所以，對波娃來說，讓她感到穩定、有所依靠的，是對自己和沙特的「我們」——這個柔情詞彙——的一體性保持信念。而「奧嘉」的經驗則讓她放下了這份信念。

那麼，自由地彼此相愛究竟是什麼意思？難道就連幻想中的深刻羈絆，也必須永遠被當成開放的課題來看待，必須在共有的存在中持續自我更新、自我證明嗎？若真是如此，仔細一想，這真的是件值得遺憾的事嗎？

選擇性親近【波娃】

除了看清個人存在先前可能是奠基在錯誤觀念之上，並從中得到解放之外，在一九三六與三七年的冬季危機中，沙特與波娃再次找出其他穩定感情關係的新方法。畢竟，除了奧嘉之外，他們也沒有理由反對讓更多人加入吧？例如，跟奧嘉一樣聰明有自信的雅克洛宏・博斯，沙特之前的學生，過去一年裡不時從勒哈佛爾來到魯昂，他不就是適合的人選嗎？還有奧嘉的妹妹萬妲。她只小奧嘉兩歲，同樣渴望脫離外省單調乏味的生活，而且她心態開放，渴望體驗新鮮事物的程度也不亞於姐姐。博斯在秋季慕名到索邦大學就讀，他的哥哥是駐巴黎的作家尚・博斯（Jean Bost）。萬妲跟著姐姐搬到了巴黎。當然，沙特替他們每個人取了暱稱：博斯很簡單，就叫「小博」；因為奧嘉已經被稱作是「俄羅斯少女」，妹妹萬妲就只能叫「俄羅斯小少女」。

有如家家酒一般，沙特和波娃很快就將他們視為一個「家庭」，並建構出一種親密、共有的日常生活，完全契合他們逐漸發展成形的哲學命題。說到底，這個「家庭」中的成員之所以得以建立連結，並不是因為與生俱來的人格特質，也不是因為他們曾一同走過一段很長的時光。根據沙特與波娃的信念，他們之所以替彼此承擔責任，得歸功於構成每個人存在核心的行為：每個人都有絕對的自由，選擇支持或反對某項事物、某種價值、某項計畫，以及既有的規範、生活方式或是成為某個群體的一員！以眼前的案例看來，對「家庭」中的年輕成員來說，這種選擇自由的決定（如同想完全替自己做決定的決定那樣），等同決定打破原生家庭賦予他們的既定生命模式。

雖然奧嘉後來表示家庭中的年輕成員像「被催眠的蛇」，被波娃與沙特的存在給迷住，同時「因為覺得自己竟然有幸能與他們建立友誼，所以都照他們的意願來行事」，[38]但是跟原本身處的環境相比，他們在巴黎跟這個「家庭」中享有的自由與可能性更廣大。由此開始，沙特與波娃的「家庭」成為一項以哲學為基礎的自由實驗。在實驗中，理論與實踐每天都在交融互動、互相增益，完全符合這兩位思想家的意圖：開放、自在探索的存在實驗。

憂鬱症【波娃】

不管外人在道德上怎麼評斷這個家庭，其中有一點絕對錯不了：超級耗費精力。對於負責兼顧並維繫各方關係、渴望能建立良善連結的協調者來說更是如此，而這個人就是波娃。「跟奧嘉、跟沙特、跟他們兩人，我每天都很晚才睡。沙特能趁回到拉昂的時候好好休息，奧嘉能趁白天恢復精力，我則全年無休。……我在巴黎北站的咖啡廳等沙特時，眼睛偶爾會忍不住閉上，然後就會昏睡好幾分鐘。」[39]

一九三七年春初，沙特再度渴望他人的密切關注，但並非因為奧嘉的注意力轉移到年輕小博身上的緣故。雖然學生時期的朋友，如今已是知名作家的尼贊，向出版社大力推薦，但沙特耗費超過四年，緊鑼密鼓完成的小說《憂鬱症》（後名為《嘔吐》），仍遭到加利瑪出版社回絕。這個事實令他難以接受，對波娃來說也是如此，因為她從一開始就以第一讀者與編輯的身份，陪伴沙特創作出這部作品。

身為一對戀人，他們在這部寫作計畫上投入了許多創造力以及哲思精力。雙方都認為，這本小說成功表達他們對人類存在的研究與想法。結果他們一開始就碰壁。加利瑪拒絕的理由基本上無關乎作品的具體呈現，而是在於那種顯然具有形而上風格的小說結構。

雖然人形大的甲殼類動物已暫時從沙特的感官世界中消失，波娃對她的「寶貝娃娃」（Poupette）的心理平衡的深切擔憂，跟現在這本被拒絕的小說的內容大幅相關。小說主角是頂著一頭蓬亂紅髮的安托萬．羅岡丹（Antoine Roquentin），故事情節則以日記筆記的形式記錄他的生命軌跡，描寫他徹底喪失意義與自我的過程。

蘭德的紅髮超人洛克就像羅岡丹的雙胞胎兄弟，只不過，他大概是從另一顆沒那麼快樂有勁的蛋中蹦出來的。蘭德筆下的主角洛克以高貴之姿視而不見的問題與疑慮，卻時時困擾著羅岡丹。對他來說，沒有什麼是不言自明的，尤其是他的存在。最讓他痛苦的莫過於別人對他的目光。羅岡丹不像洛克那樣，在紐約幹勁十足地建造極具前瞻性的摩天大樓，而是每天在法國外省替上世紀的一位法國外交官寫傳記，但這位外交官其實沒什麼影響力。他很快就發現這份寫作計畫一點意義也沒有，並將其擱置一旁，正如他在生命進程中失去其他形態的計畫或使命那樣。他的生命陷入一個外表看來死氣沉沉的懷疑漩渦中。沒有任何事物能站穩腳步。一切都掉進深不見底的虛無裡，尤其是他所謂的「自我」。

最後，甚至連應該不具意識的石頭或植物，也被捲入羅岡丹的無意義漩渦中：

> 我剛才在公園裡。栗子樹的樹根鑽進地底，正好就在我的長椅下。我已經不記得那是一條樹根了。文字已經消失，隨之消失的則是事物的意義、其使用方法，還有人類在其表面留下的模糊痕跡……。
>
> 但這一切發生都只是表象。如果有人問我何為存在，我會真誠地說：存在什麼都不是。存在只是一個空洞的形式，從外部被加諸在事物之上，完全沒有改變事物的本質。接著，突然之間，它一下子出現，如同光一樣地清晰：存在突然自我揭露。存在已經失去抽象範疇的無害性：它是事物真實的陶土，樹根則被形塑成了存在。或是說，樹根、公園的柵欄、長椅、草地上最稀疏的草，這一切都已成虛無；事物的多樣性與個體性只是表象和虛飾。這層虛無已經融化，留下畸形、癱軟的塊狀物，雜亂無章—毫無遮蔽，極其嚇人、光禿赤裸到令人憎恨。[40]

這段突破事物真實本質的描述，其實是來自沙特自己在憂鬱巔峰期的親身體驗。在一九三四與三五年之交，當時人還在勒哈佛爾的他，將自己極致的憂鬱感受與經歷寫進思想日記：任何存在的事物本身其實什麼都不是，而且也未必存在。所以，根據來自整體論述的可能結論，一切終究是虛無。就是這道深淵，如同靈光般閃現：在沙特／羅岡丹的公園體驗中突然出現一道裂縫，讓他從令人疲憊的憂鬱，墜入一種深切厭世的情緒，對於存在的「癱軟塊狀物」深感憎惡。羅岡丹的厭惡感越來越深刻絕望，因為即便他對存在有更清晰的洞察，他的意識（終究只是人類意識）還是不得不持續用自我力量、世界客體，以及所謂意義的虛幻感受來侵擾他。

搖擺不定的羅岡丹，在小說接下來的段落中，不斷在絕對解放的狂喜，以及被困在個人意識流之虛幻感官迴路的絕望間擺盪：

> 神智清明、靜止停滯、恣意放蕩，意識被夾在兩座牆之間——這個狀態仍在持續。這裡已經無人居住。此時，有人開口說「我」，說「我的意識」。是誰？外頭是會說話的街道，帶著熟悉的色彩與氣味。唯一留下的是匿名的牆，匿名的意識。41
>
> 我是自由的：我沒有任何活下去的理由。我試過的所有理由都不成立，也想不出其他動機。我還算非常年輕……但是，我又該從何重新開始？42

這部小說之所被拒，正是因為其本質與企圖：一場以文學形式表達全新形而上真理與感受的實驗。波娃與沙特之所以深感失望，原因在於自己與他人之間偌大的隔閡。波娃表示：「我們與他人的觀點怎麼會出現如此嚴重的分歧？」[43]

來到一九三七年春天，這種擾動也可完美套用在政治發展進程上。以布魯姆為首的「人民陣線」政府正處於內部崩潰的邊緣。馬拉加（Malaga）也被攻陷之後，西班牙內戰看起來顯然朝著有利於佛朗哥的方向發展，完全與各種希望以及最初的狂喜背道而馳。一切原本有可能是另一種面貌，但他們什麼也無法改變。

坦白說，沙特根本沒有做出任何選擇。現在，追隨身旁眾人的腳步，一起到西班牙替另一個共和國的自由作戰，這個想法顯得更為荒謬。波娃回想：「我們的人生不是用來做這種衝動之舉的。而且，假如沒有適當的技術與政治手段，你只有可能被當成愛管閒事的人。韋伊已經跨越國境、加入民兵部隊了。她要求兵團配一把步槍給她，他們卻將她安插在廚房，她還將一壺熱油灑在自己腳上。」[44]一九三七年，這個「家庭」裡的人就是這麼談論韋伊的。這個說法跟事實其實相去不遠。

頭痛【韋伊】

對韋伊來說，今天最能讓她感到快樂的，是一台留聲機。一九三七年春天，她在瑞士療養院住院期間，一位醫科學生帶來的幾張唱片是唯一有效的療法。她的痛楚嚴重惡化，在疼痛一波波襲來的高峰，她甚至覺得自己快死了。只有音樂能讓她暫時脫離煎熬，尤其是巴哈的《布蘭登堡協奏曲》。[45]

一九三六年十二月十五日，她父親再次提出免除教職義務證明書，並在其中聲明除了「嚴重的頭痛」跟貧血之外，韋伊「被重度燙傷的左腿……依然疼痛劇烈」。[46]

韋伊是在參與西班牙內戰時受傷的。在巴黎的咖啡館中，有些人幸災樂禍地說那是韋伊在廚房執勤時意外受到的傷害，但事實並非如此。事發現場其實在戰爭前線。當時，韋伊跟二十名隊員在亞拉岡的樹林裡扎營。她的同袍將一鍋熱油擺在地面的窟窿中，為了避免煙霧飄散，所以用樹葉將鍋子蓋住，而韋伊就在深夜裡一腳踩進這鍋熱油裡。[47]被燙傷的皮膚一層層剝落，進而導致發炎，嚴重到她被送回營區時，大家都認為截肢似乎是必須截肢了。儘管發生意外，她的戰友卻全部鬆了一口氣。早在他們沿著厄波羅河前進之前就在巴賽隆納進行投票，全體一致反對將步槍交給韋伊同志，更遑論把槍上膛了。畢竟，重度近視的韋伊連清楚瞄準身旁的樹都有困難。不過韋伊還是堅持要他們讓她拿槍。她是唯一不必使用槍的隊員。

事發不到一個月，她的小隊就被敵軍炸得四分五裂，而其中多數成員則在佩迪格拉村（Perdiguera）被處決。此時韋伊已回到巴黎。她的父母放不下心，早就跟在她身後來到巴賽隆納，並在一家軍事醫院找到了這位受傷的女鬥士。總而言之，從她在一九三六年八月八號從波爾特沃（Portbou）跨越國界，到九月二十五日重返法國，這段西班牙冒險旅程只持續短短六週。

喬裝成記者的她，進入西班牙後直接向巴賽隆那的馬克思主義工黨部隊[48]報到，提出要單槍匹馬出一份特殊任務的要求。她想憑一己之力，在加利西亞（Galizien）祕密查出成立這支小隊的領袖（韋伊法國工會同袍鮑里斯．蘇瓦林〔Boris Souvarine〕的姻親）的下落，並在必要之下將杳無音訊的他救出來。負責的指揮官跟她爭辯了好幾個小時，直說這根本不可能成功，簡直是自殺任務。

決心採取行動的韋伊，加入一個以無政府主義為導向的工會民兵團，這就是前段提到的小隊。同時，她也會寄明信片給無比擔心的父母，騙他們實際狀況很悠閒，當地沒有任何戰事，天氣也非常好。韋伊在明信片中絕口不提在縱隊步槍射程之外、直接從空中拋下炸彈的飛機。每次要攻佔一座新的山丘時，她內心都會升起死亡的恐懼，對此，她也沒有讓父母知道。每間民宅都有可能是敵軍的巢穴，每座木屋都是最後的埋伏。對交戰的雙方來說，被逮捕就等同於被處決。

抵達加泰隆尼亞（Katalonien）不久，韋伊就目睹戰友試圖處決一名天主教神父。她在戰爭日誌裡描述那幾分鐘的內心掙扎。她有準備好在這關鍵時刻插手干預了嗎？準備好擋在那位神父面前保護他，讓自己遭到處決嗎？她會有勇氣這麼做嗎？不知原因為何，處決並未按計畫執行。但是，隔天又該怎麼辦？難道只是因為沒有直接目睹、參與罪行，罪責就比較輕嗎？一九三六與三七年冬天，韋伊的戰爭經歷依然深刻擾動她的心思，但她仍舊光榮自豪地穿著軍服走在巴黎街上。不，她一點也不後悔。她甚至多次提到想盡快重返前線。

不過，她在文章與論文中極力**反對**法國政府軍援共和軍，這讓許多人感到困惑，就連她的摯友與熟人也摸不著頭緒。堅定秉持和平主義的她，卻穿著國際縱隊的志願軍制服——這到底是怎麼一回事？

道德腹地【韋伊】

韋伊後來寫了一封信給天主教保守派作家喬治．貝爾納諾斯（Georges Bernanos），他就是《月下大墳場》（*Die großen Friedhöfe unter dem Mond*）[49]的作者，並靠這本書掀起廣大的反戰思潮。在信中，韋伊解釋個人立場：「我不喜歡戰爭，但我始終認為戰爭中最可怕的，是位於腹地的人的境況。我意識到：儘管自己盡量不去想，還是忍不住在內心深處參與這場戰爭。換句話說，日復一日，時時刻刻，我總是盼望某方會取得勝利，另一方會敗下陣來。有這種意識時，我就告訴自己，巴黎對我來說是一塊腹地。」[50]

所以，對韋伊來說，至少還有一條能擺脫困境的路！尤其是因為國際縱隊的出發點跟國家軍隊差異懸殊。後者，尤其是在戰爭爆發時，是靠國家強制動員來組織發動，前者則是由志願者集結而成的軍隊！

韋伊的信念是，不管是以何種形式出兵參戰，國家軍隊動員的標準與個人自願參戰的不同，門檻甚至更高。所以，身為女性法國公民，韋伊堅決反對法國政府參戰，更遑論動員出兵西班牙。但身為一個有道德的生命，她除了親自參戰之外，別無選擇。有些人出於良知或信仰之故拒服兵役，也準備好接受任何制裁或犧牲，一九三六年夏天的韋伊也是如此。對她來說，出於道德動機，她必須到西班牙替共和國作戰並接受任何形式的犧牲。

在此，我們不能不將韋伊的論述與波娃當時的反思相提並論。波娃在一九三六與三七年冬天談到西班牙情勢時寫道：

對我們來說，「不插手干涉」的罪孽變得越來越深重。西班牙的宿命深深觸動我們，這是我們在生命中第一次體會到，光靠憤慨來宣洩情緒是不夠的。我們在政治上的無能為力，並沒有提供我們不在場證明；反之，它使我們絕望。我們徹底無能為力。我們孤立疏離，我們誰也不是。無論我們透過言語或文字對插手干預表達任何支持，都無法發揮半點影響力。去西班牙，這根本連提也不必提。[51]

所以，在這種情況下，她們都清楚發現自己沒有任何道德藉口，卻以截然不同的方式來形塑自己的無力。韋伊肯定也很清楚波娃作為個人的無力感，但她同時也曉得自己是一位能力嚴重不足的鬥士。不過，她到西班牙參戰的決定絕非出於衝動，而是深思熟慮後的選擇。她之所以堅守這份信念，絕不是妄想自己的獻身能替戰事帶來關鍵影響。在此情況下，面對個人的無力與孤立感，韋伊也在反思究竟什麼樣的反應在道德上才是適切的。她之所以自願參戰，純粹是認為自己必須以截然不同的方式來回應。

從波娃的觀點看來，唯一適當的反應是以公民身份，要求自己的政府發動國家干預。而對韋伊來說，唯一適切的手段是自願團結參戰。畢竟，她必然會認為西班牙人民跟自己一樣，都以同樣的方式在感受、體驗這種無力與孤立。對那些無端被捲進衝突中的人來說，更是如此。韋伊想積極協助的就是這些人，因為這些人是全然的受害者。她的自尊與無條件替其他受難者付出的意願緊密相連。對韋伊而言，唯一能選擇的，就是陷入無力的犬儒主義中。而在此情況下，波娃也覺得犬儒主義是內心的威脅。

在她的自決中，韋伊尤其遵從基督教對愛的獨到詮釋，那就是將受苦受難的他者視為自己的鄰人，並要求自己愛他如愛己。以無罪受屈辱者之名來展現受難的意志，這就是愛。就目前所知，在韋伊的整段生命此有，最顯著的特點就是她放棄任何形式的浪漫愛情，甚至是肉體上的親密關係。而這點正好跟基督教對愛的理解完美契合。畢竟從本質看來，浪漫愛情顯然不合乎公義，在道德上也非常隨機、專斷。在浪漫愛情中，我們從所有他者中選出單一個體，將其視為「僅有的唯一」——這甚至不是意識清醒時做出的選擇。對於韋伊那根植道德基礎上的身份認同來說，這並非可行的選項。

一九三七年四月，波娃跟韋伊都因健康因素而暫時「失去行動力」。雖然這純屬巧合，但她們兩人的生命彷彿被一條隱形的線串連起來一般。韋伊之所以無法行動，或許是因為絕對的利他主義已超越忍耐極限；對波娃來說，渴望體驗人生的享樂主義，是她健康亮紅燈的原因。一九三七年三月，她在巴黎酒店的房內暈倒，在性命垂危之下，不得不住院治療。半邊的肺已經停止運作，另一邊則發炎了。休養勢在必行，波娃跟韋伊一樣，得在醫院接受長達數月的治療。

去人化的螺旋【韋伊】

最遲在一九三七年春天，西班牙內戰與代理人戰爭之間的界線終於消失。現在仍積極參戰的人，追求的目標跟最初戰爭爆發的原因已毫無關係，這點韋伊也不厭其煩地一再強調。更精確來說，參戰的所有人，都使自己成為了共犯，涉入一場毫無意義的謀殺行動。讓韋伊與其他關切西班牙事件的人深感不安的，是謀殺過程中毫無節制的殘暴與漠然，這甚至違反最根本的保護規範。他們的理由跟動機到底是什麼？雙方之所以如此盲目，無所不用其極地施展極端殘忍的手段，難道真的只是出於對自身死亡的恐懼嗎？

韋伊不這麼認為。反之，根據她的信念，這種大規模的屠殺有個必要的先決條件——就是靠政宣手法來阻斷人類的想像力。更確切來說，就是不讓人想像或思考究竟誰還屬於人類這個群體：

> 我個人認為，當世界以及精神力量，將特定人類排除在具有生命價值的群體之外時，殺人這件事，就不需要理由了。一個人知道自己不會因殺人而受懲罰或遭譴責時，就會開始願意殺人，或至少會對殺人者投以鼓勵的微笑。……在這種氛圍之下，戰爭本身的目標很快就會崩解。因為只有在關乎共同利益、涉及人類福祉時，目標才能具體成形—而人類本身，就變得毫無價值。[52]

比起國與國之間的典型衝突，內戰更容易出現這種去人化的螺旋與暴力現象。畢竟，如今互相攻擊的雙方，幾個禮拜前還是隔壁鄰居——這代表他們必須動員格外龐大、毫不妥協的力量來殲滅敵方。假如戰爭真有結束的那天，民眾在戰後又該如何共同生活？想到這裡，就不難理解為何殘暴程度會螺旋飆升。在此背景脈絡之下，殲滅屠殺的意志很容易就會蓋過和解的意願，而和解，想來根本是天方夜譚。

除此之外，大家也逐漸看清西班牙前線顯然被德國與義大利軍方利用，作為測試新技術與戰略的場域。其他戰爭也迫在眉睫，而作為一個相較之下沒有重大戰略意義的國家，西班牙儼然成為實驗室，供未來的戰爭測試各種殘酷手段之用。如果要測試極限在哪，首先得跨越界線才行，這個道理在戰爭中同樣適用。

帶著這份痛苦的體悟，再加上自己的投入與關注，韋伊逐漸將重心擺在一九三七年德法之間即將發生的武裝衝突上。在政治新聞圈中，法國和平主義者阿蘭（Alain）仍深具影響力，而對於曾被阿蘭教過的韋伊來說，當前最關鍵的問題不在於是否干預、援助或自願投身參與，而是這場保衛自身國家的戰爭是否具有潛在正當性。世界上真有所謂合乎公平義理的戰爭或戰爭目的嗎？

空洞的教條【韋伊】

史上最殘暴的衝突都有一大特色，就是未遵循可明確定義的清晰目標（而助長戰爭暴行的，恰好就是實際上根本就空洞虛無的目標定義）。韋伊從這個論述出發，在一九三七年四月的一篇論文中，專注探討在整個歐洲地區用來合理化戰爭的標語和口號。從哲學角度批判語言的運用，以此作為維護和平的具體方式。因為：

> 乍看之下可能很莫名其妙，但闡釋術語、駁斥本就空無內涵的語彙、透過精確的研究來穩固其他語詞的使用，這是一項能保存人類生命的工程。[53]

韋伊舉出特洛伊戰爭作為西方文明的最佳例證，說明人類確實有可能在純粹的幻想驅動下，掀起血腥、使眾人犧牲性命的戰爭。所以這篇文章就叫〈避免特洛伊戰爭重演〉（Lasst uns den Trojanischen Krieg nicht von Neuem beginnen）：[54]

> 長達十年，希臘人與特洛伊人為了海倫（Helena）互相殘殺。除了非戰士出身的帕里斯（Paris）之外，其他參戰的人都沒有對海倫懷抱半點情感。……對於具有清晰洞察力的人來說，當今最駭人的症候群，莫過於多數戰事的虛幻特質。與希臘人與特洛伊人之間的衝突相比，當今的戰爭甚至更不真實。特洛伊戰爭的核心起因至少是一位女子，而且是一位具有超然美貌的女子。在我們身處的當代，海倫的角色被大寫字母拼成的詞彙取代。當我們抓住並試圖掌握這些充滿血淚的字詞時，會發現這些詞彙根本沒有任何實質意涵……所有政治與社會語料庫中的

術語就是最佳例證，例如：民族、防禦、資本主義、共產主義、法西斯主義……。55

根據韋伊的分析，這些術語在政治言談中的使用遭到絕對化，因此，失去任何可明確識別的脈絡與參照，其潛在意義也被推擠到無可判別的境地：「這些詞彙當中的任何一個詞，不管在任何條件下，看似都呈現出絕對的現實。無論行動模式為何，似乎都代表一個絕對的目標，又或者代表一種絕對的邪惡。同時，我們似乎一點一滴、或甚至是一次到位地，將某些概念強行塞進這些詞彙中。」[56]文字與人互相教育（以及扭曲）。對韋伊來說，以西班牙內戰為例，毫無節制之暴力的實際存在條件，其實就在於毫無限制的言論形式。在這些言論形式中，使用者會將引導行動的字詞從傳統的使用語境中抽出來，再賦予這些字詞絕對的意涵，使其淪為純粹的意義幻想空殼。在這種語言被戰爭掏空的情況下，所有被政宣策略扭曲的術語，都沒有必要再去衡量自己與現實的差距了。然而，這些語詞曾試圖區分、建構的，恰好就是現實中的感知差異。

換句話說，過去與現在毫無節制的暴行，背後的祕密是一種擺脫任何應用標準，因而具有絕對形態的言談方式。在一九三〇年代進程中，希特勒與其追隨者練成的邪惡把戲，其實就是這種言談方式。同樣地，在一九三七年初的法國工會大會上，一位蘇聯代表也用這種絕對化的言談方式，替史達林的作秀公審與舉國的種族大清洗辯護，指出這是對「法西斯主義先鋒」的必要打擊。在亞拉岡與共和國並肩作戰、身為工會無政府主義者的韋伊表示，在巴賽隆納為她治療的軍醫（認同共產黨思想）也認為，這種言談形式無異於「法西斯主義的延伸」。在這種言談方式中，戰勝，或是捍衛「資本主義」儼然成為拯救全人類的同義詞——不過，正如韋伊在剛才那份論文案例中所闡述的，實際上根本沒人曉得這種拯救，具體包含哪些概念或行動，也沒人知道肩負這項使命的「資本主義」，或是其身為萬惡之源的「體制」，確切來說到底是什麼意思：

比起提出一些相當簡單明瞭的問題，例如：目前支配經濟生活的法律與慣例是否構成一套體制？[57]取人性命或直接去死顯然容易許多。

這篇寫於一九三七年四月的剖析式論文，不僅深具諷刺意味，讀來也十分觸動人心。韋伊在文中關注的，不只是語言與戰爭行動之間互相賦權的關係。同樣值得留意的，是在這種毫無限制的言談條件下產生的衝突乃至戰爭，實際上只是偽衝突以及偽替代方案而已。

「另一個血淋淋的荒謬實例，是法西斯主義與共產主義的對立。如今，這種對立對人類帶來內戰與世界大戰的雙重威脅。環顧四周，這大概是我們身邊所有思想衰敗的症狀中，最嚴重迫切的問題。因為，假如研究這兩個詞彙在當今代表的意涵，會發現它們幾乎是相同的政治與社會概念。這兩種意識形態，同樣是國家對幾乎所有形式的個人生活與社會生活的侵佔，同樣是妄想的軍事化，同樣是透過人為操弄與脅迫，來取得有利於單一政黨的集體共識，而此政黨不僅與國家合而為一，更自主決定要與國家合併，同樣都是強加在勞動群體身上的奴役制度，並以此取代傳統的僱員身份。從結構上來看，再也沒有比德國跟俄羅斯更相似的兩個國家了。這兩個國家都揚言要對彼此發起國際聖戰，表現得彷彿對方是世界末日的惡獸一般……不用說也知道，在這種情況下，反法西斯主義與反共產主義都是無稽之談。」58

虛有其表的對立【韋伊】

或許是因韋伊的工會政治背景，她對蘇聯政權的分析，似乎比她對德意志帝國的主觀見解還更一針見血。無論如何，值得注意的是，她並未在文中提及希特勒或納粹主義。不過，要是一篇文章不願將墨索里尼的義大利，與希特勒的德國做出本質上的區隔，這篇文章又有多少鑑別力？希特勒政權致力於煽動反猶主義的核心目標，就是這篇文章遺漏的重點。語意範圍不斷擴大的「猶太人」一詞（以及針對這個群體制定的越來越嚴格的立法措施），同樣清楚印證韋伊的分析：以暴力之名，邪惡地消解文字和語言的界線。舉例來說，所謂第一、第二與第三級猶太人之間的差異，其實只掩蓋一項事實，也就是在納粹的操作下，這些術語根本不具任何實質意義，也和任何科學理論及生活中的事實脫節。僅存的只是一個空洞的術語，逐漸用來指涉所有反對或「密謀」對抗德意志民族與其元首之「歷史使命」的人。在一九三七與三八年的「肅清之年」，在蘇聯莫斯科的作秀公審上，這樣的情節在公共論述中也很常見，四處都充斥著反猶主義的刻板印象。

總之，根據韋伊的論點，一九三〇年代的所有戰爭衝突，都是建立在純粹虛有其表的對立之上。而在她諷刺的批判之下，跟這些虛假的對立衝突相比，特洛伊戰爭看起來甚至是「理智健全的典範」[59]。正因為在仔細檢視之下，所謂的戰爭目標根本是無意義的空殼，唯一能填補這個空泛目標的，就是將被稱為敵方的群體全數殲滅。對於那些適合用來煽動戰爭的概念來說，暴力的無節制逐漸顯現其功能，因為這些概念已經失去所有意義。這會導致交戰的雙方在戰事的推進之下，在行動與生活形式上達成一致，以致於兩者之間不具任何可辨識的區別。在最後階段，衝突甚至成了純粹虛有其表的對立。

如此一來，戰爭的目的只能是謀殺本身，直至將敵方徹底殲滅為止。在此階段，只有在謀殺所需的資源、原物料、工廠以及結構完全耗盡的情況下，毫無節制的暴力才會停下腳步——或是到最後，已成為謀殺之原物料的人類全面消亡時，暴力才會劃下句點。

先見之明【韋伊】

這儼然是對當代世局最黑暗陰鬱的診斷。同一時期，在寫給一家工會報紙主編的信中，韋伊將自己的分析，轉變成對迫在眉睫的厄運的預測，稱作是預言或許更恰當：

把我今天說的話牢牢記下：我們正處在一個階段的開端。在這個階段，所有國家都會做出最難以置信的愚行——一切的行為看起來會越來越自然。所謂的文明行為與公民生活會越來越罕見。軍事行動與程序，會逐漸主導生存的每個細節。資本主義將被摧毀，但不是被勞動階級摧毀。摧毀資本主義的，會是每個國家的國防發展——資本主義將被極權國家取代。這就是我們所面對的革命。60

這就是韋伊一九三七年春天對世界政局的解讀。因此，在這場衝突鬥爭中，她會站在哪一邊、為誰挺身而出，這點絕對毋庸置疑：受壓迫者中最受壓迫的群體。換句話說，就是那些在戰爭中遭逢最多苦難的人。這些人是她的鄰人，她要愛他們如愛己——以個人以及他人尊嚴為名。這就是她的**受難**。無關所有分析以及確立的論述，韋伊在這年春天已經有更深刻的理由去相信，相信這條受難之路實際上對她來說才剛開始而已。

V. 事件——一九三八至一九三九年

韋伊找到真理，蘭德破解難題
鄂蘭尋得歸依，波娃聽見自己的聲音

死路【韋伊】

過了近十年，唯一能確定的是韋伊的頭痛症狀與當時的政治發展，產生了不可思議的共鳴。一九三八年深秋，她的健康狀況陷入更深的谷底。她別想繼續教書了。十一月，她與父母一起去看腫瘤外科時，在等候室起了爭執：「要是醫生建議我動手術，我希望越快進行越好。」[1]母親則勸她這種事要冷靜考慮後才能決定。不過韋伊的耐心已經用罄：「妳寧願我的精神狀況越來越衰弱嗎？」事實上，由於疼痛持續不減，韋伊擔心自己的理智會逐漸崩解。這個想法讓她在此時真的動過自殺念頭。

在精神與體力限制下，韋伊能產出的文章不多。在她完稿的其中一篇論文中，她以〈當代之混亂〉（Die Unordnung unserer Zeit）[2]為題，概要總結當時的政治形勢：「毫不安穩的政局，對精神健康也是極大耗損——尤其我們手邊現有的智識資源，例如：智慧、行動與勇氣，早就無法與迫在眉睫的災難抗衡。」[3]

似乎看不見任何出路；反之，在一九三八年期間，通往戰爭的死路越發不可避免。三月，奧地利與納粹德國完成所謂的「德奧合併」（Anschluss）後，法國布魯姆的「人民陣線」也宣告失敗。五月，達拉第領導的新政府再次將「外籍人士法案」（Fremdengesetze）修得更嚴格。當年九月，幾乎已名存實亡的西班牙國際縱隊宣告解散。在他們總計四萬名戰士中，約有半數已在此時陣亡。隨著埃布羅戰役（Ebroschlacht）在夏天爆發，佛朗哥終於步上勝利之路。與此同時，希特勒將魔爪伸向蘇台德地區（Sudetenland），而且因為各國結盟之故，此舉差點引發另一場歐洲大國之間的戰爭。九月底，德、法、英與義大利簽訂慕尼黑協定（das Münchner Abkommen），在最後一刻阻止戰爭爆發。

最後，一九三八年十一月九日至十日的夜裡，全德掀起由國家撐腰的猶太大屠殺，也就是所謂的第三帝國大屠殺之夜（Reichspogromnacht）。短短五天，流亡到法國的德國人面對的法律處境更加嚴峻。同時，希特勒的軍隊違背了不久前才談好的協定，德軍準備進軍布拉格，已成事實。[4]

坐下來開會的時機已經過了，韋伊也在手稿中提到這點。現在唯一該問的是：戰爭會如何爆發？程度會有多劇烈？她寫道：「一想到未來，每個人心中大難將臨的感受都越來越強烈。大家真正感興趣的，幾乎已經不是形形色色、各式各樣的日常勞動了。」[5]

恩典之聲【韋伊】

韋伊在這個時期寫的文章不多，但是從標題來看，都能看出她徹底絕望及精神沉潛的情態。這些文章不再富含諷刺幽默的影射以及暗示性的疾呼，而是以「反思」或是「冥想」的形態呈現。[6]不過，韋伊也休想進行消耗腦力的活動了。樊尚（Clovis Vincent）醫生也找不出任何造成她頭痛的生理成因。不管怎麼樣，至少頭痛不是腫瘤造成的。至於如何舒緩疼痛，韋伊已經尋找與頭痛共存的辦法好一段時間了。

由於病痛之故，韋伊再也不必到中學教書。一九三七與三八年夏天，她到義大利遊歷，旅程的重點是體驗聖樂。在佛羅倫斯、波隆那與羅馬，她每天至少會參加三場彌撒和音樂會。只要在教堂中聽到禮拜儀式的歌聲或管風琴演奏，痛苦就會逐漸消退。而且透過全然投入於樂聲中，她彷彿有種向上昇華、脫離肉體身處之當下的感受。彷彿渡過絕對痛苦的此刻之後，還有另一個療癒的世界等著她。

因為深切渴望這種體驗，韋伊在一九三八年四月來到羅亞爾河畔（Loire）索萊姆（Solesmes）的本篤會修道院，該院以格里高里聖詠而聞名。她與母親想一起到那裡參加復活節彌撒。在逗留當地的十天之間，她完全沒有錯過任何一場禮拜儀式。韋伊在一九四二年回顧這段往事時，表示自己在這間修道院裡參加的其中一場彌撒，是她生命中的關鍵轉捩點：「我的頭痛非常嚴重，每個聲音就像一次重擊。極盡全力保持專注，讓我有辦法脫離飽受疼痛折磨的肉體，讓身體獨自留在原地、困在棺材中，我則能透過美妙的聖歌與文字，來體驗純粹的喜悅。這種經驗就像一個類比，讓我更清楚理解，原來我們真的有可能透過苦難學習去愛神聖之愛。伴隨這個經驗而來的，是我永遠接受基督的受難概念。」[7]

神之國度【韋伊】

早在一九三五年九月就被「工廠年」經歷給耗盡削弱的她，在與父母度假期間以類似的方式被

「觸動信仰」。某天傍晚，她在葡萄牙漁村維亞納堡（Viana do Castelo）的小巷漫步時，正好碰上一列儀式隊伍。在滿月的夜空下，漁民的妻子將聖母像抬到海灣邊的漁船上。韋伊表示，在「想必是非常古老的聖歌」薰陶之下，她在當下首次清楚體悟到，「基督教完全是奴僕的宗教，奴僕不得不屬於基督宗教——而我是他們的其中一員。」[8]

另一次更震撼韋伊心神的經歷，是一九三七年夏天，位於阿西西（Assisi）附近的天使之后聖殿教堂（die Kirche Santa Maria degli Angeli）。這座興建於十二世紀的教堂，正是聖方濟各曾經隱身禱告的所在。身為這個「無與倫比的純潔奇蹟」的唯一訪客，她就像是突然被震懾一般，「在一股比我還要強大的力量驅使之下，頭一次在人生中跪了下來。」[9]

所以，這一切其實早有預兆。不過，「上帝是否存在」的問題，她在一九三八年十一月之前，從來沒有想過：「在這裡，人類真的有可能與上帝接觸。我對這個概念或許有模糊的理解，但從來沒有真的相信過。」[10]

除了沉浸在音樂中，韋伊這幾年也練就另一種舒緩頭痛的專注技巧。這個技巧就是在頭痛劇烈時，把詩當成祈禱文一樣複誦（詩讓人學會內觀思緒，而非改變思緒）[11]在索萊姆時，韋伊透過一位英國見習修士的介紹（她後來稱他為「天使少年」），認識英國詩人喬治·赫伯特（George Herbert，1593–1633）的作品。《愛》（*Love*）這首充滿宗教與形而上色彩的詩作，以一種格外奇妙的方式觸動著她。這首詩的結尾：「愛說，你必須坐下來，好好品嚐我／所以我真的坐下來了，也用心品嚐著。」[12]

一九三八年十一月，看過醫生的幾天後，飽受痛苦折磨的韋伊再次坐下來背誦這首詩，她感受到自己迄今未曾有過的體驗。她以耶穌基督的形式來體驗自我，全然被神聖的愛所浸透。這是一種以直接存在的形式出現的感受，而以她的話來說：「想像力與感官都無足輕重。光是透過痛苦，我就感受到一種愛的存在，這種愛，就跟我們在鍾愛的人的微笑中接收到的愛一樣。」[13]

她的雙眼彷彿初次睜開——或閉起。無論如何，從她的觀點來看，這種體驗都是無庸置疑、真實存在的。根據她的詮釋，她在一九三八年十一月被神聖之愛的存在穿透，因而被籠罩在一種「比真實人類的存在更真實」的存在形式中。[14]根據這番體驗，在「面對面接觸」的確定性背後，還有另外一個層次——就是上帝的國度以及祂無限的愛。在內在的領域之外還有更超然的境界。在人類的語言背後還有另一種表達形式。在人類完備的知識背後還有另一項真理。韋伊感覺自己有所蛻變，覺得自己「被神接觸」。

神智失常【韋伊】

無論是過去還是現在，要用語言描述這種絕對的體驗都不是易事。畢竟這種體驗的本質已經突破人類理性的疆界，必須以超越理由與原因、超越溝通與方法、超越空間與時間的形式來認可，將其視為所有人類存在之實際並賦予意義的源頭。韋伊跟許多人不同，沒有立即大力宣傳個人經歷的突破，沒有向世界宣揚自己對上帝的體驗。除了歸因於她虛弱的身體之外，另一個主因是她先前的生活實踐。有了這番體驗，她的具體行動完全沒有任何變化，而且根本也無需改變。身為左派工會的行動主義者，早在先前的那幾年間，她的生活方式就已符合神之國度的誡命了。

所以在韋伊的案例中，她經歷的蛻變，影響的不是她本身的行為，而是行為的根基以及價值來源。改變的是她所處的位置以及熱情所在，是她對個人使命的自我概念。從此刻起，她的意識就從純粹人際以及內在的場域，昇華到神聖以及超然的層級，其仰賴的不再只是建構而成的論述，而是靠恩賜的體驗來滋養，其遵循的不再是一般的判斷以及考量，而是全然的信念。

用她自己的話和恐懼來形容，身為人類與哲學家的韋伊，最後確實在一九三八年十一月變得「神智失常」（un-zurechnungs-fähig）了。依據使徒聖保羅的《哥林多前書》十三章，她的理智早就脫離此時此地，而是以更崇高、更超然的名義去愛了。

昏盲的光線【韋伊】

不過，**到底**發生了什麼事？特別是針對韋伊的案例，我們難道不能直觀地用心理或精神病學的角度來解讀這番經驗嗎？在疼痛造成的無意識邊緣所產生的幻覺，潛意識用來緩解疼痛的技倆、強烈藥效引發的常見妄想症狀……我們其實能透過各種更世俗、更平凡的方式來理解韋伊的體驗。沒有任何說法比這更可信了。畢竟，又有誰相信鬼的存在呢？或者，以更極端的方式來說，又有誰相信上帝之子以受盡折磨的肉身為媒介，慈愛地真實存在於塵世之中呢？

確實，我們能用其他方式來看待這番體驗。但同樣地，以前述體驗的本質來看，針對我們在此探討的意識，這些合理化的說法與解讀，也絕對不具任何限制詮釋的意義或合理性。說到底，世界上最真實的事物莫過於具體經驗。而對於經歷這番感受的意識來說，再也沒有比這裡描述的體驗更清晰，且內涵上更真確篤定的事物了。

換句話說，特別是從認識論的角度來看，用純科學方法來檢視、質疑這種神祕蛻變或突破性經驗的企圖之所以受限，是因為對於經歷過這些體驗的人來說，這些經驗構成的無庸置疑的標準，等同於所謂的證據、明確性、篤定以及理智本身。對於「頓悟者」來說，用科學方法檢驗這種體驗之內涵的衝動，就像企圖用最先進的現有技術，測試巴黎的國際公尺原器是否真為一公尺長那樣，都是很有意義（或根本毫無意義）的念頭。韋伊在一九三八年十一月見到「光」，而對於其他跟韋伊一樣的人來說，他們根本不需要物理學家來證實這道光確實存在或具有溫暖的力量。反之，正如某些人所說，這些人從此活在「自己的世界裡」，還以一種令他人摸不著頭緒的方式，主張自己才是真正真實、具開創性的世界。

針對這種存在方式，基督教的通用術語為神聖性（Heiligkeit）。不過，狹義的哲學傳統也探討過這種經驗，並描述過其開創真實的力量。舉例來說，在柏拉圖式的地穴中上升時，出現在盡頭的那道耀眼光芒；笛卡兒口中那突然閃現的冥想頓悟；還有維根斯坦在《邏輯哲學論叢》中，以隱喻手法描述的那條上升階梯式知識之路。在最後一個台階上，人必須在沒有網子承接或辯證支撐之下縱身跳下，世界才能真的「正確地被看見」。沒錯，沙特跟羅岡丹不也各別在極度矛盾的自我消解狀態下，無可否認地體認到，自己是透過偶然的「存在麵糰」才首度真正觸及事物的本質嗎？

韋伊的密友與後來替她作傳的佩特雷蒙指出，唯一能從外在印證這種神力體驗的證據，就是經歷過這番體驗之後的生活。[15]因此，至少我們在韋伊身上找不到任何可具體名狀的理由，來質疑其神靈經驗的真實性。

這並不是說她從那時起，就以另一種方式來展現或形塑自己的行為。然而，她的行為如今有了截然不同的色彩，完全展現基督之愛以及準備好受苦受難的熱情——從現在起，頭痛就跟逐漸成形的暗黑政局一樣，被肯定、被頌揚為可能帶領她通往「超然」的途徑。韋伊在思想日記中寫道：「生在這個年代可說是最好的時機，因為在這個時期，人已經失去一切、一無所有。」[16]會寫下這種話的人，肯定已經以一種新方式，讓自己確知究竟什麼才是真正不能失去的東西。而從今往後也會以此為己任，靠自己的方式來拯救這些不可失去之物。

回歸本源【韋伊】

總之，無可否認的是，一九三八年十一月，「歐洲，這個長期主導世界部分版圖的地方，正陷入一場險峻的危機。前三個世紀的宏大希望，尤其是來自上一世紀的希望；那傳遞啟蒙思想的希望；讓所有人享有美好、可享受的生活的希望；對民主的希望；對和平的希望，全都即將在我們眼前煙消雲散。」[17]

身為哲學家與政治評論家，韋伊認為，面對此番文明危機，真正具有文化療效的出路只有一條：她深信與其回歸「事物本身」，我們應該「回歸本源」。換句話說，就是積極投入並重新閱讀偉大的原始文本，像考古學家那樣，逐層揭開目前被歐洲文化掩埋、壓制的價值以及原始動力。

以個人的超然體驗為基礎，對韋伊而言，唯有重讀古老先進文明中最淵遠流長的信仰見證以及史詩，再次探索其中源自神聖的價值基礎，群眾才能與她所處時代的政治現實來一場差異懸殊的角力。尤其是柏拉圖與荷馬的作品，《奧義書》以及《薄伽梵歌》，還有斯多噶派和福音佈道者的文本。根據韋伊的信念，這些文本都是被同一道光所激發照亮的，只是在不同時空背景與文化因素影響下，在各自的意識中以相異的方式折射、發散開來。正如一直被她忽視的海德格，以及她完全不懂的班雅明那樣，韋伊將整個西方世界的傳統，視為一段長期並持續去除本質、逐漸蒙昧的過程。

對韋伊來說，一個人的實際尊嚴與不可侵犯性，源自此人對愛之光的坦然接納而此本源並非源自人類，也非人類可掌控。對她來說，人類存在意義的真正來源是超然的，因此，純粹的人類可安然到達此境界，絲毫不受世俗常理及純粹理智（或者說，群眾於特定時期在政治上聲稱為尋常理解或純粹理智之物）的影響。

所以，完美的結論就是：以鄰人之愛取代團結，以仇敵之愛替代階級鬥爭，以「奴僕」這種極度低等的存在形式取代「無產階級」。正如韋伊在工廠日誌尾聲所寫的那樣：歸根究柢，這一切都關乎「那些在他人眼裡**不被當作**人的階級……而且不管發生什麼事，他們永遠都不算數，雖然這有違《國際歌》（*die Internationale*）第一節最後兩行的寓意[18]……人總是需要靠**外在**標誌來證明自己的價值。」[19]

不過，要是在最黑暗的時期，外在標誌根本不存在，那該怎麼辦？誰會來拯救？又有什麼能繼續保障人權與個人價值呢？能給予保障與守護的，真的會是其他人嗎？他們值得信賴嗎？如果是的話，他們的本源何在，又是利用哪些手段與方式？這些正是一九三七與三八年間，將人在他方的蘭德逼瘋的問題。

障礙【蘭德】

「未獲得許可。」[20]一九三七年五月，蘭德透過一通電報得知，自己最後還是無法成功將父母從列寧格勒接來紐約。儘管已經備妥所有文件，船票也已經事先付款，當局還是拒絕讓她出境，沒有任何理由。這個消息其實並不令人意外，尤其當年史達林政權的獨斷專橫正逐步邁向另一個高峰。經歷前一年的作秀公審後，一九三七年春天起，政黨和民眾當中的「敵對分子」都被肅清剷除。具體而言，這代表每週都有成千上萬人，在凌晨時分被祕密警察從家中帶走、拖進內務人民委員部（NKWD）的地下室，在那裡接受審訊，必要時還會被施以酷刑。遭捕者會被迫招供或告發，接著，要不是被直接處決，就是被判處在古拉格監獄中長年從事強制勞動工作。根據一項同樣在一九三七年頒布的特別法令，被捕者的配偶與子女，也有可能被判為「人民公敵之妻」與「革命敵人的家庭成員」。[21]過了二十年，革命，實際上已成吞噬人民的手段。

時至今日，一九三七至三八年間的俄羅斯被稱為「大恐怖」（Großer Terror），因為當時的日常生活由一種恐怖的氛圍所主導。正如一位見證這段歷史的女子所言，在這種氛圍中，「沒有人知道隔天會發生什麼事。民眾害怕相互交談或碰面，尤其是那些父親或母親已被『孤立』的家庭。」[22]家中有移民美國的女兒，在美國以作家和政治評論家的身份維生，並且愈發強烈反對「俄羅斯實驗」的家庭，對這種恐怖氣氛的感受肯定更深刻。蘭德深知自己的存在對家人的存亡產生莫大威脅。秉持自己獨特、絕不妥協的態度，蘭德在收到這個消息後終止所有進一步的聯繫。她甚至不會承認自己收到這封電報。

伴隨家庭危機而來的是創造力的危機。蘭德頭一次在她的人生中遇到寫作障礙。[23]幾個月以來，她的寫作桌上沒有一點成果，只有毫無下文的旋風式想法、半途而廢的嘗試以及被丟棄的草稿。新小說的主題、主要人物與發展主線已有具體雛形了。不過，要是蘭德不曉得如何以戲劇化的方式，將每條劇情線用一個大事件串連起來，她就沒辦法繼續構思、寫稿，更別說提起筆了。以她自己的話來說，她將要「失去理智」。[24]

問題無疑出在她自己、她的創造泉源及力量上。一切都得仰賴一閃而過的靈感了。但光憑無條件的意願和意志，是無法在這個領域有所成就的，蘭德會是第一個見證這個道理的人。而事實，卻恰好相反。

頌歌【蘭德】

一九三七年夏天，她的丈夫奧康納再次到了康乃狄格州，在《一月十六日之夜》中出演黑幫份子「大膽」雷根的角色。他們租了一間位在大西洋邊的小屋。奧康納外出排練、演出時，蘭德就會到長島的沙灘上，看能不能得到等待已久的點子與靈感。

起先，為了讓自己分心、讓想像力自由馳騁，她重新展開了一項早年在學生時期執行過的計畫。她在一張能俯瞰大海的充氣床墊上，試著動筆寫一部反烏托邦式的科幻中篇小說。[25]故事的出發點，是一個處於完全集體化狀態終點的社會。那個社會裡的人對個人的獨特性渾然未覺，而且他們也不得對此有任何覺察。每一位從小就被禱告詞般的教條洗腦到大的居民，總是以第一人稱複數「我們」來說話和思考：「我們什麼都不是。人類就是一切。我們的存在完全歸功於兄弟手足的恩典。我們與我們的兄弟共同存在，為了他們而存在，而且也是因為有他們所以存在。這些兄弟就是國家。阿門」。[26]即便是在涉及個人感受、慾望或恐懼時也是如此，因為：「所有人類都是一體的，除了所有人類的共同意志之外，再也沒有其他意志。」[27]總之，「大議會」就是這樣宣告的。大議會代表所有人發言，所有它必然是正確的。

這份中篇小說初稿裡的每個細節，都是取自她的同胞葉夫根尼・薩米爾欽（Jewgeni Samjatin）的作品《我們》（*Wir*）。《我們》寫於一九二〇年，是蘭德在列寧格勒唸書時，大家會私下交流傳閱的讀物。在蘭德的初稿中，小說人物也沒有名字，只有如同機器人一般的編號，化身為國家的集體，是無所不能、如神一般的存在，任何個體偏差都會遭受嚴厲的懲罰。

不到三週的時間，靈感閥門彷彿突然敞開，她在長島沙灘上寫出一百頁的中篇小說手稿。首先，小說主角公正 7-2521 號意外發現一條隧道，這條隧道早在「大革命」前的遙遠時代就已存在。他開始在偷來的羊皮紙上記錄自己的思想（寫下這些東西是一種罪）。[28] 後來，他還用青蛙跟其他生物做科學實驗，因而得以重新發現神奇的電力，甚至還發明了燈泡。

一次，在進行日常街道清掃工作時，他不斷與編號為自由 5300 號的女性農工對視。很快地，知識的解放之光就與愛的光芒交會了：「我們注視彼此，看著對方的雙眼，知道奇蹟的氣息已經吹拂到我們身上了」。[29] 他們成功逃到祖先的禁忌森林，並在林中重新會合，在天堂般的荒野中展開新生活。在林中，他們重新找回人類語言中最早出現、最重要，而且也是能真正擔保自由的詞彙時，那條通往共有自由的道路也來到終點、抵達高潮：「我的雙手、我的精神；我的天空、我的森林；這個地球是我的，我突然得到好多詞彙，有些飽含智慧，有些虛幻飄渺，但光這三個字就無比神聖：『我想要。』」[30]

在絕對集體的外在條件之下，自決的理性人革命重生。而這段重生之路的終點，就跟這部中篇小說的尾聲一樣，都以「一個永遠不會消亡於世的詞作結，因為這個詞就是重生的真正核心與其榮耀的意義。神聖的詞：自我。」[31]

神話工程【蘭德】

奠基於「自我」之上的人類自我賦權，成為真正的救贖事件，變成通往地球伊甸園的入口……蘭德小說中的敘事，充滿各種舊約聖經以及希臘神話的主題：通過山洞的隧道，成功迎向另一個世界的光明；發現神奇的電力，就像竊取神聖之火的褻瀆行徑。在一個寧靜的池塘邊，公正 7-2521 號首次解放般地看見自己的容顏。這也難怪，兩位得到救贖的主角在小說最後，將自己取名為普羅米修斯（Prometheus）以及蓋亞（Gaia），藉此洗禮重生。

在謹遵無條件自我肯定的核心主題時，蘭德將自己流亡求生的經歷編織進故事中。跟小說主角公正 7-2521 號一樣，蘭德在逃離蘇聯時也是二十歲出頭。而蘭德在成功脫逃後做的第一件事，也是重新替自己取名字。從愛沙尼亞駛往英國的船上，她替自己取了「艾茵．蘭德」這個名字。

「艾茵」的由來，可能跟當時大受歡迎的愛沙尼亞與芬蘭作家愛諾．卡拉斯（Aino Kallas）有關，因為蘭德對她深感崇拜。[32]卡拉斯擅長在小說中，將充滿政治色彩的自由敘事，與北歐傳奇世界的神話主題兩相結合。被一位書迷問及她罕見的名字的由來時，蘭德在一九三七年一月回答道：「我必須承認，艾茵是一個既有的名字，同時也是一個我發明出來的字。『艾茵』這個名字來自芬蘭，寫成俄文的話是這樣拼 Аина（Aina）。用語音的角度來拼寫的話，這個字的英文讀音是 I-na。我不知道這個字在英文中的正確寫法是什麼，但我決定拼成『Ayn』，也就是將結尾的 a 去掉。這個名字的發音就像英文字母『I』加上一個『n』。」[33]

「I」——「我」，在數學上加強好幾倍（n倍）：作為生命信條的自我洗禮。針對個人自由神話的建構工程，蘭德在成功逃亡後的第一天就展開了，而這份工程如今也成功體現在中篇小說《一個人的頌歌》（Anthem）當中，表達「我的創作的主題、目標以及唯一使命」。[34]

一九三一年，蘭德那份已經延簽多次的美國簽證即將過期，而她跟奧康納就是在這個時間點結婚的，這非常符合《一個人的頌歌》中的傳記套路。這個典型、源自於愛的綠卡決定，讓蘭德得以繼續在自由的伊甸園生活。

摩天高樓【蘭德】

完成這部中篇小說後，他們夫妻倆又回到曼哈頓，並連同兩隻貓搬進奧康納精心裝潢、位於上東區的三房公寓。不過，令蘭德深感失望的是，沒有任何出版社願意買下《一個人的頌歌》的版權。其他戲劇計畫，以及將《我們，活著的人》改編成劇本的計畫都宣告失敗。此外，儘管在第一部小說初版一年半後，銷售量奇蹟似地回升了，她卻得知出版社麥克米倫在推出第一版後，不小心將印刷樣本毀掉，以至於現在無法交付成書。蘭德不禁嗅到在這一切背後，「左傾」紐約出版界的另一個陰謀。不過，成功賣出《一月十六日之夜》的電影版權，至少讓蘭德能在財務上鬆一口氣（五千美元，相當於今天的七萬五千歐元）。[35]

在替小說情節想出解決辦法這件事情上，她依然毫無進展。同時，儘管兩人互相依附，蘭德跟

「小房間」（Cubbyhole）奧康納的關係，卻離她理想中的想像越來越遠。純粹從實際層面來看，有奧康納陪她一起住在紐約，確實讓她的生活輕鬆不少，但是從生活美學的角度來看，奧康納的存在卻令她深感失望。他的夢想就像休團的管弦樂隊那樣徹底停止演奏。奧康納在沒有公開反對或不情願的情況下，成了體貼細心的家庭主夫。但除此之外，他也相當被動、不積極，不會自發地去滿足蘭德的幻想——蘭德想像丈夫「以野生動物的方式……佔有她」，[36]想像這份幻想會日漸成為現實。跟理想樣貌相反，在這段期間，他們之間的互動與交集，全都圍繞在一些日常瑣事上。

不管能將她從那年秋天的重度憂鬱中解救出來的，究竟是誰、或什麼事物，都絕對不可能是她丈夫。奧康納顯然欠缺引導人生的驅動力，少了統一的生命主題。在他個人存在的基底，缺少那個終極、根本、全然自發的「我想要」。對蘭德來說，這個狀況本身就令人無法接受。沒錯，這是人類最典型、最根本的敗筆。

無論如何，她從年輕時就知道自己為什麼會在這個世界上：作為個人生命幸福的鍛造者，並且創造出各種敘事，讓世界知道自己該是什麼樣子——而不是現在這個令人遺憾的模樣。她筆下的超人角色洛克也是如此，只不過，洛克是一名建築師，並且在建造建築物時找到自己的快樂。群眾能真正居住在這些建築物中，在這個屬於他們的地球上找到真正的歸屬。就像神那樣，有了最高層次的導向，功能與形式將在他們身上合而為一：本身即為摩天高樓的人。

靈光一現【蘭德】

重新回頭構思小說情節。小說核心議題的基本衝突已清楚呈現在蘭德眼前。洛克的墜落與崛起，是為了體現人類心靈[37]中個人主義與集體主義的拉鋸。一九三七與三八年的世界政局發展，讓蘭德更難替小說情節想出解套方案。現在，她再也無法將主題單純限縮在心理方面了。假如超人洛克真的想為所有人挺身而出，那他為個人創作而進行的搏鬥，就不能只停留在審美以及私人動機上。

蘭德繼續沉思。為了替小說進行研究，一九三七年深秋，她開始在伊利・卡恩（Ely Jacques Kahn）的建築事務所擔任秘書，該事務所專門承包摩天大樓的建案。蘭德透過一位保守派友人的介紹認識卡恩，而事務所裡只有卡恩知道她真正的任務。一九三八年三月某天，接近中午時，蘭德隨口問了老闆目前哪個案子的挑戰最大，卡恩不假思索地說：公有住宅（public housing）。「突然，靈感就在我腦中一閃而過，因為我心想，這就是一個政治議題，同時也是一個跟建築相關的主題——完全符合我的本意。」[38]接手公有住宅的洛克，就是這樣！

蘭德趁午休時間定案小說的整體架構：在故事尾聲，主角不得不以被告的身份出庭受審，因為他在自己設計的公有住宅建築模型完工前夕，獨自一人將整棟模型炸毀。他之所以這麼做，是為了抗議公共委員會在完工最後階段強制干預建案。

柯特蘭特（Cortlandt）必須完全遵照他的意志存在，否則，他就根本不該存在！這全是他構思籌劃的！設計者是他，不是別人！所以，能決定這棟建築存亡的只有他，別人沒資格。任何形式的剝奪都無可容忍，作品在創造力方面的全整遭到侵略時更令人無法忍受。在此，這位出眾的利己狂對上代表「為數眾多」之大眾的委員會。完美主義與妥協的邏輯相抗衡。原動者對抗二手貨。洛克抵抗群眾。誰的權利必須受到絕對的維護？以誰之名？而且，又是以什麼方式？

瞧，這個人【蘭德】

在故事情節解決方案的終極核心，蘭德遵循尼采鋪排而成的隱喻軌跡。事實上，利他主義的價值典範，將基督教與共產主義緊密相連，如果要重新評估這套價值典範，唯一的辦法就是將其炸毀。正如尼采在《瞧，這個人》（*Ecco Homo*）的最後一章〈我為什麼是命運〉（Warum ich ein Schicksal bin）中所說：

> 我知道自己的命運。有一天，群眾只要想起我的名字，就會想到某些駭人的事物：
>
> 想到地球上前所未見的危機；想起最深刻的良心衝突；想起一份決定，決定**反對**到目前止相信、要求、奉為圭臬的一切事物。我不是人，而是炸藥……我出言反駁，好似史上未曾有人提出反對意見似的，但我絕非那種一概否定一切的人。我是**快樂的使者**，先前從未有像我這樣

的人出現。由於只有我能從這樣一個高度來看待任務，所以至今缺乏相應的概念與理解。我出現之後才有希望。這麼看來，我必然也是厄運之人。因為當真理與千年的謊言交戰衝突時，我們會遭逢震顫，會經歷地震般的災變，山谷會以從來未曾想見的程度劇烈位移。政治的概念將會被徹底捲入一場精神之戰中，所有舊社會的權力結構都會被炸毀——它們仰賴的全是謊言：地球上將會出現前所未見的戰爭。從我出現的那一刻起，地球上才有**偉大的政治**。[39]

尼采是蘭德的炸藥。對她來說，洛克是美國的爆破大師。但是，如果無法將偉大的政治，建立在真正個體偉大的心理之上，那這一切又會是什麼？而這種心理會符合理想中的描述，體現那種全心嚮往、發自內在的自決嗎？蘭德完全不必離開自己的公寓就能探究這些問題。對她來說，只要有一個絕對典型的研究目標就夠了，那就是她自己。「洛克的心智就是以我為範本打造的。」[40]

認可之毒【蘭德】

蘭德根據自己的心理形象，建構出洛克那種英雄般堅毅不搖的特質。所以，她很清楚知道自決的真正條件是什麼。她在思想日記中寫道：

一九三八年十一月十日

意識到別人看待你的方式（無論好壞），這是非常糟糕的事。將自己視為理所當然。拋開他人目光的重壓，只去感受自己本身，這種意識才是唯一健全的意識。[41]

就算不會被斷然當成自戀型人格障礙，這種被常理視為嚴重扭曲的心理狀態，在蘭德的世界中卻是每個自我實際上該企求的狀態。如果要獲得真正的自由，首先得擺脫總是具有規範力的他者存在。透過他者的眼神與目光，我們最能清楚感受他者的存在。從這個概念看來，蘭德也是在援引她最愛的作家雨果的說法，點出「野獸他者」[42]無聲又普遍的存在。

這種意識形態具有非常深遠廣大的效應，在社會哲學方面尤其如此。按蘭德的說法，個人如果想靠爭取認可得到自主權，或只是想建立自我形象，那此人就已經因為懷抱這個意圖而失敗了。換言之，我們無法從他人的觀點，或是透過他人觀點，得到幸福快樂的自我意識，就連在友誼或愛情裡也無法。因為：

友誼：洛克是唯一能建立真正友誼的人，因為他能以最純粹的方式來看待他者，完全不抱自私的動機（無私），因為他太自我中心了，因為那些人絕對不是他的一部份。基本上，他不需要這些人，不需要他們對他的看法，所以他能將他們視為與自己關係平等的人，並以這種角度來欣賞他們。洛克不想讓別人覺得他很了不起，也不需要獲得他人的青睞，因為他根本就不需要。[43]

換言之，只有像洛克這樣的人，才能真正將別人與自己當作「目的本身」來尊重；只有像他這樣的人，才不會覺得有必要為自己的目的來利用或操弄他人。從心理層面來看，他不需要他們。不管是他的自我價值，還是他在世界上的位置，都完全無需仰賴他者。對蘭德來說，若世上真有所謂的心理原罪，也就是那種落入他人地獄並必然導致自我失敗的局面，那這種原罪都是始於這個問題：你覺得我怎麼樣？

曙光【蘭德】

蘭德關注的問題跟同期的韋伊一樣，她們都在思考，假如在自己身處的年代，人的尊嚴完全建立在社會認可的基礎上，無論是被授與還是遭到剝奪，那麼人的尊嚴又會變成什麼模樣。韋伊的經驗讓她將尊嚴的實際基礎，定位在神聖、充滿愛的超然領域。這個超然領域以慈愛的上帝之名，將人各自掌握、感受到的意識從自我的幻覺中解放或治癒：我跟其他人一樣站在祢面前；理想上，除了身為一個積極體現鄰人之愛、永恆開放的器皿，我什麼都不是。而在對立面，蘭德的經驗則傾向賦予意志強烈的自我近乎神一般的主權與不可侵犯性，藉此鞏固尊嚴的絕對性。我跟其他生而自由的人相同，理想上都是一個完整的世界，同時也是永遠湧動的理性自愛之起源。然而，對她們兩人來說，以同樣程度的決心將前述起源與保守尊嚴的手段，全然轉移到他人（甚至是所有他人）的領域，這就是真正的形而上地獄。

所以說，一個真正熱愛世界的意識，絕對不是建立在他者的目光之上。對韋伊來說，這個意識是來自上帝之愛；對蘭德而言，這種意識則是來自如神一般的自愛。蘭德認為在洛克的理想情境中，這種意識將焦點完全擺在達成個人設定的具體行動目標上。所以實際上，這種意識不太會去考量自己或是他人，只會去思考自己在特定時刻想達成什麼理性目標。理想上，意識不受干擾地融入純粹的行動中。這是一種純粹享受存在喜悅的意識，因此也描繪出一種狀態：幾乎所有已知人類智慧箴言的明確目標，都是達到這種狀態並使其趨於穩定。對這種狀態最常見的描述，就是人的嘴角掛著溫和、忘我的微笑。

這也難怪身為尼采主義者的蘭德，會進一步將這抹微笑描述成完整、自信的笑容，並將這個形象直接擺在小說開頭。同時，她還在場景中安插一座湖泊，藉此帶出讓人揚起這般笑容、全然清明澄澈的意識狀態。《源泉》開頭的前幾句話為：

洛克笑著。

他赤裸地站在高崖邊，湖泊靜臥在底下極深處。花崗岩冷冽的崩裂聲衝破寂靜的湖面，直衝天際。水面看似靜止，岩石卻汩汩流動。在彼此衝撞的瞬間，岩石猛然靜止，水流也剎那定格，凝聚出比流動時更強烈的張力與狀態。濕漉漉的岩石發亮著，洋溢著太陽的光輝。

湖泊只是纖細的鋼圈，將岩石切成兩半。岩石不斷奔向深處，石塊不僅始於天空，也終於天際。世界彷彿懸掛在空間之中——懸浮在虛無之上的島嶼，停靠在懸崖上男人的腳下。[44]

將世界視為一座自我的島嶼——除了準備從懸崖縱身躍下、跳入新生命的人類之外，再也沒有任何東西能穩住這座湖泊。一旦這樣定下來，即便時序來到一九三九年，再也沒有任何任務是蘭德認為無法達成的。

單行道【鄂蘭】

將自己視為理所當然（Take yourself for granted）……至少班雅明打從第一天起，就恨極了這個對他來說全然陌生的新語言。不過這一點幫助也沒有。他位於東巴斯街（Rue Dombasle）十號的小公寓，儼然成為巴黎「部族」的非官方總部。他們每晚坐在一起喝茶、下棋；沒錯，還會自學英文。法國首都的情況越來越嚴峻，彷彿是想盡可能如實改編一九三二與三三年的柏林劇本那樣。關鍵區別在於，對猶太流亡者來說，歐洲大陸上已經沒有任何一個國家是安全的。

尤其是在一九三八年三月與希特勒帝國進行「德奧合併」之後，奧地利的反猶行動又有了新發展。而位於華沙的波蘭政府，趁著兩萬名猶太人不在國內時剝奪他們的公民身份，試圖阻止他們返回波蘭。在法國，修得更為嚴峻的居留法在五月正式實施，這顯然是衝著新的流亡潮而來。在一九三八年的巴黎，四百萬名居民中有十分之一是外籍人士，而其中約有四萬人是猶太流亡者。在德國新聞媒體的誹謗煽動之下，法國媒體都認為，法國的內外政局之所以日益緊繃，全都是這群流亡猶太人造成的。早在一九三八年春天，巴黎流亡者就首度遭到逮捕與驅離——當然也有人因絕望而自殺。同時，阿道夫・艾希曼（Adolf Eichmann）在被併吞的奧地利設立了「移民問題中央辦公室」。根據納粹的意志，這個辦公室的目標與操作必須成功拓展到其他地區。[45]

鄂蘭又替拉赫爾的傳記新寫了幾個章節。她在其中一章引用拉赫爾的話：「總得先將自己合理化，這是多麼噁心的一件事。」引述這句話的同時，鄂蘭也是在描述個人生活狀況的黑暗核心：心理與行政方面的黑暗。總之，在一九三八年的巴黎，直接將身為德國猶太人的自己視為「理所當然」，這大概是最魯莽、荒謬的想法了。

在班雅明的鼓勵下，鄂蘭拾起未完成的作品繼續動筆書寫。這本關於拉赫爾的書的最後兩章是在巴黎寫成，而在這兩個章節中，鄂蘭的想法聚焦於如何在一個非猶太、在結構上明顯反猶的主流社會條件中，建立一個永續的身份認同。跟先前在柏林時寫的段落相比，巴黎段落的語氣顯然更直接尖銳，甚至更挑釁好戰。

最根本的謊言【鄂蘭】

在書中，鄂蘭採納法國社會學家貝爾納・拉扎爾（Bernard Lazare）提出的概念，用**賤民**（Paria）以及**新貴**（Parvenu）的區別來分析拉赫爾的案例。賤民的身份地位為社會局外人，因為他們天生屬於被排斥的群體；身為社會階層攀登者的新貴，特點則是在生命發展進程中，成功克服既有障礙與排斥。拉赫爾就是如此。生在德國浪漫時期、身為猶太銀行家之女的她，在年紀已經不小時，與晉升為普魯士貴族的外交官范・恩斯（Karl August Varmhagen von Ense）結婚，因此得以擠進宮廷社交圈。後來她改信基督教，完全放棄自己的猶太根源。

就鄂蘭看來，這種方法終究無法消除自己的賤民出身，而且在追求成為新貴的同時，她付出的代價就是永遠被異化以及感到麻木。這種完全「與德國東道主文化同化」的心理代價，就是「以一種在面對所有選擇時否決一切選擇的方式，為遷就他人而徹底改變自己的品味、生活和慾望」。以鄂蘭的話來說，這是一種「比單純的虛偽還要根本的謊言」。[46]

這與「二手貨」的現象有異曲同工之妙。蘭德用鄰居瑪瑟拉的案例，來提出充滿尼采思維、針對異化現象的批判。對鄂蘭而言，外表看來非常成功的（猶太）同化者，就完美體現那種受到他者決定所擺佈的他決性（Fremdbestimmtheit）。在極端案例下，這種他決性會深入一個人的內在自我，使人再也不覺得自己受到外在他者的影響。到這個階段，新貴臉上的假面具就會黏得極其牢固，自我的真正來源也變得無比盲目。因此，談到新貴的境況，鄂蘭也表示新貴的「所有洞察力與展望會遭受巨大毒害」。[47]

不過，要是在蘭德所謂的「生命感」中還留有一絲警覺，新貴就會有所懷疑，或甚至是根據個人的關鍵經驗而驚訝地意識到，「自己現在成為的模樣，基本上是他根本不希望，或者說根本不可能想成為的樣子」。[48]

成功挽救的資產【鄂蘭】

拉赫爾對自己與世界的認知完全被新貴生活所蒙蔽，而最後將她從這種蒙昧中救出來的，是一種特殊的感受能力，拉赫爾將其稱為自己「最大、最難言的錯誤」。這種感受能力指的是：「我寧願伸手抓住自己的心並將其弄傷，也不願得罪任何一張臉、看見任何被冒犯的臉孔。」[49]

就鄂蘭看來，在面對周遭他者的需求與主張時，這種絕對未經思考、本能般的敏銳感受力，突顯出的不只是賤民的實際本質。進一步來說，「賤民在本能之下發現的人類尊嚴，以及對他人臉面的敬重……是整個道德理性世界架構唯一的自然前導階段……。」[50]

鄂蘭在此替自己的倫理學奠定基礎，探討面對他人時個人的真正自決，彷彿公開與康德進行道德哲學對談。因為現在，自決以及人類尊嚴的真正來源，再也不是康德提出的「對個人內心道德的敬重」，而是那種保存在心中的自發性，讓自己在個人意志取向中，被周遭鄰人受苦的臉面所觸動。鄂蘭認為，對世上他者的存在感到**感激**（Dankbarkeit），並且主動**顧及**（Rücksicht）他們永遠存在的脆弱特點，這就是我們的道德此有的兩大真正來源。將這個概念放進明確的脈絡中檢視，不管是從刻意安排的角色呈現來看，還是從哲學系統取向來看，蘭德筆下的理想超人洛克本身不具備這兩種意向，這種安排絕非巧合。

在鄂蘭的世界裡，洛克的生命就體現出新貴的價值觀。在巴黎寫成的章節中就有這麼一段話：「他（新貴）不能有感激之情，因為他將一切歸功於個人力量；他也不能顧及『他人的臉面』，因為他必須將自己視為效率極高的超人，認為自己是特別優秀、強大、聰明的人種，覺得自己是可憐賤民弟兄的榜樣。」[51]

而在鄂蘭書中的女主角拉赫爾身上，沒有什麼東西是真正一致、一體的。在她的生命發展進程中，一切都明顯不協調，遮遮掩掩，「處於此間狀態」，似乎相互矛盾，而且在最正面的意義上是絕望的（我可以向全能的上帝發誓，我這輩子從來沒有戰勝過任何一個弱點。）[52]正是因為這一點，她才能在最黑暗的境況與時代，以「人類」的身份得到救贖，並且在自我認識以及世界之愛的道路上，持續抱持開放的心胸。這條終極哲學之路，以獨一無二的方式在賤民面前敞開。因為，拉赫爾的展望「就是賤民的展望。因為被排斥遺棄，賤民能在這種展望中洞察生命的完整面貌。而且，拉赫爾也能跟賤民一樣，透過同一條路徑到達『自由存在的大愛』。因為，當賤民無能以個體之姿反抗整體，因而摒棄新貴之路，並且因為陷入『悲慘的處境』而換得『對整體境況的反思』時，他就有了唯一有尊嚴的希望，『因為一切都相互連貫：而且這樣也真的足夠了。這就是從人生大破產中救出的資產。』」[53]

部族倫理學【鄂蘭】

針對拉赫爾的生平，鄂蘭在巴黎寫下的章節中蘊含的思想，絕對不是什麼瑣碎的小事（這點必須強調）。能以有趣的視角來看待所謂中心動態的人，恰恰就是社會上的局外人。進一步來說，在提出這些關於拉赫爾的論述時，她同時也樹立一個深具政治色彩的此有與研究典範，而這種典範更是「巴黎部族」的指導原則：在一個完全被陰影遮蔽、沒有任何身份歸屬（心理、政治、社會與職業上）的情況下，保有讓自己被這個世界與其中的他者觸動、影響，並且體認他者的能力。在寫作實踐中，這讓寫作者以一種「拾遺者」或「鼬鼠」（班雅明）的姿態，去搜集所有賤民的證詞。這至少能點出脫離黑暗的方式，因為透過這種搜集與書寫，當代人才有辦法理解人類為何會一步步落入昭然若揭的黑暗境況。正如一九三八年，班雅明對正在紐約做研究的思想家友人朔勒姆所言，「雖然這個時代讓許多事變得不可能，但有一點絕對成立：在太陽的歷史進程中，有一道適切的光會灑落在這些事物上。」[54]

許多（幾乎是所有）跡象都率先指向十九世紀。這些根源必須接受檢視，並且被攤在陽光底下。[55]之所以這麼做，動機並不是學術研究興趣，而是共同承擔的使命。在這黑暗的幾個月內，班雅明緊鑼密鼓地寫了幾篇關於卡夫卡與波特萊爾的論文，也完成一篇探討巴黎拱廊街起源的文章。拉線人布呂歇跟自己對話，思索如何拯救被新貴綁架的馬克思與恩格斯。鄂蘭則將精神擺在拉赫爾身上，探討那段被層層掩蓋的猶太人同化史，進而探究猶太復國主義作為一種政治運動的歷史背景脈絡。

這種共有的「部族」倫理，也替他們的日常實踐樹立充分、明確的指導原則，例如：絕對要選邊站，但不能完全屬於任何一個派系，無論是共產主義還是猶太復國主義都一樣。雖然「個人反抗整體」是公認不可能成功的事，但不管在任何情況下，個人都不能在這番認知的驅使下，心甘情願讓個人發展完善的成熟思想，受到必然使人失能的「黨派邏輯」支配。

要是手段必然會偏離目的本身，那目的就絕對不是合理化手段的藉口。說到底，如果不是為了守護個人思想成熟完善的自發性，那政治行動的目的又是什麼？所以說，「巴黎部族」本身並不是一個政黨或團體，而是一個小規模的朋友圈。面對自己日漸被邊緣化的處境，這個圈子的成員不會哀嘆抱怨，反而會利用這個情況。此外，持續凝聚圈子內每位成員的那股力量，並不是來自他們天生同屬一個群體的事實，而是來自既定承諾，尤其是自己去塑造未來的承諾——而在最黑暗的年代，這也是唯一辦法。

純粹來自外部的生存壓迫已經多到不勝枚舉。同樣地，面對個人存在日漸碎片化的事實，他們也沒有將其浪漫化的動機。「畢竟，被遺棄者吹噓的那種抵抗社會的自由，也只不過是完全不受限的絕望感罷了。」[56]不管怎麼說，要是沒有能夠安身立命的環境，沒有人能自由自在的活著或甚至是思考。而在一九三八年的法國，這個安身立命的空間也一點一滴被瓦解。由於猶太復國主義青年組織「回歸」將總部從巴黎遷往倫敦，鄂蘭也面臨失業的威脅。政府每頒布新的移民法規，工作、住處與身份證件組成的赤裸生存金三角就縮得更緊。自願通報居留證件已經過期的人可能會被驅逐出境，那些因為沒有這樣做而被捕的人也會落入同樣下場。四處流動游移的布呂歇和班雅明，持有「德國流亡者」（réfugiés provenants d'Allemagne）這種需定期更新的特殊合法文件。此時此刻，他們這種人尤其得日日操心是否會被驅逐出境。

幾乎沒有人敢離開這個國家。然而，班雅明還是在一九三八年夏天這麼做了。他接受流亡丹麥的布萊希特的邀請，發揮自己跟鄂蘭下棋切磋時訓練出來的棋藝，到丹麥陪他下棋解憂。鄂蘭不時會冒險到日內瓦探望家族老友瑪塔．穆特（Martha Mundt），一方面也是準備將人在柯尼斯堡（Königsberg）的母親接到巴黎，因為她母親已不覺得自己能在柯尼斯堡安全生活了。

此外，英國人提出的兩國方案（要求繼續託管耶路撒冷）宣告失敗，巴勒斯坦的局勢也大幅惡化，直接引發猶太人與阿拉伯人之間近似於內戰的衝突。一九三八年十月二十二日，鄂蘭在日內瓦寫信給她在巴黎的「親親」：「談到猶太人，耶路撒冷和其他事情讓我無比焦慮。這種痛苦已經到了一個極致，讓人幾乎可以重新開朗起來。」[57]拉赫爾的聲音，鄂蘭的本性。對於紮紮實實肯定個人生命的鄂蘭來說，沒有任何人事物能將她擊倒。這種面對逆境的優勢，就是她自發的天性。

異常依賴【鄂蘭】

同時，那些天生性格與鄂蘭不同的人，就沒有以如此剛烈坦然的態度來面對世局，例如：家族好友「班吉」（Benji，班雅明）。一九三九年二月四日，他向人在耶路撒冷的朋友朔勒姆報告：「冬季來臨，我的憂鬱也遲遲不散。對此我只能說『je ne l'ai pas volé』（我根本沒有把憂鬱偷過來）。好多事同時發生。首先，我發現一到冬天，我根本無法在房裡工作。夏天，我可以把窗戶打開，用巴黎街道的嘈雜聲蓋過電梯發出的噪音，但在寒冷的冬天就沒辦法了。」[58]

除此之外，他跟遠在紐約社會研究所的阿多諾（Adorno）跟霍克海默（Horkheimer）鬧不合，而這兩位學者卻是他手上唯一還會支付稿費的委託人。儘管如此，工作還是得繼續，這實在不容易，「因為我在這裡的生活相當孤立，特別是工作方面……這種孤立，讓我異常依賴手邊正在做的事所得到的回應與反饋。」[59]

終於，一九三九年六月，來自耶路撒冷的朔勒姆別無選擇，只能向好友訴說一種「無限擴散的黑暗與癱瘓」情緒：「要我**不**去思考我們的處境，這根本不可能。我在這裡指的『我們』不只是我們巴勒斯坦人。過去半年來，猶太人遭逢巨大災難，慘烈程度已超乎想像。情況糟到毫無希望可言，任何解套方案都只是用來戲弄我們而已（例如將猶太人送到英屬圭亞那〔Guayana〕進行殖民的可恥『計畫』）。想到這一切有天會降臨在我們身上，心情就再也雀躍不起來……對我來說，巴勒斯坦淪為內戰現場，不只是我們喪失的其中一個機會……透過下一場世界大戰的情勢和局面，來拯救一個可安居樂業的巴勒斯坦定居地，[60]這個機會不僅快被英國人和阿拉伯人給毀了，我們自己也責無旁貸。可憎的事物也向我們襲來，光是想到可能會面臨什麼後果，我就感到不寒而慄。我們活在恐懼之中。儘管我們的處境特殊，但英國人對恐怖的屈服，還是被我們當中的傻瓜當作唯一的武器，認為我們能靠這個武器完成任何事。」[61]

朔勒姆將鄂蘭寄給他的「關於拉赫爾」的書，當成連月以來唯一的亮點。他「**非常**喜歡」這部作品。而且在他看來，「這本書精闢地分析當時發生的事情，並點出這種建立在欺騙之上的連結，例如德國猶太人以及『德意志』之間的連結，最後只會以不幸收場。……遺憾的是，我不曉得這本書該以什麼形式出版。」[62]

就算不曉得自己的生命是否有保障，人還是想確知自己的創作是安全的。班雅明多年來都會將自己的寫作成果寄給朔勒姆，因此鄂蘭也仿效班雅明的做法，將拉赫爾這本書的手稿[63]寄給朔勒姆這位檔案保管者，私心盼望他能在巴勒斯坦替手稿找到出版的機會。沒有機會。那裡的日常生活與思維，也完全被最根本的生存問題所主導。

不管是在社會氛圍還是在氣象上，在這個被班雅明抱怨為「特別寒冷的春天」裡，如果希望能在未來「自由地存在著」，唯一守則就是盡可能逃離這個舊歐洲，越遠越好。不過在這方面，所有通往未來的道路似乎都被封住了。如果不是被大學或類似機構特別指派到美國，等待美國簽證的時間會落在「四到五年」之間。對於根本不曉得未來四個月、甚至是未來四週內會發生什麼事的人來說，四到五年真是段漫長到不切實際的時間跨度。

至少，布呂歇跟鄂蘭在那年春天終於找到一起住的公寓了——鄂蘭的母親瑪塔也逃出柯尼斯堡，在一九三九年四月搬進了這間公寓。想當然，布呂歇不會發自內心地樂見鄂蘭的母親搬來一起住，就連鄂蘭也不會。但他們還有什麼選擇？有些道德上的義務遠超出承諾的自願性。而至少對鄂蘭來說，她對母親的道德義務絕對就是其中之一。

沒有未來【波娃】

波娃回憶道：「整整一年，我都努力專注當下、享受每一刻。」[64]但到了一九三九年春天，這種態度終於來到極限。在這個時間點，沙特與波娃之間糾葛的關係，幾乎足以媲美複雜的世界政局。一起在巴黎共度三年時光之後，由沙特、波娃與奧嘉組成的三角關係，如今已演變成相互交錯的情慾多邊形。根據那份準確拿捏平衡的時間表，除了與沙特的關係之外，波娃同時還維持著與奧嘉（此時與「小博」穩定交往）和「小博」（不准讓奧嘉知道）的關係，另外還有一位去年從中學畢業的巴黎女學生。這位十八歲的女學生叫畢昂卡（Bianca Bienenfeld），從一九三九年初開始，沙特也與她有過關係。另外，沙特也緊緊依附著奧嘉的妹妹萬妲（針對其他性伴侶與關係，沙特不斷對她撒謊）。同時，波娃（與沙特）還跟一位名叫索侯金的學生醞釀另一段關係。這些還只是他們有認真經營的關係而已。

他們的愛情合約到現在已持續十年，而他們也按照對彼此的約定，在寫給對方的信中，不遺餘力地描述自己的風流韻事，就算細節再落魄丟臉也不隱瞞。面對黯淡未來時「享受每個當下」，而不將自己當成實際意義上的人、進而將自己置於險境，這就是多年來主導波娃人生的動力。換句話說，這種動力創造出一個日常網絡，而這個網絡是由完全不對稱的關係以及依賴建構而成，其中只有各種否定的言詞。[65]

或許，真正的作家與多數書寫創作者之間的區隔，就是來自這種情況：這是一種除去所有道德面向的意志，試圖將每份經驗、每段關係、每個體驗，都化為虛構創造的潛在素材。將這些經驗、關係與體驗，變成實際存在目的的單純手段。

沙特生來就不是會將自己的存在道德化的那種人。波娃則稍有不同。她與奧嘉和小博的三角關係衍生出來的謊言，對她造成越來越大的負擔。[66]不過，這種負擔起先無關乎對奧嘉撒謊的道德考量，而是來自波娃對小博強烈（尤其在性方面）的熱情。在這個時間點，她已在多封信中向小博表明這點：「我只有一**個**感官生活，那就是跟你在一起的時候。」[67]她還說自己雖然跟沙特仍有肉體關係，「但發生的次數非常少，而且大多是出於對彼此的溫柔與情意——我不曉得該怎麼說——但我沒有將自己完全交給他，因為他也沒有。」[68]

小博在一九三九年春天被徵召入伍。要是戰爭真的爆發，沙特也會立刻被軍隊徵召動員。想到這場看似無可避免的戰爭，波娃就覺得個人存在的精神與感官中心都要被剝奪了。到時候，她又會是誰？還有誰或什麼能在這個世界上支撐著她？

一九三九年七月六日，搭火車去探視駐紮在亞眠的小博時，波娃連續寫了幾封信給沙特，並在信中清楚描繪自己當時的人生境況：

一九三九年七月六日

我最親愛的寶貝，

在花神咖啡館，我碰到非常緊張的奧嘉，她剛把萬妲帶走；我們一起散了步……然後……聊到我們的關係，她對此感到無比開心。後來我們又去了卡普拉德（Capoulade），然後她提到小博；……整體來說，如果她像現在這樣表現自己最好的一面，開朗、展現信任、親切善良，她就顯得非常有趣，甚至魅力十足，但並不討人喜歡。我們溫柔地在聖米歇爾地鐵站的階梯上道別。或許，下一個學年，我們會有一段快樂無憂的美好關係……69

……我很憂鬱，這幾天睡得太少，好累。我已經收到關於稅金的第一封免費通知，大概有兩千四百法郎，昨天奧嘉跟我要三百法郎還債跟繳房租，我對此措手不及……奧嘉開口閉口都是小博。面對她，我完全沒有感到內疚或懊悔，只有一種不公平跟徒勞的感覺。雖然這些感覺在我看到小博時就會煙消雲散，但這還是讓我失去旅行的興致……70

兩天後，她從亞眠寄信：

一九三九年七月八號

……十一點，小博必須再次換上軍裝，我陪他到軍營後就回家了。他雖然很親切，但情緒非常低落，我也有一點；這裡讓人有種極度支離破碎的感覺，既不能聊天說話，也不能真的跟對方好好相處，而且這又是探視的最後幾個小時，一切都看不見未來，讓人好陰鬱、漠然。71

備戰狀態【波娃】

支離破碎的生活、最後幾個小時、陰鬱的漠然——這是整個國家的情態。不過，從她寫的信就能清楚看出，這個夏天的深淵前景，對她來說其實也有救贖之效。她過去的寫作經驗從來沒有像這年夏天如此順暢，之前也未曾這麼接近自己的寫作理想過。連月以來，她狂熱投入地寫一本小說，而這部作品應該是她到目前為止的思想之路的哲學總結。在沙特的建議下，小說內容緊貼她個人的生命經歷。而作品的哲學核心，正好是波娃在十九歲時就在日記中提及的角力，這同時也是其思想中真正的關鍵問題：「自我與他者的對立。」[72]

她生命境況中的一切，全都回頭指向這個關鍵問題。一方面，她跟沙特在兩人關係中，實驗過全然佔有與冷酷排斥之間的張力；另一方面，在將臨之戰的模糊形象中，被波娃視為每個成形中之意識的兩大核心恥辱，也以一種異常清晰的方式變得更強烈顯著：首先是對個人生命有限性的認知，其次則是對其他意識之存在的認知。回想起這個人生階段的關鍵思想突破，波娃提到：「就像死亡一樣，人在沒有面對面了解死亡的情況下談論死亡。對我來說，他者的意識仍舊是『道聽塗說』的產物。如果我必須將其視為被給定之物，那它對我來說就是個令人厭惡的事物，跟死亡一樣龐大、讓人無法接受。荒謬的是，一種令人厭煩的事物能平衡掉另一種令人厭煩的事物：我奪走『他者』的生命，他就失去所有對這個世界以及對我的權力。」[73]

毀滅他者以拯救所謂的原始自我。從政治上來看，這就等同於發動戰爭的意志。而在私領域中，這則代表謀殺的意圖。這部獨樹一格的哲學成長小說的故事線就這樣定案了。一九三八年十月起，波娃以前所未見的內在火力寫下這本書：「終於，我終於在創作一本書的時候確知自己會完成它、確定它會被出版。」[74]

翻版【波娃】

在波娃迄今的思想世界中，韋伊始終是「大他者」（die große Andere），所以波娃原本想將韋伊的形象放進自己的創作中，作為完美謀殺的受害者。「身在遠方的韋伊帶給我的吸引力，讓我起心動念想創作出一個跟她相似的對立角色。」[75]不過針對這點，沙特給了一個非常關鍵的提示。他認為，作為劇情中令人無法忍受的他者意識，奧嘉比韋伊更適合，而且在角色類型上也是完美首選：更年輕、更孤僻、心情更反覆不定、更任性、更自我中心。[76]

這個以奧嘉為中心的三角關係，多年來令人深深陶醉其中，也逼人不得不咬牙忍受。波娃會根據這個三角關係，描繪個人意識對屬己性的掙扎，從而以小說的形式，建構個人哲學的生命主題。同時期的蘭德能自豪地宣稱，她完全以自己為心理研究對象，建構了小說主角洛克。波娃也是如此。波娃筆下的女主角弗朗索瓦（Françoise），一位戲劇作家與胸懷大志的女作家，也完全是以她自己的心理形象打造而成的翻版。在小說中，奧嘉成為研讀戲劇的學生沙維爾（Xavière），沙特則成了聰明機智的劇場導演皮耶（Pierre），而小說的場景最後則從魯昂轉移到一九三八年的巴黎酒吧與藝術圈。可想而知，小說的主要結構會是抽象的，但具體細節則無比貼近真實生活。就其本身而言，這是最好的先決條件。尤其是波娃已經清楚知道，這個尚需進一步發展、充滿張力的關係結構中涵蓋哪些哲學面向。這會是三種不同模式的類型學，而在這些模式中，一個意識會與他者意識昭然若揭的既與性（Gegebenheit）正面交鋒。

在小說架構中，女主角弗朗索瓦（波娃）體現一種近乎無暇的意識：「弗朗索瓦……認為自己是純粹的意識，是唯一的意識。她將皮耶納入自己的主權範圍：他們一起站在這個由她負責揭示的世界中央。」[77]

用哲學術語來解釋，這個意識認為自己從三個面向來看是純粹的：首先，它顯然沒有被其他意識的影響所污染、改變或動搖；第二，它努力揭示世界的本質以及原來的樣貌，所以是純粹的；第三，這個意識之所以是純粹的，是因為它在追求中立性的過程中，主要是以描述式而非批判式的手法來進行，而且也有意識地放棄所有通常被稱為主觀性的事物：「因為她（弗朗索瓦）完全沉浸在環境中，對她來說自己並沒有固定輪廓。」[78]換言之，長期研究胡賽爾的學說之後，波娃將弗朗索瓦打造成完美體現純粹現象學概念的意識，因此在最好的意義上，這也是一個對經驗保持開放的意識：這個意識不會在自己身上，而是在世界中尋找、發現實際意義的中心。現象學在此成了心理學，抽象的認識論成了具體的角色人物研究。

在波娃的構想中，沙維爾的意識直接與弗朗索瓦的意識相互對立。沙維爾的意識並不中立或對世界開放，而是自我封閉、自我中心。沙維爾的意識並沒有持續充滿喜悅、享受此有，而是明顯充滿起伏波動的情緒。與其說是全神貫注和熱愛真理，不如說是蜻蜓點水般的專注力以及充滿偏見：「沙維爾的形象體現出自我封閉意識無法透視的特質。」[79]在沙維爾的案例中，這種任性封閉的特質，同時也建構出一個清楚的輪廓以及難以征服的抵抗力。從哲學角度來看，她的意識展現一種由憂懼驅動的懷疑態度，不想將任何面對世界的態度視為或甚至承認是自己的方式。

最後，作為舞台上的第三個角色，伊莉莎白（Elisabeth）代表的是一個深受外界支配的意識——在小說中，她是皮耶的妹妹，同時也是一位業餘畫家。[80]就面對世界的態度來看，伊莉莎白既沒有中立地熱愛真理，也沒有自主自發地固執己見，而是節制地憤世嫉俗、蔑視世界。鄂蘭筆下的新貴拉赫爾渴望得到認可，伊莉莎白也是如此。根據伊莉莎白的創造者的說法，伊莉莎白「掠奪自己印象中從未真正感受過的情感與信念；她為這種無能為力自責，而自我鄙視使她對這個世界感到厭惡……世界的真相和她個人的存在被他者佔有：皮耶、弗朗索瓦。」[81]伊莉莎白知道她對自己太陌生，永遠無法完全自我理解與自我認同。只有其他人能替她達成這項成就。她真正的不幸就在於這番體悟。

如同在沒有洞的撞球桌上的三顆球，波娃讓她的三個角色一次次相互碰撞——而皮耶（沙特）就是比賽中不可觸碰的黑色八號球，是其他球連續碰撞的實際原因以及最終目的。

世界大戰【波娃】

在四百五十多頁的篇幅中，小說《女客》（L'invitée）是一段持續演進、內容不斷變化的對話，而這段對話只有單一主題：面對他者，真正的自我追尋（Selbstfindung）在哪些情況下是可行的？以下摘錄一段具有代表性的段落：

……

「我有一天會讀到妳的書嗎？」沙維爾問。說到這裡，她淘氣地將雙唇往前嘟。

「當然啦，」弗朗索瓦說，「如果妳想要，我很樂意把前幾章給妳看。」

「內容是在講什麼？」沙維爾問……

「關於我的青春，」弗朗索瓦說，「我想透過這本書，表達為什麼當個少女這麼困難。」

「妳覺得很難嗎？」沙維爾問。

「對妳來說不會，」弗朗索瓦說。「像妳就過得順順利利的。」她想了好一會兒才回答。「妳知道嗎？如果妳還是個孩子，要去接受自己不會特別受到他人注意的事實，這不會太困難；但一到十七歲，情況就不同了。這個時候，人會希望自己能認真嚴肅地存在。但因為內心不覺得自己的本質有所改變，人一定會愚蠢地向外尋求。」

「什麼意思？」沙維爾問。

「人會向外尋求認可，會把自己的想法寫下來，把這些想法跟經過驗證的模型相互對照。妳看伊莉莎白就知道了。某種程度上來說，她始終停留在那個階段。她永遠停留在青春期。……伊莉莎白讓我跟皮耶很著急，因為她溫順地聽我們的話，而且總是表現得不太自然。不過，只要妳試著進一步了解她，就會發現這一切不過是她拙劣的嘗試，想賦予自己的生命、跟自己這個人別人拿不走的價值。她非常看重社會建構出來的形式，像是婚姻與公眾聲望，這些其實都是她努力嘗試的一種形態。」

沙維爾臉上罩著一層淡淡的陰影。

「伊莉莎白只是一隻可憐、虛榮的火雞，」她說。「就是這樣。」

「不，」弗朗索瓦說，「不只是這樣。妳必須試著去理解為什麼她會是這樣。」

沙維爾聳聳肩。

「試著去理解那些不值得理解的人，這又有什麼意義？」

弗朗索瓦把內心的不耐壓了下來；只要聊到她以外的人，沙維爾就會立刻表現出一種受傷的感覺。尤其提到伊莉莎白時，弗朗索瓦還語帶寬容，甚至一點偏見也沒有。

「某種程度來說，試著去理解每個人，這都是值得的，她對沙維爾說……[82]」

弗朗索瓦代表的是「純粹、善意理解的意識」；沙維爾是「積極自我主張的意識」，在自戀之下將自己封閉起來；伊莉莎白則是「自知處於非屬己狀態的意識」，被尋求外在認可的虛假動力所扭曲。每個人都在觀察、看守另一個人；每個人都成為另一個人的開放式問題，並對對方造成嚴重困擾。充滿戲劇張力的惡性三角關係，看起來似乎不可能會有美好的結局，[83]從弗朗索瓦的角度來看尤其如此。

沙維爾的慾望、競爭與和根本的相異性，令弗朗索瓦深感煩躁，因而在情節發展中失去純粹的意識，不得不承認事實上的自我空虛，更發現自己身陷一種境況之中。在實際存在的作家波娃筆下，這個境況為：「現在有一個危機在暗中潛伏，我從少女時代起就一直試圖將其驅逐：另一個人不僅可以從她那裡把世界偷走，還可以支配她的存在、使她感到迷惑發狂。透過她的仇恨、她那爆發的憤怒，沙維爾使她（弗朗索瓦）扭曲變形。」[84]

小說中的女性角色完美體現每個意識走向自身的過程，她們在世界陷入動亂衝突前夕，進行屬於自己的「世界大戰」。[85]就本質來看，這也是一場或許只能靠完全殲滅他者才能結束的戰爭。

全新境況【波娃】

然而，年紀邁入三十大關的波娃，雖然認為自己已充分確立女性以及知識份子的身份，卻不代表她個人爭取認可的鬥爭已經結束。恰好相反，隨著《嘔吐》（*La Nausée*，原名《憂鬱症》〔Melancholia〕）在一九三八年春天出版，沙特已一舉成為法國文壇的明日新星，感到驚艷的評論家甚至將其作品與風格，跟卡夫卡歸類在相同等級。同一個時間點，波娃的小說集被加利瑪和格拉塞兩間出版社的編輯明確拒絕。深感受辱的她禁止沙特繼續將手稿交給其他編輯。

沙特現在有了所謂的名聲，但她仍只是文壇中的無名小卒。因此，她最終有可能淪為文學界認知中「他身邊的女人」——相對應的模板也早就鑄壓出來了。波娃致力於在各種微觀細節上探討自我與他者的鬥爭，而此刻顯然不正是將這種鬥爭視為兩性之間的關鍵張力，並加以探討的最佳時機嗎？男性跟女性進入自我探索的對話式遊戲時，難道不就是站在差異懸殊的出發點上嗎？女性剛踏入這場爭取認可的遊戲時，某種程度上來說不就是處於賤民的地位嗎？

鄂蘭在同一時期探究拉赫爾的生平時，表明在過於真實的反猶社會情境中，猶太女子只有在「將社會的反猶意識吸收同化之下，才有可能真正與所處社會同化」。以波娃的觀點來看，鄂蘭提出的概念同樣適用：假如女性意識想要清醒自覺地，讓自己跟在未有具體經驗前就貶低女性的社會角色同化，代表她也必須將這個社會角色的厭女情結內化。

在「自我」以及「他者」的配置中，「女性」與「男性」交會時地位並不平等，女性總是處於明顯具有從屬他異性的地位——也就是第二性或稱「其他性別」的角色。波娃還需要十年的時間以及另一場世界大戰的經歷，來建構出這個可能具有社會解碼之效的概念——以便最後以思想家的身份走出沙特的陰影。[86]

在一九三八與三九年，波娃已經擁有破譯具體女性境況的概念工具。不過在這個階段，她內心的首要問題，顯然還不是作為「一個女人」可能、或能夠具有什麼意義，而僅只是作為這個女人（也就是她自己）的意義何在。

面對憂懼【波娃】

說到底，在過去十年的成人生命中，她不顧所有家庭阻力，成功不讓自己落入妻子與母親等普遍存在於社會上的角色。在不屈服於主流慾望邏輯之下，她在自己的人生籌劃中，多少都遵照著一種永遠充滿歡愉的居中策略。透過多重伴侶的雙性戀生活模式，來穩定她與沙特的「唯一必要關係」，而這段唯一的必要關係就是最佳例證，證明截然不同的生活方式確實是可行的。不得不提的是，以態度和言談方式來看，波娃在這個時期對待女性情人的行為，跟沙特在無數風流韻事中展現的角色理解，其實沒有顯著區別。波娃主要是以一種操縱式的支配態度來對待女性情人，不僅缺乏同理心，也與歡愉相去甚遠。沒太大意義的隨興約會，目的只是為了重新提振自我——沒有深入關切個人行為在他人意識中引發的效應。

沙特在寫給波娃的信中，將自己譽為「絕對的愛撫高手」，並以這個身份談起「水滴狀的臀部」，也提到最近征服的對象竟然隨時都準備好進行「親密之吻」。波娃則坦然強調自己與前女學生嘗試的性行為有多漠然、乏味無趣，甚至令人困擾——她甚至提出具體抱怨，說被她誘惑的對象在性交過程中，散發出難聞的糞便味。波娃跟沙特以「男性對話」（Mann zu Mann）的模式聊起自己的約會對象，換句話說就是主體談論客體的方式。至少，她內心已經完成這種形式的同化了。

從在乎自我到在乎他人的這個關鍵倫理步驟，對波娃來說無疑比對其他人而言還要困難。

不過，戰爭的具體威脅也讓她在這方面充滿力量。尤其是在這個時期，波娃持續進行的計畫得到至關重要的新動力，這個計畫就是「將哲學思想融入個人生活」。那年春天，她跟沙特深入研究胡賽爾的學生海德格的著作，尤其是《存有與時間》這本書。

海德格追隨老師在研究方法上的刺激，在書中針對確切的人類存在境況進行全面分析。根據海德格的說法，在完全沒有基礎與支持之下被拋進這個世界，每個「此有」（Dasein）始終知曉死亡的虛無不斷朝自己逼近，而其任務就是在面對這份永遠存在的預知時，盡可能堅決地掌握、抓住自己。所以說，這是一種對勇敢活出屬己性（Eigentlichkeit）的哲學呼喚，而沙特和波娃也提供這個概念特別肥沃的土壤。對比於龐大、無名的「人」的永恆非屬己支配，海德格將模糊的憂懼情態（Gestimmtheit der Angst）視為真正自決的基礎，特別是對死亡的憂懼。依照海德格的論述來看，恰好是暴風雨來臨前的緊張平靜，正好是看似完全平淡無事、就快忍無可忍的乏味狀態，才適合用來觸發存在的決心。

到亞眠探視被困在當地的小博時，波娃寫了幾封信給沙特。在其中一封信中，她清楚揭示自己對世界的認知深受海德格影響：

一九三九年七月七號

……我花了一整天的時間，坐在一家令人感到憂傷的咖啡館裡，徒勞無功地等小博，他根本沒出現。這是最讓人焦慮難耐的事。今天早上我很絕望，到軍營去找他。後來我見到戴著頭盔的小博了，他昨天站了一整天的崗……順道一提，昨天這好幾個小時的等待，讓我正好有機

> 會讀一讀海德格。我已經快讀完了，也滿能理解他的概念，至少是表面上的理解。換句話說，我知道他大概想講什麼，但我不深入追究艱澀難懂的部分，雖然文章裡確實有許多不好懂的概念。還有，此時此刻，我滿腦子都在想事情，以至於不會對昨天那種不管怎麼看都不愉快的日子感到懊悔，因為那就是非常適合寫進小說的典型日常。[87]

對乏味的憂懼、對死亡的憂懼、對他者扭曲之力的憂懼，以及由此而生、尋找並培養個人聲音的勇氣。這些全都在那年夏天匯聚起來，並且在經過多年嘗試與摸索後，想透過波娃之筆成為一部作品。

整個八月，沙特與波娃都跟友人待在蔚藍海岸（Côte d'Azur）的一棟海濱別墅。時間好似也暫停呼吸。沙特教波娃游泳。八月底，他們一起回到彷彿被遺棄的首都，沙特如此總結自己對巴黎的印象：「巴黎很古怪。什麼都沒開。餐廳、劇院、商店……各區都失去原本獨一無二的面貌。唯一剩下的是曾經是巴黎的整體。對我來說，這個整體已經**過去**了，也正如海德格所說，被虛無所支撐、乘載著。」[88]

虛無具體擺在眼前，沙特也立定新的決心。在一次晚餐中，他向波娃提議是時候將十年前試行的愛情合約「定為永恆」。他們再也不會分開，作為一對愛侶，他們會永遠相伴，也因此會永遠留在真實之中——面對死亡的哲學結合。

一九三九年九月一日夜裡，德國國防軍攻進波蘭。兩天後，法國也陷入戰爭狀態。

VI. 暴力——一九三九至一九四〇年

韋伊無以為敵，波娃與沙特分隔兩地
鄂蘭步上流亡，蘭德極力反抗

持續上演【韋伊】

兩支百萬大軍的衝突起初沒有任何戰鬥交鋒，沒有任何人員傷亡。躲在保護線後方的法軍等著德軍進攻。緊繃的戰事原先只持續幾天，後來演變成好幾週，很快又變成好幾個月。韋伊在父母的巴黎公寓中度過這個被稱為假戰（drôle de guerre）的階段。一九三九年十一月，讀完一篇專家的文章後，父親「嗶哩」認為女兒多年的頭痛可能是鼻竇炎惡化所致。所有症狀都與文章描述相吻合。文章推薦的療法是用古柯鹼沖洗慢性發炎的鼻竇。雖然無法完全根除疼痛，但這個療法確實管用。[1]至少這是相當正面的發展。

面對預期中的極端暴力場面，韋伊想透過思考，了解這場戰事會對國家帶來什麼後果：戰爭的本質是什麼？其背後的動力是什麼？更重要的是，在什麼條件之下發動戰爭是正當的？為此，韋伊分析她認為在西方史上對戰爭最偉大、慈悲的見證：荷馬的特洛伊戰爭史詩。在一九三九與一九四〇年冬季的那幾個月，她針對戰爭暴力的本質，寫出題為《伊利亞德或暴力史詩》（*Die Ilias oder das Poem der Gewalt*）[2]的沉思錄，這是那個時期最深刻的一份哲學文獻。

首先，韋伊認為戰爭情勢的特點，就在於戰爭與暴力之間毫無界限，而這會將人類物化，因為：「戰爭將每個遭受暴力的人變成一個物品。行使暴力到最極致的最終階段，人就會變成字面意義上的物體，在暴力之下變成一具屍體。本來有一個人，但突然間就沒人了。這就是《伊利亞德》不斷呈現在我們眼前的形象。」[3]

事實上，正如《伊利亞德》生動描繪的那樣，這種物化的邏輯其實更深遠、更具破壞力。韋伊的作品彷彿是針對當時德法假戰局勢的哲學評論，文章探討的重點在於，在所有受戰爭影響之人的意識中，有哪些戰爭情勢造成的效應被忽視了：

殺人的暴力是一種選擇性、原始的暴力。而另一種不殺人的暴力（或更精確地說：還沒殺人的暴力），其手段是如此多樣，效應又是如此令人驚訝。這種暴力或多或少能殺得了人，又或者只是在這個人上頭盤旋，隨時都能令其一槍斃命；但無論如何，這種暴力都會使人石化、失去生命力。在使人物化的能力當中，還有另一種更驚人的暴力，即在人還活著的時候使他物化。那個人活著，有一個靈魂，但卻是一個物品。一種奇怪的存在，一種栩栩如生的物品；極其古怪的靈魂狀態。[4]

所以說，戰爭境況全面創造出一種新的生存狀態，使人在活生生的狀態下，失去構成和引導其作為真實意義上的人的特質：靈魂面對他者時的開放性、可塑性以及生命力。以希臘的戰爭世界來看，韋伊將這種「奇怪的狀態」總結為「奴役」的狀態。在這種狀態下，有靈魂的他者只會被當成物品對待。畢竟，戰敗方常見的後果是被勝利者奴役——尤其是那些沒有實際參戰的人，例如婦女與兒童。奴役的狀態近似於「一種瀰漫在整個生命中的死亡，也是一種在被消滅前就被死亡凍結的生命。」[5]在戰爭的共有情境中，其實所有人都會被「奴役」，因為戰爭使每個人與名為「敵人」

之「他者」的關係，產生根本的質變。

認識你自己！【韋伊】

身為信念堅定的愛國主義者，韋伊堅決認為自己的國家有義務睜開雙眼，看清自己的殖民力量在世界各地造成的、仍在進行中的奴役式壓迫，特別是在目前防衛戰的狀態中。剛被任命為「資訊總督」的尚．吉侯杜（Jean Giraudoux），在一九三九年十一月二十六日，於法國《時報》（*Le Temps*）雜誌發表一篇文章，談到全世界有「一點一億人知道自己以被支配和剝削以外的方式，與大都會緊密相繫」。讀到這裡，韋伊再也忍不住了。同一天，她寫了一封憤怒的抗議信：「您聲明中的一段話讓我痛苦不已……您在文中強調，殖民地與大都會之間的連結，是靠壓迫與剝削以外的方式建立起來的。我真心想知道，您真的認為自己說的是事實嗎？」[6]

正因處在戰爭中，我們才更應該做到「認識你自己」的哲學義務。因為，必然會與戰爭之「靈魂石化」相伴而生的，是對個人暴力行為之效應的盲目。在此背景脈絡下，韋伊看出《伊利亞德》治癒世界的潛能，因為這部史詩在其敘事描繪中想達成的目標，就是治療群眾陷入戰爭時特有的盲目現象：

> 暴力無情地破壞、殘殺，同時也無情地讓施暴者或認為自己有權施暴的人陶醉。沒有人真

正擁有暴力。《伊利亞德》並未將人分成被征服者、奴隸、流亡者，和勝利者與主人這兩派人馬；每個人在某個時間點都得向暴力低頭。就連那些配備武器、自由的士兵，也得忍受命令以及奚落嘲弄。[7]

如果承受暴力是所有人與生俱來的命運，那外在條件與環境的力量則使人雙眼蒙蔽、看不見這個事實。強者從來就不是真的那麼強，弱者也不是處於絕對弱勢，但雙方都不曉得這一點。[8]

在這方面，「啟蒙」（Aufklärung）的真正目的，絕不可能是完全消除世上的暴力，就連戰爭形態的暴力也無法。因為，只有在人際之間的社會關係中不再存有任何權力差異的情況下，完全無暴力的共存形態才有可能實現。但回過頭來，只有靠最極致、甚至是最絕對的社會暴力，這種狀態才能成立並得以維持。不對，從這段描述的意義看來，唯一能夠而且必須達成的目標，是讓人真正睜開雙眼，看清個人在戰爭中之行為的條件和後果，以及自己身為暴力加害者或受害者的情勢（這種情勢全然是由歷史巧合促成，與其他因素無關）。唯有讓人睜開雙眼看清這點，尺度與同情才有可能佔上風，並指引出一條路，讓人走出死亡與殺戮的螺旋，因為：「只有認清暴力規則而不願屈服於它的人，才能去愛、去伸張正義。」[9]

巧合的幾何學【韋伊】

進入戰爭狀態後，一種不信任感悄然而至。在這種情況下，每個微小的刺激以及偶然的擾動，都有可能成為最終謀殺手段的導火線。正因在「生死交關」的情況下，沒有人想讓任何人事物被巧合的力量支配，巧合才會在戰爭中施展最強大的力量，甚至晉升為戰爭事件的實際支配者。針對文本內容進行微調時，韋伊很快就透過個人經歷理解了這種矛盾的偽裝。

一九三九年十一月三十日，蘇聯的一百二十萬大兵與三千輛坦克入侵芬蘭。當時，韋伊的哥哥，也就是在法國史特拉斯堡大學擔任數學系教授的安德烈（André Weil），正好跟妻子在赫爾辛基進行為期一年的研究。在城市中漫步時，安德烈正好繞過芬蘭防空部隊所在的大樓，因此在街上被攔下盤查，更因他的身份背景被懷疑是間諜而被捕。有關當局搜查過他的公寓後，對他的懷疑似乎就更深了。除了一大批與俄羅斯同事往返的信件之外，芬蘭安全部隊還找到寫了奇怪編碼的文本。事實上，這些編碼都是他妻子的速記練習：安德烈每天晚上會朗讀巴爾札克（Balzac）的小說《貝姨》（*La Cousine Bette*）中的段落，好讓妻子練習抄寫。在芬蘭人的耳裡，這些說法聽起來並不可信。幸運的是，他並沒有被當場處決。進一步接受調查後，他被兩位員警押上駛往瑞典的船，並在抵達當地後立刻被捕、遭到拘留。一段漫長的引渡過程就此展開，而韋伊則在巴黎盡己所能地給予哥哥支持——兄妹倆開始密切通信，並在信中使用他們共同設計的祕密暗號。[10]

同時，德軍一再推遲對法國的攻擊（代號：黃色方案）。主因是一九四〇年一月十日的一場意外。當時一架從德國明斯特飛往科隆的德軍情報機在大霧中迷航，不得不緊急迫降在比利時的馬斯梅赫倫（Maasmechelen）。名叫萊因貝格（Helmut Reinberger）的飛行員未能銷毀機上的文件，德軍的進攻計畫因此落入敵手，迫使德軍重新擬定作戰方案。在決議過程中，希特勒最後選擇採用指揮官曼施坦因（Erich von Manstein）設計的「鐮刀收割」（Sichelschnitt）計畫。

在純屬巧合之下，這份計畫進一步鞏固希特勒靠政宣手段樹立的聲譽，讓他「史上最偉大的元帥」形象更鮮明，在他親信眼中更是如此。[11]這不就是元首本人經常掛在嘴邊的「神意」（Vorsehung）起作用了嗎？神祕的「盲人先知」，也就是據稱為《伊利亞德》作者的荷馬，在史詩中預示、洞察出戰爭的本質，韋伊也是如此。她在一九四〇年初提出的觀點，可說是一針見血的預言，闡明為何巧合會超越戰爭中，那些「偉大」、聲稱為絕對領導者的人：

> 擁有權力的人在一個不抵制他的場域中行動。在他身旁的群眾中，沒有任何事物能在衝動與行動之間創造一個思考空間。在思考無法立足之處，就不可能有審慎以及公正。……由於其他人並未約束這些掌權者、讓他們去顧及其他人類同胞的處境，這些掌權者就認定命運給予他們所有權利，而那些比他們低等的人一點權利也沒有。因此，他們高估自己的力量。他們必須高估自己的能力，因為他們不曉得自己的極限在哪。這會使他們不可逆地受巧合擺佈，他們不再是局勢的支配者……這種以幾何級數形式增強、針對權力濫用的懲罰，就是希臘哲思的首要課題。它是史詩的靈魂……[12]

一旦被戰爭暴力的火焰所攫取，完全沒有受到他人反抗的勝利者，就會接連失去謹慎戒備的心態，最後更會對自身行為實際暴露出來的弱點失去知覺。面對牽動、促成所有事物的巧合，一個絕對的領導者便開始替自己鋪設毀滅之路。事件的進程其實與神意無關，而是像荷馬描繪的那樣，完全歸咎於暴力的本質。暴力比其他事物都更需要尺度，比任何東西都更能誘使人逾越尺度，在戰爭中尤其如此。軍閥越是無節制地誤解自己掌握的力量與支配力，我們就越能斷定，他總有一天會被暴力掏空一切的本質所超越、推翻。

所以，即便雙方尚未交鋒，對韋伊來說，真正需要釐清的問題只有一個，那就是自己的國家如何、以及是否能在戰爭過程中，不讓自己失去靈魂與生命力，從而不在關鍵意義上被擊敗。正確理解《伊利亞德》的人會知道，這需要奇蹟才能達成，或至少得靠超人般的努力：「只有在合乎尺度的情況下使用暴力，才能擺脫暴力的齒輪，但這需要一種超人般的美德，就像在脆弱狀態中保有尊嚴同樣罕見。此外，就算合乎尺度，也不代表完全沒有風險，因為身為權力之主成份（比例超過四分之三）的威信，主要是來自強者對弱者的極度漠然。這種漠然的感染力之強，甚至會蔓延到那些被漠視的對象身上。不過，無尺度通常不是政治思維的產物，而其誘惑幾乎令人無可抗拒。」[13]

死亡與時間【韋伊】

面對死亡，維持限度的能力實際上顯然等同於超人的決心。在同一時期，海德格在《存有與時間》中提出的思想，讓波娃與沙特對自由與屬己性（Authentizität）有了全新理解，韋伊卻認為戰爭最大的誘惑與其對死亡的憂懼，在每個人的靈魂中燃起一種殘酷無情的存在主義，這彷彿直接顛覆海德格的概念。也就是說，面對即將死亡的具體前景，個人也會失去對未來的展望，無法針對超出戰爭時期的未來進行籌劃與構思。海德格將充滿憂懼的「此有朝向死亡先行」（Vorlaufen des Daseins zu seinem Vorbei），[14]推為真正自決的條件，韋伊則認為在這種通往死亡的過程中，人絕對會進入抹除一切的自我放棄境地。士兵的意識與未來之時間現象的關係，就清楚體現這個論述：

> 想到死亡就令人無法忍受，這種念頭只有在意識到死亡的可能性時才會閃現。每個人終有一死，士兵也會在戰役中老去，這麼說確實沒錯。但是對於那些靈魂被迫受制於戰爭的人來說，死亡與未來的關係已經改變了。對其他人來說，死亡是加諸於未來的限制；但是對戰爭中的人來說，死亡就是未來本身，而這種未來也決定了他們的追求。人們在死亡中看見自己的未來，這是違反自然的。……此時，意識在一種無法長期忍耐的形勢下承受壓力，但每個新的日子都使意識面臨同樣的必然性，而日子也拉長成年歲。靈魂終日遭受暴力。早晨，靈魂沒有能力追求任何事物，因為每次一開始思考，人就得面對死亡。因此，戰爭抹去任何目標的想像，就連戰爭目標也一樣。[15]

被困在死亡獻祭那永遠黑暗的當下，意識在面對超越戰爭的未來時已然麻木，從而讓戰爭經驗那幽魂般的非真實感更強烈，更使那些在所謂戰爭目標的旗幟之下，每天都會被戰爭奪走性命的人進一步被去人化——直到殺戮再也看不見或無法看見任何外部目的為止。能阻止這種暴力上升螺旋的只有死亡本身。「有一種靈魂必須透過敵人的存在來扼殺內在天性，這種靈魂認為唯有將敵人殲滅才能得到治癒。……充滿這種雙重死亡衝動的人，只要沒有變成他者，就跟活著的人屬於不同種類的存在。」[16]

獨一無二的細緻感受力【韋伊】

正因戰爭的本質使非人化成為一種雙向作用力，戰爭才會如此駭人，而且很快就會顯露出無望的徒勞。參與戰爭的任何一方，都無法從這種動態中全身而退——不管是勝利者還是戰敗者，不管是加害者還是受害者，不管是英雄還是無辜的受支配者都無法倖免。

> 戰勝或戰敗方與暴力接觸時，都會不可避免地體驗到，暴力會使所有與其接觸者變啞或變聾。這就是暴力的本質。暴力將人類物化的力量是雙重的，而且對交戰雙方都會構成影響；暴力會將承受與行使暴力者的靈魂石化，雖然方式不同，程度卻是一樣的。[17]
>
> 這種石化的雙重力量是暴力的本質，只有在奇蹟之下，與暴力接觸的靈魂才能擺脫這種現象。這種奇蹟相當罕見、短暫。[18]

不過韋伊也說，人類史上總是有一些例證，證明這種躍升到更高層次、從黑暗奔向光明的奇蹟確實存在。無論是有具體形態的個人或創教者，例如佛陀、奎師那（Krishna）、蘇格拉底還是耶穌，抑或是承載文化的文本或史詩，例如《薄伽梵歌》、福音，還有不可不提的《伊利亞德》，這些都是奇蹟的見證。韋伊認為，上述見證對戰爭事件的觀點，都充溢著對戰爭中所有生命的慈悲之光——來自對戰爭中每一個人的愛，替他們受折磨的靈魂祈求正義與和平的渴望，不尋求報復，而是與敵人締結友誼的意願，以及對他們被拋進的這個世界所處的陰鬱狀態共感傷懷。

> 這就是《伊利亞德》的獨特之處，這種源自細緻感受力的苦澀，延伸到所有人類身上，甚至就陽光一樣。……愛與正義，在這段關於極端暴力的敘述中很難找到立足點，但卻替這段敘事注入光明，而這種明亮只有在語調氛圍中才察覺得到。[19]
>
> ……在靈魂深處和人類關係中，不屈服於暴力支配的一切都會被愛，但這卻是痛苦的愛，因為它一直處於毀滅的危機之中。[20]

對於在短短幾十年內二度全然受制於戰爭力量的西方世界來說，《伊利亞德》是最古老的史詩，而在《伊利亞德》的啟發下，韋伊也替未來的和平制定出先決條件。這不能僅是引發另一場戰爭的虛假和平前哨戰，另一場由盲目與復仇引發的戰爭。

她完成這份文本的寫作時，兩邊仍各有約五百萬名備戰中的士兵在前線對峙。至少對她來說，德國國軍的決心以及將一切去人化的終極目標，是無庸置疑的。不過根據韋伊對同胞的告誡，在這種背景脈絡下，以這種精神來爭奪也許會贏得勝利，但這比戰敗還令人不齒。

面對這種唯一真正不可饒恕的失敗，她的國家要是想得到保護，唯一方法是慈悲地沉浸在那道使《伊利亞德》如此獨一無二的光芒之中。對韋伊來說，這道光就是福音之光，也等同於她心中認定的那道光——那道讓她從個人深刻經歷中獲得激勵的光。這就說明為何她的語調會在文本最後出現轉折，而這也為她在接下來戰爭歲月中的思想定下基調：從冷靜清明的分析到預言式的勸誡，從這個世界到另一個世界，從純粹論證到渴望喚醒讀者的呼籲：「歐洲人民……只要他們體認到命運中沒有任何事是必然，並且不去崇拜暴力、不去憎恨敵人，以及不去蔑視不幸者，也許就會重新找回史詩的精神。或許，這個境界離我們還遙不可及。」21

傘兵【韋伊】

韋伊對她的慈悲存在主義有多認真，從一九四〇年五月的一起日常事件就能看出。假戰已經來到第九個月，真正的戰爭很快就要爆發。在家裡吃晚餐的時候，她對同桌的人提出一個問題：如果這時有一名年輕德國傘兵降落在公寓陽台上，他們會怎麼處置這名傘兵？父親「嗶哩」說，如果可能的話，他會立刻將這名傘兵交給軍事警察。韋伊氣憤地說自己不想繼續跟表現出這種態度的人同桌用餐。

佩特雷蒙是韋伊的好朋友，也是當晚的座上賓。她一開始以為韋伊只是在開玩笑。[22] 不過韋伊當下真的拒絕進食，連一口飯都不吃。這當然不是韋伊第一次發揮那「亂髮彼得」（Struwwelpeter）[23] 式的嚴格主義，將絕食當成威脅手段，狠心地將父母對她身體健康的擔憂，當成操弄他們的工具。不出所料，為了讓親愛的靈魂能緩下氣來，父親立刻在餐桌上自我糾正。保險起見，他還鄭重承諾不會將士兵交給當局。

一九四〇年五月十日，希特勒發動「黃色方案」，命令國防軍進攻法國。六月十三日，法國政府正式放棄巴黎，將巴黎宣告為勝利者的「自由之城」。一天後，德國部隊抵達巴黎。此時此刻，德國已經沒必要動員傘兵了。

逃亡【波娃】

一九四〇年六月九日，波娃第一次在人生中精神崩潰。畢能費的父親從高層軍事圈中得知德國國防軍即將入侵的消息。第二天，這家人就開車逃往西部。波娃用盡最後一絲力氣收拾行李，裡頭只有最重要的物品，其中包含她與沙特的信件，至今他們已經互相寫信長達十年了。波娃在六月十日傍晚坐上車時，她和畢能費一家，就成了現今法語世界中所謂「逃亡」（der Exodus）潮的先鋒之一。短短幾天內，三百多萬人動身逃離逐漸逼近的德軍——德軍從北部向巴黎市中心挺進。場面變得混亂無比，擠滿乘客的火車，壅塞的街道。在那些被流亡人潮淹沒的外省城鎮中，各地的汽油率先耗盡，接著是食物。一脫離軍事衝突的火線，波娃想往西邊朝拉普厄茲（La Pouëze）前進，去沙特的老朋友兼贊助人莫雷爾夫人（Madame Morel）的農村別墅。兩天後，她在「陰鬱的憂懼中」抵達目的地，在當地度過「人生中最慘的一天」。[24]

馬奇諾防線根本撐不到一個禮拜，就被希特勒的國防軍攻破。怎麼可能？是叛國嗎？還是蓄意破壞？或者，納粹真的像他們自己宣傳的那樣，真有這麼無所不能？

小博腹部受傷，正在一家軍事醫院中為自己的性命奮戰——波娃只知道這些。沙特的最後一封信是六月八號：「……我沒辦法再**樂觀地**希望我們能贏得這場仗了。我也不認為我們會輸；我什麼都不去想，未來還是希望渺茫」。[25]

他還在前線嗎？還是已經撤離了？波娃寫道：「有整整三天我只讀偵探小說，讓自己的絕望自在奔馳。整個村莊都是親戚和朋友。他們著魔似地聽著戰爭報導……有天晚上，大概九點左右，鈴聲突然響起，有人看到了傘兵……隔天早上我們才發現那只是普通的氣囊。」[26]

極限境況【波娃】

要是德國人真的入侵了呢？村民滿腦子都是對戰爭暴行的幻想。六月二十二日，波娃聽到廣播報導說年邁的貝當元帥（Marschall Pétain）在貢比涅（Compiègne）簽訂停戰協議，這讓她百感交集，同時也感到難以置信、絕望和充滿希望。「太陽炙熱燃燒。我覺得自己彷彿活在一部未來小說裡，好像被困在一個不屬於我人生的當下。這再也不是法國，但也還不是德國——好似無人之境。」[27]

波娃想像自己置身惡夢當中，沒有醒過來。不到六週前，加利瑪出版社已經答應要出版她的小說。[28]正如那年春天，沙特跟她都確信彼此有了關鍵性突破。他們像是在拼一套超級複雜的拼圖那樣，已經拼了十年，現在那些碎片看起來終於完美契合：如何理解意識與現實之間的關係？這對個人自由又有什麼影響？對於活出本真性的生命來說，這會造成什麼效應？更重要的是，在這之中，他者的存在又扮演何種角色？

沙特長達四百頁的專著《想像的現象心理學》（*L'Imaginaire*）在一九四〇年二月成書出版。除此之外，自那年年初開始，除了被每日在前線操作觀測氣球的工作打斷之外，沙特彷彿獲得源源不絕的靈感，開始動筆寫一本關於「虛無」的偉大新作。一九四〇年一月十五日，他從前線寄信給波娃，並在信中欣喜若狂地向她報告：

親愛的小海狸，

又是忙碌的一天……哲學，必須如此。今天早上，我重讀海德格的論文〈何謂形上學？〉，並花了一整天的時間，針對他對虛無的探究「進行表態」。我有一套關於虛無的理論。這套理論還不是很完備，現在它是「我實踐的哲學」，是自私自利的。這套理論像我生命中的防護罩，讓我免受戰爭帶來的憂鬱、沉悶以及悲傷；而且，我現在不會為了保護早先的生活，去試著建構一套相應的哲學，畢竟那根本是一團糟；同時，也不會讓生活去配合哲學，因為這很迂腐學究。事實上，哲學與生活已經合而為一。在這方面，海德格的著作中一句很美的話適合套用在我身上：「此有的形上學不只是關於此有的形上學；這是一種以此有的形式出現的形上學。」[29]

同樣地，在這些日子裡，波娃也能向她那「親愛的小東西」報告小說寫作的進展：「我相信，你讀到我這兩百五十頁的作品時（因為至少會有兩百五十頁，小寶貝，你已經等好久了），肯定會讚美我的。」[30]更重要的是，波娃在兩天後的信中，清楚表明海德格的屬己性動力，對她的思想帶來極為深刻的影響。她在信中向沙特抱怨，畢能費讓她非常惱火，因為畢能費「完全聽不懂我向她解釋的概念，也就是道德首先是一種存在態度；事實上，她是世界上最沒有存在意識的生物……她完全沒有活出**她的**境況，除了是『人』之外，她什麼都不是。」[31]

除了自由，一無所有【波娃】

根據波娃和沙特解讀海德格為虛無理論家的方式可知，自由不是能單靠智識與思考就能處理甚至是解決的問題。自由不是一個能靠客觀判斷來確認其既有性的事實，而是必須藉由在情境中採取行動來掌握的事物。正因自由全然奠基於此決心之上，自由是絕對的。以海德格在一九二九年提出的說法來看：「自由只存在於解放中，而且也只能存在於解放中。人與自由之間唯一適切的關係，就是讓人身上的自由自我解放。」[32]在虛無的表徵之中，人無可抵抗地暴露在自由的境況裡，實際上也是徹底注定得面對這種境況。畢竟，在「人」對安全的需求主導下，放棄自我解放本身也是一種決定。

沙特上次休假離開前線是在一九四〇年四月，那時波娃和他到塞納河邊散步了好久，過程中，他們就在討論這些主題。波娃回憶道：「我們特別談到境況與自由之間的關係。在沙特的定義中，自由不是隱忍屈從，而是積極克服既有境況。就自由而言，我認為境況其實各不相同。被關在後宮的女子，哪有什麼克服既有境況的可能？沙特說，就算遭遇這種孤立與隔絕，也可以用不同的方式來體驗。我堅持自己的觀點，最後也只是半推半就地讓步。」[33]

沙特認為，從虛無源頭湧動而出的自由永遠是絕對的，真的是如此嗎？還是應該像波娃主張的那樣，自由永遠得被理解成某種境況中的自由，因此本來就受境況所制約呢？比起以往，這些懸而未決的問題與側重的要點，現在都更清楚涉及波娃於拉普厄茲當地身處的例外狀態。她只需照照鏡子或往窗外看，就能有所體會：現在的她與生命中最重要的人分隔兩地，整個人因恐懼而六神無主，住在這戰敗國遙遠西部的鄉村別墅中。在被納粹佔領的法國，「掌握自己」究竟意味著什麼？現在有什麼辦法能**克服**這種境況？

「然後，爆炸聲響起……對面餐館的窗戶爆裂成碎片，粗聲粗氣的聲音說著模糊難辨的字句。他們來了，身材高大、金髮、滿臉通紅。他們的行進步伐整齊劃一，完全不左顧右盼。行軍過程相當漫長，身後則是馬匹、坦克、卡車、槍枝、移動式野戰廚房。……德國人沒有把孩子的手砍斷；

他們吃東西都會付錢，還會到農場買雞蛋。他們說話彬彬有禮，商店老闆都對他們展露笑顏。他們已經立刻展開政宣策略了。」34

持續向前行進【波娃】

當然，納粹政宣和所有政宣手段一樣，一開始都是為了達成個人目的，來操弄境況與決定之間的關係。不過納粹的政宣手法跟其他政宣策略有一項關鍵差異，而此差異就在於納粹自己公開表述的目標。畢竟，納粹的目標是強行製造出一群人，這群人甚至不會再認為或覺得自由是一種選擇；納粹想創造出一群人，這群人就連在沉默屈從或積極克服之間做選擇的權利也沒有；這些目標來自一個此有集體的極權主義夢想，這個此有集體是由一群盲目的追隨者所組成，他們追求的就是絕對均等與一致。

抵達法國的德國佔領部隊表現出的「禮貌」與「正確性」，起先也讓波娃鬆一口氣。但這種舉止不僅跟前段描述互不衝突，反而還不可思議地印證盲目追隨均等一致之集體的觀點。因為，根據嚴格的規範，進入村莊的德軍士兵，必須讓行軍步伐保持「整齊劃一」，而他們對待被征服者的行為其實也是出自同一套準則：「不能左顧右盼，必須嚴格遵守命令。」根據納粹妄想出來的種族分類規範，法國人並不是所謂的「劣等人種」（Untermensch）。所以佔領者的目標，不是直接進行肉體滅絕或肉身奴役，而是純粹精神存在上的征服。在其他被納粹佔領的地區，「人」的表現方式截然不同。因此，繼續深入戰區，想從波蘭或烏克蘭人民口中，聽到針對德軍入侵當地村莊城鎮的類似目擊證詞，這就更不容易了。[35]在納粹的種族主義世界觀中，這些人都被歸類為「劣等人種」。德軍對待猶太人（法國境內的猶太人也一樣）的方式就更不用說了。

回家【波娃】

一九四〇年六月底，拉普厄茲當地的生活也已重新步上正軌。農民回到農場，咖啡館和商店都重新開張。波娃聽說第一批戰俘已在返家的路上，所以她決定搭便車回巴黎。

經過數日長途跋涉，她終於回到旅館房間。在房內，沙特唯一的生命徵兆是一封來自六月九日的短信，那天正好是波娃逃離巴黎的日子。他在「工作方面表現得很好」，而且「充滿各種小體驗」。[36]這可能有所意味，也可能什麼意思也沒有。一九四〇年六月三十日早上，波娃在她的巴黎戰爭日記中寫道：「昨晚大概是我這輩子覺得最悲慘的時刻，但今天早上，我突然再次振作、開朗起來了——天氣好暖——我回到多摩咖啡館的老位子……提起所有力量，我突然對一種『此後』充滿信念……此後我們將一起生活。……今天是我從隔絕孤立中爬出來的第一天，不再當一條『被壓扁的蟲』，試著重新成為一個人。」[37]

以中立的角度來看，她的情況確實有可能變更糟。父母一切安好，奧嘉與萬妲安全地待在魯昂附近的鄉間地區，索侯金也已騎單車回巴黎。甚至連中學課程也有望能盡快恢復正常。兩天後，波娃寫道：「我周遭的生活再度逐漸成形。人體驗這種分離的方式實在非常有意思。一開始，人處於一種懸置終止的狀態，世界跟整個當下就這樣被包夾起來，……雖然少了沙特生動鮮明的形象，但還是有一幅印象中模糊不清的畫面。而且，只要思考與行動一停下來，『沙特』這兩個字就會不由自主出現……如果我還有任何時間感的話，我等得最急的基本上就是一封信。」[38]想知道何謂受過現象學訓練後的自我分析，讀這段話就曉得了。有意識的時候，誰還需要潛意識呢？畢竟，意識本身就夠複雜了。

黑格爾計畫【波娃】

據此分析的結果，一輩子被沙特稱為海狸的波娃，擬定出新計畫和嚴謹的日常規範。什麼都可以，就是不能靜止不動。因為空虛會隨靜止而來，接著就是恐懼焦慮。新的計畫包含騎自行車。那幾天，索侯金很有耐心地教波娃騎車。「你看到我的時候肯定會笑的。你知道嗎？在巴黎騎腳踏車四處逛逛真的很神奇……巴黎的電影院基本上都關了。」[39]

不管這些信是否送到沙特手中，從那時起，波娃每天都會向沙特詳細描述自己的生活。電影院和劇院或許大門深鎖，圖書館卻沒有。七月六日起，每天兩點到五點，波娃會堅定地坐在國家圖書館的閱覽室，研究黑格爾的著作。偏偏是黑格爾。黑格爾的《精神現象學》（*Phänomenologie des Geistes*）跟胡賽爾或海德格的「現象學」之間，可能會有哪些關聯？

除了名稱相同，兩者乍看之下沒有任何共同點。與其說是在情境中產生出屬己性的勇氣，黑格爾的思維主軸，其實是一種在理解中將自身境況抽象化的勇氣。黑格爾聚焦的重點不在個人意識，而是一個無名的世界精神（Weltgeist）。與其說是源自虛無經驗的絕對自由，不如說是一套源自虛無概念的絕對一致之邏輯。對黑格爾來說，自由充其量意味著對動態之必然性的洞察，而這些動態最終無關乎具體歷史行動者的作為或不作為：「黑格爾讓我稍為平靜下來。就像在二十歲那年，我的心為表親淌血時，讀到荷馬說『將全人類置於我跟個人悲傷之間』，所以我現在也試著讓當下融入『世界的進程』。」[40]

在法國被佔領的第一個夏天，波娃以更崇高的邏輯為名，將黑格爾的史詩級鉅著《精神現象學》，當成一首具有救贖力量的自我消權（Selbstentmündigung）之詩來讀：「我繼續讀黑格爾，也漸漸能理解他的概念。……整套系統讓我困惑。沒錯，讓自己被普遍性所淹沒，從歷史目標的觀點來看待個人生命，抱持那種無關乎個人的態度，並將死亡的面向包含其中，這確實很誘人。這麼看來，世界時間中這個倏忽即逝的微小片刻、單一個人，還有我，這些全部顯得無比可笑！為什麼要擔心此時此刻發生在我身上和圍繞在我身邊的事物呢？」[41]

波娃清楚感知到這種思維的誘惑，並在心中強烈抵抗——以她的話來說，這種思維將每個人「視為蟻穴中的螞蟻」。[42]只要一個自我能真正感受到自己，就不會對自己在世界上的位置和角色無動於衷。就算不是與純粹的理性相對立，這種態度也明顯與個人感知與感受力的自發性相互衝突。

七月十一日，終於有沙特的消息了！信是在兩週前用鉛筆匆匆寫下，寄信地址是南錫（Nancy）

附近的營區：「迷人的海狸，我是一名俘虜，受到的待遇很不錯。我還能做一些工作，日子不至於太無聊。」[43]然而，沒有情感、沒有喜悅，沒有期望中的情感解放。沙特還活著，但是被困住了。總之，她認為自己知道的就這麼多。最重要的問題是他會被扣留多久。有可能長達幾年：「你知道嗎，黑格爾難讀到了極點，但內容非常有趣。你必須讀一讀他的作品，他的論述跟你的虛無哲學有異曲同工之妙。」[44]兩者究竟哪裡相似，他們有一天得共同找出答案。而在那之前，當務之急是搭建抵禦內在空虛的堤防。

堅定不移者【波娃】

「寫信、自行車、黑格爾、寫信……」海狸的療法越來越有效。七月十四日，在攻佔巴士底獄的週年紀念日，波娃向她的沙特報告一連串經歷，這些經歷對未來幾個月來說非常關鍵：「有一次我騎車撞到一條狗，另一次則撞到兩名女子，但整體來說，一切實在好得不得了。我在哈斯拜耶大道碰上到裝甲車，上頭坐滿穿著黑衣的德國人；我想那些是坦克車上的士兵，穿戴全黑的制服跟大帽子，還有骷髏頭。我在多摩咖啡館找了位子坐，閱讀幾篇黑格爾的精選作品，我發現有句話很適合當作我的小說標語……我在片刻之間突然有了知識份子的狂熱，我想要搞哲學，想跟你說話，想重新拿起我的小說——但我太優柔寡斷，沒辦法再坐下來寫小說。在我再次見到你之前，我沒辦法碰小說。」[45]

波娃的創造力回來了。這部小說重回她的意識。另外，小說角色參考的重要人物也紛紛返回巴黎：奧嘉跟妹妹萬妲，身體已經康復的「小博」也快回來了。這個「家庭」盡力而為，想在秋天重回先前的生活軌道。沙特從特里爾（Trier）附近的德國戰俘營捎信，但來信的頻率非常不穩定。即便沒有他，這部小說的工程仍然迅速進行。在黑格爾的《精神現象學》中發現的標語，帶領她完成小說的最後三分之一。波娃在手稿中寫下這句來自〈主人與奴隸〉（Herrschaft und Knechtschaft）這個章節的話：「同樣地，每個意識都得走向另一個意識的死亡。」46

在黑格爾的作品中，在世界精神以及個人此有的精神之間，還有第三類意識存在：單一他者或多數他者的意識。針對這個她長久以來不斷探尋的問題，她首先會以弗朗索瓦和沙維爾的形式來證明絕對的決心。來到一九四〇年十二月，這部小說的雛形已經完成。小說的最後幾句話如下：

……弗朗索瓦把手放在煤氣表的把手上……只要一壓把手，她就能將她（沙維爾）摧毀。摧毀一個意識。我怎麼能這麼做？弗朗索瓦心想。但一個不屬於她的意識怎麼能存在呢？這麼看來，她自己就不存在了。她重複呢喃：「有她，就沒有我。」然後壓下把手。……其他人會認為這是意外，或覺得是自殺事件。「無論如何，沒有人能向我證明任何事。」她想。……她的行為只屬於她。「我想要這麼做。」這一刻，她的意志完整了，再也沒有任何東西能將她跟自己分開。她終於做出了選擇，她選擇了自己。47

小說的結局，事實上只是開始而已。因為波娃在那年冬天也感覺到自己終於做出決定：從沉默地逆來順受，變成主動克服境況。

地球上的渣滓【鄂蘭】

至少他們成功逃出了拘留營。一九四〇年夏天，這個世界根本沒什麼好令人期待的。跟布呂歇一樣，鄂蘭也利用投降後的混亂局面逃出拘留營。在庇里牛斯山附近的居爾婦女拘留營中，總共有六千名的自願囚犯，而鄂蘭跟其中兩百人一起逃了出來，身上除了牙刷，什麼都沒拿。從居爾出發，鄂蘭走了好幾天，先是向東走到盧爾德，在那裡跟逃出巴黎的班雅明碰頭。「那是戰敗的時刻，所有火車都停駛；沒有人曉得家人、男人、小孩、朋友都到哪去了。班吉跟我從早到晚下棋、讀巴黎的報紙（如果有的話）。一切都還算順利美好，但在發布停戰協定（Waffenstillstand）的那一刻，一切都變了。協議中還有眾所週知的引渡條款。」[48]那是一九四〇年六月二十二日。

除了廢除庇護權之外，協議中還包含一項義務，就是「在要求之下」[49]將前德國公民引渡給納粹。猶太流亡者尤其能理解這段條文的真實意涵。法國境內的流亡者清單早就草擬好了，蓋世太保早晚會開始追捕清單上的人，並將囚犯運往東部。

鄂蘭實在不願意把班雅明留在盧爾德，自己一個人去找布呂歇。雖然他到目前為止一切安好，但顯然有自殺傾向。最合理的會面地點，是位在盧爾德東北方、距離一百八十公里的蒙托邦

（Montauban）。蒙托邦的市長是一位社會主義者，他允許流亡者在當地居留，因此這個小城已在七月初發展成一個樞紐，讓在全國各地流浪的前拘留營犯人停留、會面。鄂蘭一抵達當地，就發現那裡有許多巴黎的朋友跟「部族」成員，尤其是克楞波（Lotte Klenbort）和本迪特夫妻。[50]短短幾天後，出於偶然，她也在那裡碰到「先生」了。他跟鄂蘭一樣，自六月底以來，就跟幾位之前一起被關在營裡的夥伴，每天在法國各地走上好長一段路。在一九四〇年一月正式結婚的他們，在一名攝影師的廢棄工作室住了下來。

鄂蘭跟她的同伴都知道自己在蒙托邦其實已經過得很好了。戰地記者與作家阿瑟・庫斯勒（Arthur Koestler）是班雅明在東巴斯街的鄰居與友人，他當時也在全國各地逃亡。庫斯勒在《渣滓》（*Scum of the Earth*）[51]這本書中，描述其他「居爾犯人」的境遇。許多人在逃出拘留營後，認為近親熟人或丈夫最有可能在當地找到他們，所以在營區附近停留數週。有些人為求溫飽和棲身之處，便到田裡替農民工作，其他人則不得不在該省的酒吧與小酒館從事性工作。在筆記中，庫斯勒提到一場一九四〇年七月十三日的「可悲性派對」。有位副官在蘇斯酒館（Bistro Sus）隔壁的房間，找來三名前居爾拘留營的女犯人，「其中兩位是波蘭婦女，另一位則是德國猶太女子。他逼她們喝下利口酒配蘭姆酒……我在廁所碰到了那名猶太女子，她覺得很噁心，還哭著問：『不曉得他會不會給我旅行許可證？』回到自己的座位時，勒費貝（Lefêbre）問我跟那個女生睡過沒。昨天他花了二十法郎跟一個居爾的女猶太人睡，那個女人的丈夫也知情。『那老傢伙還不錯，看起來像個醫生還是什麼的……』。」[52]

活屍【鄂蘭】

越來越多的自殺新聞。鄂蘭也認為，只要人還能自由選擇，就不該讓自己暴露在某些情況之中。在盧爾德時，她已經多次和班雅明討論過這個問題，班雅明也反覆告誡，沒有人能預知什麼時候採取自殺行動才不會為時已晚。鄂蘭被拘留在居爾時，營區裡已有囚犯自殺的案例。當時，被拘留的犯人也短暫討論過是否要集體自殺以表抗議。不過鄂蘭回想，當有人表示他們反正就是來「送死」時，氣氛就明朗了起來。畢竟，「那裡的普遍觀念認為，還能將整個災難視為個人不幸，並因此結束個人生命的人，肯定已經是不正常的反社會者，而且對事態的普遍結局絲毫不感興趣。」[53]

鄂蘭深信，面對眼前正在開展的不幸，當我們試圖理解其進程與目標時，必須從所有個人經驗整理出一套概括的泛論。整個宇宙針對的並不是個人，就連納粹也不是。只要正確理解這個概念，就會發現這才是他們真正的獸性所在。納粹在乎的並不是對個人的迫害或滅絕，事實上，他們關切的甚至不只是將整個猶太族群殲滅。反之，他們的行動遵循的是一種狂妄的願景，企圖將行為甚至是感受力的所有自發性（Spontaneität）給消滅。換言之，納粹的計畫就是將每一位個體「人類，轉化成在相同情境下永遠會表現出相同行為的『物品』。」[54]

在後來對集中營邏輯的分析中，鄂蘭將這種全面物化的極權主義目標，稱為「製作活屍的準備工作」[55]，跟韋伊的論述不謀而合。首先，分析集中營的體制時，必須了解「普遍被稱為靈魂（或性格）的東西，能在肉體未被摧毀之下被消滅。」[56]不過，「通往絕對統治的首要關鍵步驟在於殺害法人。而在無國籍狀態下，這個目標自然而然就能達成，因為沒有任何法律能保護無國籍者。」[57]

最遲在一九四〇年，納粹終於達成這個目標。在一九四三年發表的論文《我輩流亡者》中，鄂蘭指出法國的德國猶太人「已被塑造成一種全新人種」，「這群人被敵人送進集中營，被友人送進拘留營」。[58]他們一開始之所以被監禁，「是因為他們是德國人，現在他們因為是猶太人所以繼續被困在裡頭。」[59]他們之所以被冠上罪名，並不是因為他們做出任何個人行為或舉動，單純只是因為他們在這個世上的此有。這就是為什麼營裡的多數囚犯，都是「沒有做出任何與監禁有合理關聯之行為的人，而他們跟凌虐他們的人都清楚意識到這點」。[60]所以，就他們對自己作為個體的認知來看，他們比任何罪犯、強暴犯或殺人犯還低等。

在六月的混亂場面中，那些沒有勇氣自行逃出拘留營的人，很快又被困在戒備更嚴密的營區中。他們能自己想一想，看看法國警衛大概什麼時候會被德軍取代。

過境【鄂蘭】

離開或留下，哪個合法？正式申請通行證會危險嗎？還是不申請比較好？在蒙托邦，法規混淆的狀況讓事情無法提前計畫。法國這邊太混亂失序了——沒人曉得規則究竟是什麼，也不清楚這些規定是誰以誰的名義頒布的。

作為維琪法國[1]的統治者，貝當在一九四〇年七月十一日採取的第一個正式行動，就是下達政令中止憲法。新的法國不再以「自由、平等、博愛」為標語，而是遵照「工作、家庭、祖國」的概念。這對流亡者來說，是苦澀至極的嘲諷。畢竟在短短不到十年內，他們倚靠的支柱再次被剝奪：離開家園、放棄工作、失去家人，被拋下或被拘留。雖然天性樂觀開朗，儘管在當地與其他流亡者建立友誼與團結精神，在這段日子裡，鄂蘭也在極力抵抗內心的石化。

與此同時，因流感而虛弱數週的班雅明仍然守在盧爾德。八月二日，他寫了一封信給紐約的阿多諾，在信中清晰生動地描繪幾乎所有德國猶太人在新法國的生活境況：

> 「我完全不曉得明天或下一個小時會發生什麼事，這種不確定性已經主宰我的存在長達數週……我希望，到目前為止，我已在你心中留下即便置身困境仍能保持鎮定的印象。請相信，這點現在依舊沒變。但我無法忽略當前局面的險境。我害怕那些能設法從險境脫身的人，到最後根本屈指可數。」[61]

只過一週，他就在寄到蒙托邦給鄂蘭的信中，再次清楚陳述自己的狀況：

[1] 編註：二戰期間受納粹德國控制的法國政府，又稱維琪政權。

「我目前知道的是，紐約當地人認為，馬賽領事館那應該有一份給我的簽證。你應該能想像我有多想立刻到馬賽去。不過，在沒有馬賽當局的確認之下，要拿到通行證似乎是不可能的。幾天前，為了得到前述確認，我發了電報（回覆郵資已付），但我還沒收到任何回應。所以我的不確定性依然存在，更甚者，我不曉得自己在移民方面下的功夫，是否會使我為了『到訪』所費的苦心化為烏有。極為沉重的壓迫，讓我傾向先將肉體與精神生活拋在腦後。……一想到手稿的命運我就極度焦慮，這令人倍感痛苦。與友人少有聯繫，消息也寥寥無幾。」62

這名被孤立者如此寫道。他的生命之火就要熄滅。他所擔心的不再是自己，而是生命中佚失的作品。幾週前，班雅明得知蓋世太保搜查他的巴黎公寓，將裡頭所有手稿全數沒收。

對鄂蘭和布呂歇來說，每條通往自由的路現在也得經過馬賽。這是法國未被佔領的區域中最後一個自由港，也是唯一一個仍能安排簽證、或渡海通行至北非的城市。從蒙托邦出發，騎單車只要兩到三天的時間就能抵達馬賽。跟前年相比，簽證配額明顯減少許多，不過鄂蘭可以寄望前夫施騰恩幫忙安排，當時施騰恩已在加州定居。同時，她也得靠青年組織「回歸」的聯繫與協助。布呂歇也能以丈夫的身份一同前往。鄂蘭的母親也從巴黎趕來蒙托邦，事情變得更複雜。

馬賽當地的數千名流亡者只有一個願望：盡快離開法國。但沒有人知道該如何離開，至少無法以合法的方式離開。因為除了地主國的簽證外，通常還需要西班牙跟葡萄牙的過境許可，最重要的是得具備離開法國的有效文件（出境簽證）。最後一份文件甚至越來越難取得。黑市因此繁榮起來，各種文件都有，有些甚至是真的。跟父母一起滯留馬賽的韋伊就得到一個秘訣：如果先到卡薩布蘭卡（Casablanca），那終點國是哪個國家就不重要了。所以，她在一九四〇年八月從暹羅（Siam）領事館那邊申請到三張簽證。不過她事後才發現，這些簽證只適用於直接從馬賽駛向暹羅的船。然而，這種船班並不存在，也從未存在過。[63]

歷史的天使【鄂蘭】

一九四〇年九月二十日，鄂蘭和她的布呂歇在馬賽再次見到班雅明時，班雅明終於拿到從里斯本通行至紐約的所有文件，其中還包含一劑嗎啡。正如他前幾天向前鄰居庫斯勒透露的，這劑嗎啡足以殺死一匹馬。

鄂蘭清楚回憶那次會面的經過：「我再次見到班雅明時，西班牙簽證的效期還有八到十天。當時，要拿到出境簽證根本是希望渺茫。他絕望地問我該怎麼做。……我告訴他，我不曉得西班牙簽證效期還有多久，無論如何都不能冒險讓簽證失效。當然，我們三個最好能一起行動，他應該到蒙托邦跟我們會合，但任何人都無法對此負責。最後，他決定頭也不回地離開。」[64]

與此同時，鄂蘭和布呂歇這對夫婦回到蒙托邦，他們身上不僅有兩份美國簽證，還帶著班雅明的手稿，這是他委託給他們的告別禮物。這份手稿是名為《論歷史的概念》（*Der Begriff der Geschichte*）[65]的論文，應該是班雅明在盧爾德寫成的。在這份由十二篇哲學速寫組成、結構零散的論文中，班雅明以極具詩意的方式，濃縮自己對時間、歷史性與個體角色之關係的整體思考。編號七的草稿中描寫了一位「歷史的天使」：

他睜開雙眼、雙唇微張，展開雙翅。歷史的天使看起來肯定是如此。他別過頭，在我們認為是一連串事件發生的地方，他看到的卻是一場單一的災難。這場災難不斷堆積殘骸，並將殘骸扔在他面前。他想在這裡逗留、喚醒死者，將破碎的事物修補完整。但一陣風暴從天堂吹來，猛烈夾擊他的雙翼，強烈到天使再也無法將翅膀收起。這場風暴無可阻擋地將天使吹向未來。他背對未來，眼前的那堆斷垣殘壁卻不斷堆積、直衝天際。這場風暴就是我們所謂的「進步」。66

一九四〇年，班雅明的天使背對未來，在所謂「進步」的歷史中看不到任何東西，眼前只有一堆廢墟和屍山：沒有暫時停頓、回憶，或者是共同緬懷的可能。即使是天使的翅膀也無法抵擋風暴的力量。不過，這份文本以一種獨特的救贖觀點作結，而透過這種觀點，班雅明將自己銘刻進一種傳統之中。儘管朔勒姆一輩子好言相勸，但班雅明從來就不想將這種傳統完全理解成自己的傳統：

然而，這不代表未來對猶太人來說成了同質、空泛的時間。因為在未來當中，分分秒秒都有可能是能讓彌賽亞踏入的狹窄門洞。67

反覆閱讀朗誦，這些句子在蒙托邦陪著鄂蘭，伴她度過堅忍、充滿沉思的日常生活。希特勒的戰鬥機對英國發動第一次轟炸，軍事情勢變得更黑暗。與此同時，新的囚犯運輸車已抵達居爾：數百名來自北巴登（Nordbaden）與卡爾斯魯爾（Karlsruhe）的猶太婦女與兒童，先被蓋世太保送來法國，因為這裡還有空間能容納囚犯。[68]通往自由的門洞開始閉合。關於班雅明通過庇里牛斯山的行動，大家有好一陣子沒接到任何消息。謠言傳開後，鄂蘭有好長一段時間拒絕相信。一九四〇年十月二十一日，鄂蘭也已心裡有底了。她拿起筆，寫了一封信給人在巴勒斯坦的朔勒姆，讓他知道他們共同好友的命運：

親愛的朔勒姆，

九月二十六日，班雅明在西班牙邊境的波爾特沃（Portbou）自殺。他身上有美國簽證。但二十三日以來，西班牙人只讓持有「國家」護照的人過境。我不知道這些字句是否能傳到您手上。過去幾週和幾個月，我見過華特幾次，最後一次是二十號在馬賽—這個消息傳到我們跟他妹妹那邊時，都已過了將近四週。

猶太人死在歐洲，被當作狗一樣地草草埋葬。[69]

移動的時機到了。對布呂歇和鄂蘭來說，一切都取決於正確的時機。他倆在一月初朝庇里牛斯山前進，起先沒有帶上鄂蘭的母親。他們翻山越嶺，在隱蔽的山路上爬了好幾個小時，當時班雅明也走過這條路。在鄂蘭與布呂歇逃亡時出手相助的「緊急救援委員會」流亡救助者，也曾在班雅明逃亡時幫過他，其中一位是來自居爾的前獄友，麗莎．菲特科（Lisa Fittko）。但是在這一天，他們順利通過了。憑著前往美國的有效簽證，漢娜和布呂歇在一月底到達里斯本。現在，他們與「自由國度」之間只有一艘船的距離。鄂蘭後來向朔勒姆報告：「我們徒勞地尋找他（班雅明）的墳墓。沒找到，他的名字也無處可尋。」[70]

失敗【蘭德】

「如果世界歷史沒那麼糟，活著也是一種享受。」[71]鄂蘭的這句格言，蘭德想必一輩子都能感同身受。一九四〇年冬天，這份感受格外深刻。一九四〇年十一月五日，代表民主黨競選總統的羅斯福贏得壓倒性勝利，第三度連任美國總統。對蘭德來說，這不僅是一場政治災難，更是極為深刻的個人挫敗。在漫長的秋天，她以競選工作人員之姿到處登門拜訪、發放傳單與貼紙，貼紙上寫著：「溫德爾．威爾基：美國的希望」（Wendell Willkie: America's Hope），更到演講廳和影廳演說，讚揚她支持的候選人。甚至，她還企圖在大街上跟其他紐約人辯論：「妳跟美國又有什麼關係？妳不就是個外國人嗎？」「我是自己**決定**要成為美國人的。而你，除了在這裡出生，到底又替美國做了什麼？」[72]但一切只是徒勞。

最後，來自印第安納州、白手起家的百萬富翁溫德爾．威爾基（Wendell Willkie）希望渺茫。

威爾基最後一刻才被共和黨人推上台，是令人跌破眼鏡的候選人。被推派代表參選後，大家立刻發現他在一九三九年前都是民主黨員，他的競選活動也因此受到負面影響。他的信譽遭到嚴重打擊，在當時被稱為「老右派」這個極具影響力的右翼圈子內，大家對他更是充滿質疑。

蘭德的熱忱很快就消磨殆盡。新政上路已有八年，失業率還是高於百分之十五。威爾基並沒有堅持不懈地主推自己的親商政策，反而喜歡向選民囉唆地談論自己的「印第安納州農村子弟出身」。他甚至沒辦法以保守的「美國優先政策」之名，清楚表達自己反對美國參戰的立場。蘭德在敗選後也提出相應的批判：「在所有將美國毀掉的人當中，威爾基最罪孽深重。他的罪比羅斯福還重，畢竟羅斯福只是一個時代的產物。」[73]

所以對蘭德來說，一九四〇年不僅以失敗開始，更是以慘敗告終。為了能再次在戲劇方面有所成就，她在前年將新的小說《源泉》擱置一旁，專心編寫第一部作品《我們，活著的人》的劇本。正如預期，為了劇場演出將小說改寫成劇本，這根本就是折磨。但這齣戲是由知名百老匯製作人委託製作，利潤應該相當可觀。一九四〇年二月十三日，這齣戲在紐約盛大首演，劇名為《不敗者》（The Unconquered）——當晚就被劇評家一致批評為「本季最失敗的劇作」。[74]

接連兩天，蘭德把自己關在房內，連奧康納也不見。再度走出房間時，她做的第一件事是替芬蘭戰鬥基金（Fighting Funds for Finland）寫捐款信，收信人是約翰・奧利安（John F. O'Ryan）將軍：「隨信附上我捐給您的救濟基金款項，讓您能繼續替芬蘭購置武器。請容我表達我對您的行動的欽佩，這項行動實在意義非凡。」[75]面對鋪天蓋地的蘇聯敵人，在這場「冬季戰爭」的第三個月，只有三十萬兵力的芬蘭軍隊依然堅守陣地。完美展現抵抗意志的典範。

托伊的原則【蘭德】

隔天一早，蘭德又回到寫作桌旁。時間所剩無幾。去年，她已經錯過這本小說的第一次截稿日了。根據合約規定，她必須在十月前完成手稿。事實上這根本不可能，因為小說的完成度甚至未達三分之一。日子一天一天過去，她也逐漸被逼進死胡同。不過，適用於芬蘭人的真理，蘭德也想永銘於心：投降不是選擇。

現在尤其不能認輸，因為在她眼裡，敵人與其方法和目標都越來越清晰。在希特勒和史達林以軍事行動席捲世界各地之前，就已經有另一場形式截然不同的戰爭在文化層面引爆——美國也不例外。群眾對指標性概念的錯誤理解，就是這種精神滲透的證據。蘭德認為這點必須被清楚揭露出來，也必須盡可能鮮明地呈現在小說人物身上。

讓蘭德在這方面有所覺醒的關鍵時刻，可回溯到一九三七年。當時，蘭德到紐約左傾的新學院（New School），參加英國政治學家與評論家哈羅德．拉斯基（Harold Laski）的講座。[76]拉斯基是美國的明星知識份子，他也公開吹噓羅斯福會聽取他的意見與建言。長年來，他一直在新學院舉辦講座，而這些備受歡迎的演說，探討的主要是當前社會議題——為契合時代精神，他經常談論民主與資本主義之間的張力。

蘭德不敢相信自己竟然這麼好運。拉斯基就是那個人，他就是徹底與洛克對立的角色！他的修辭極為靈巧，略帶諷刺的口吻稍微修飾了那明顯傲慢的態度。在紐約文化圈的熱烈掌聲與擁戴中，他說著正確的詞語和正確的論點。在經年累月的無聲滲透宣傳策略下，紐約文化圈的人已將這些語彙和論述內化為正確的概念。她唯一該做的，就是觀察拉斯基，聽他說話，以及做紀錄。

她很快就替拉斯基取了一個非常合適的名字。在蘭德的小說世界中，人名總是透露出角色的性格與代表的概念，這個角色也不例外：埃斯沃爾斯．托伊（Ellsworth M. Toohey：英文讀音近似「else worth」，意指「另一種價值」）。在共為四部的小說中，蘭德決定用第二部的全部篇幅，來完整描寫這位與洛克嚴重對立、極度邪惡的角色。一九四〇年春天，蘭德終於將他確立為小說中的人物。在全國最有影響力的報社擔任最有威望的藝評家，托伊將在紐約搞破壞，將一切夷平。

> 一九四〇年二月二十二日
>
> 托伊的目標是摧毀強大、卓越非凡、原創、健全、喜悅歡樂的人——而他使用的武器則是「其他人」與人道主義。
>
> 一九四〇年四月二十二日
>
> 托伊已經晉升為社會上極具影響力的人物。他是非官方的獨裁者，統治國家的精神與文化生活。透過他那不計其數的「組織單位」，他將藝術「集體化」——除了他揀選出來的平庸之輩，其他人都不得享有任何形式的名聲。
>
> 托伊將人類身上每一種形式的獨立與偉大成就破壞殆盡……為了詆毀所有偉大的成就，他樹立一套任何白痴都能輕易理解的評價標準。[77]

就蘭德的理解，極權進展的實際文化先決條件，就是全面在媒體中刻意模糊每位個體的判斷。而在審美方面，也就是對藝術作品的判斷中，這種影響最為顯著。

所以說，身為夷平大師的藝評家托伊，替蘭德體現出一種據稱為「善」的平庸，如：「人道主義的平庸」、「社會的平庸」……。然而在現實中，這種平庸試圖消滅的能力，正是那種使個體具有個體特色，而且能以個體身份來行動的能力：對美的真正感受，對人類存在的可能狀態的感受。在蘭德的措辭中，這就是小說主角洛克在身為建築師的人生籌劃中，以超人之姿堅定不移、毫不妥協地追求的「生命感」。在小說中，托伊想藉由新聞媒體規則來獵捕的，就是洛克體現的勇氣，以及獨立判斷和創新的能力。換句話說，這就是在不倚靠他人的情況下思考、籌劃以及行動的能力。

一九四〇年夏天，蘭德在一份新的小說提案中，闡述「托伊原則」的狹義社會與政治面向，並將這些面向與歐洲極權主義即將橫掃全球的現象相互連結：

基本上，他（托伊）是匱乏的。他對任何事都沒有太大熱忱，也沒有個人的興趣——除了對其他人的興趣以外。這就是為什麼他不企圖達成優越，而是進一步摧毀優越的概念。他自己無法往上爬，只能把其他人拉下來。他無法企及偉大的事物，但他能將一切夷平。均等成了他的熱情所在。78

每個人類意識中的巨大矛盾，雙重概念的鬥爭，他看得一清二楚：個人對上集體；單一對上多數；「自我」與「他人」……他知道所有邪惡與痛苦、所有挫折與謊言都來自集體意識，

> 是他者對個人根本動機的侵擾。由於他關切的是真正偉大的毀滅，因此他成為個體的敵人以及集體主義的終極支持者。79

> 他（托伊）的人生綱領很簡單：把人跟他人綁在一起，藉此摧毀所有人。也就是說，他宣揚自我犧牲、自我否定以及自我貶低的意願，鼓吹每個人替所有他人精神奴役，從而打擊偉大的創造者與解放者——人的自我。托伊被稱為「偉大的人道主義者」。……普世奴役——甚至連主人的尊嚴也沒有，完全是奴隸對奴隸。龐大的循環以及徹底均等。這就是托伊。80

虛假的均等【蘭德】

蘭德也看出全世界在一九四〇年處於極權主義的斷崖邊。同時，她也在這個境況中發展出一套激進邪惡的理論。她體認到這種惡的指標性政治焦點，就是人對人的絕對奴役以及去個體化。首先，她認為這種惡是由夷平一切的大眾高級文化，以無差別的均等和虛無之名所發動，而這正是自認為憤世嫉俗者的托伊所頌揚的文化。在托伊的世界裡，漠然的良善被良善的漠然取代；運用個人理性思考能力的勇氣，被另一種應要求鼓起的虛假勇氣取代，讓人總是替別人、以及像別人那樣思考判斷；而過去撐起文化的鑑別力，則被絕對均等漠然的意志取代。

在小說的一段重點段落中，托伊與建築師彼得·基廷（Peter Keating）的對話傳達出這個信條。身為明星建築師的基廷深受托伊的「讚譽」，但他實際上根本才華貧瘠。托伊對他說：「我不相信個人主義……我不相信每個人都是其他人無法成為的事物。我相信我們都是一樣的，所以可以相互替換。」[81]

在蘭德耳裡，這就是極權主義的指導原則。只要注意聽，就會發現這種說法隨處可見。沒錯，就連在美國，這種概念也已經形成一道光束，只要落在這道光的範圍內，每個公共論述都有可能被視為合理、具道德正當性，甚至可能是得體的。

這種認為個體可相互替換，並從而推導出個體虛無的絕對均等觀點，一開始先作用在藝術領域的鑑別能力上，而其殘酷野蠻的終點，則是讓人徹底失去所有意識狀態中最基本的狀態：個體人類自我之真實獨特性的意識狀態。

曼哈頓轉移【蘭德】

這段過程在軍事和文化方面全面開展——在美國的公共生活中也是如此。因此，蘭德決定將小說背景設定在一九三〇年代末的紐約，重要角色都是取材自當時真實世界中的人物，讀者一定不難發現。洛克在心理上可說是蘭德的雙胞胎，而將他設定為一位專業的建築師顯然是受到法蘭克・萊特（Frank Lloyd Wright）所啟發。蘭德非常欣賞萊特，也曾多次試圖私下和他聯繫接觸，但始終沒有成功。托伊的原型是拉斯基，展現紐約左派知識份子的形象。最後則是身為媒體大亨的蓋爾・韋南（Gail Wynand）。小說中，托伊管理的就是韋南旗下的出版物。韋南的角色設定絕大部分是參考當時在美國最有影響力、最狡猾的報紙發行人，也就是威廉．赫茲（William Randolph Hearst）。

所以，根據蘭德修改調整後的基本概念，這部作品除了是歷久彌新的寓言故事，探討群眾精神生活中個人與集體的鬥爭外，更是一本至關重要的小說，點出在極權主義於全球大獲全勝的現象之下，美國即將自我放棄的事實。恐怖的場景即將實現，而至少在蘭德的世界中，有一個人特別清楚體現這般威脅：羅斯福總統——他確實被賦予近乎獨裁的權力。

一九四〇年秋季，儘管經濟拮据，截稿日不斷逼近，蘭德還是決定拋開一切，秉持她特有的堅定決心，自願到共和黨擔任競選志工。她這麼做完全是為了自己：她已經在人生中親身經歷過「托伊原則」的效應與影響。在個人能力範圍內，她想防止最糟的政治情況發生在自己的新家園中。除此之外，身為藝術家的蘭德，也無疑覺得自己被前段描述的力量壓迫、誹謗，被紐約文化圈那些托伊般的人物所打壓。

此時此刻，一九四〇年十一月，她不得不面對自己在各方面都被擊潰的事實，無論是在專業上還是政治上都是如此：戲只演了五場就被取消，小說合約最後也被出版社終止，而她跟經紀人吉恩．威克（Jean Wick）的關係也非常惡劣。[82]希特勒和史達林在歐洲暢行無阻，而美國多數選民顯然目光狹隘，無法對政局做出清晰銳利的判斷。就連曼哈頓公園大道（Park Avenue）上的寬敞公寓也留不住。這時，奧康納跟她搬進一間兩房的地下室公寓，位址離萊辛頓大道（Lexington Avenue）不遠。

蘭德的憲政愛國主義【蘭德】

不過，當時也有一些令人心神振奮的時代跡象。藉由多次出席競選活動以及與所謂「基層」溝通對話，蘭德培養出一種在日常生活中經過多番磨礪的清晰洞察力，以及基本政治思考推理能力，進而改變她以前在面對這群「為數眾多」的群眾時，明顯抱持的菁英主義基本態度。現實中缺乏的絕不是選民的自由意識，而是能在政治上有效動員選民自由意識的正確訴求。雖然局勢可能很危急，但絕非希望渺茫。如果能成功以其人之道還治其人之身，一切就還有救。換句話說，就是將列寧的策略與手段發揮到極致，靠自由的行動菁英，來抵抗文化與新聞媒體中昭然若揭的極權主義輿論力量。這麼一來，就能「由上至下」，在大眾媒體的協助之下，重新點燃美國人對「生命、自由與幸福」的真切渴望。美國之所以如此獨一無二，正是因為對「生命、自由與幸福」的追求。

在一九四〇與四一年之交，蘭德腦中具體浮現的是一場政治上的反革命，而這場革命的基礎是兩份最清晰深刻的政治文本，它們都承諾會不計代價守護每一位個體的決定自由：美國獨立宣言和美國憲法。所以說，這場運動的根基並不是一個由民族決定的人民群體或國家，而是一場以政治文本為名所發動的革命。因此，這是純粹的憲政愛國主義。

在競選活動的幾個月裡，這也是蘭德在紐約街頭、編輯室以及政治俱樂部中得來的重大領悟。在這之前的好幾年間，坐在胡桃木桌前的蘭德總是感到孤獨、孤立，但如今在政治信念以及智識意向上，她絕對沒有這種孤絕的感受。那年秋天，她開始跟其他作家往來，例如作家與社會評論家艾爾伯特・諾克（Albert Jay Nock），他著有一九三五年的暢銷書《國家，我們的敵人》（*Our Enemy, The State*）；以及德裔新聞記者兼尼采譯者亨利・孟肯（Henry L. Mencken），他可說是當年批評羅斯福最有力的批評家之一，他的專欄在語言方面精彩靈巧，內容更是充滿爭議；另外，還有作家與文學評論家伊莎貝爾・帕特森（Isabel Paterson），她在《先鋒論壇報》（*Herald Tribune*）專欄中提出的論點與立場，蘭德基本上也能認同。[83]

由於羅斯福成功在一九三〇年代用「自由派」（liberal）[84]這個詞來形容其政治形態，蘭德一群人在概念上與羅斯福的操作做出清楚區隔，將自己稱為「自由意志主義者」（Libertäre）。當然，要讓這些激進的個人主義者加入一個政治組織甚至是政黨，這並不容易——即便他們的取向不外乎是成為一個「反對組織的組織」。儘管如此，蘭德在一九四一年一月著手起草第一份創始文本時，腦中想的正是這群人。她展現十足的俄羅斯革命方式，選擇寫一封「公開信」給美國選民。

我要你！【蘭德】

為了突顯局勢的戲劇性，蘭德在信件開頭就羞辱這群美國選民——從心理戰術方面來看，這或許不怎麼高明：

你們，現在正在讀這封信的你們，就是美國最大的威脅。不管歐洲戰爭結局如何，極權主義早就在許多美國人的思想中大獲全勝，早就征服整個國家的精神生活了。你們都是幫凶……不要對這股威脅抱持任何幻想。你們都看到歐洲現在的狀況……難道還需要其他證明嗎？千萬不要荒謬愚昧地說：「這種事不可能發生在美國。」……這種事有可能發生在法國嗎？一年前，你聽到這個問題只會嗤之以鼻吧。現在，這千真萬確地發生在法國—法國，自由與民主之母。法國，全世界最精神獨立的國家。[85]

不過，蘭德依然強烈反對美國參戰。她唯一關注的，是家園前線的意識形態鬥爭。群眾最需要堅決抵抗的正是這個領域，因為：「極權主義者不需要你們積極支持，他們根本不需要這種支持。……他們要的，不外乎是你們的冷漠！」[86]她之所以這麼說，就是因為主流論述的分析與事實相悖：極權主義根本就不是世界歷史中的新現象，而是歷史悠久的存在——也就是「無價值者與罪犯控制社會的企圖。這種現象存在於各個國家，但只要社會夠健全，這種現象就沒有發展的機會。」[87]（在此，蘭德又掉入她那老套的尼采菁英主義措辭）。極權主義運動的第二大共同要素與上述企圖密切相關，而且在納粹德國與史達林蘇聯的案例中都顯而易見，那就是：

……**國家優於個體**。集體獲得所有權利，個體半點權利也沒有……這就是關鍵……造就這些慘狀的罪魁禍首，**完全**就是那些對單一、個體人類失去尊重的人。他們相信階級、種族與國家具有意義，但個體一點意義也沒有；認為多數人是神聖的，而少數者是污穢的渣滓；他們認定群體才是重要的，個體根本無足輕重。你們又是站在哪一邊？這裡沒有中間地帶。[88]

為了能讓每個人做出決定，蘭德替開放社會的核心精神下定義，而群眾必須毫不妥協地捍衛此核心，那就是「個人權利、個人自由與個人價值的原則。這就是擾動世界的問題的核心。這就是極權主義的唯一對立面，也是我們抵抗極權主義的唯一手段。」[89]

抵抗之戰必須即刻展開，而我們必須運用敵方長期以來使用的各種公開與隱蔽戰略：政治宣傳、新聞媒體，還有蘭德認為常被低估，但事實上影響力深遠的偉大公眾藝術，那就是文學和電影。主體性就是在小說與電影中被創造與塑造出來的。比起新聞或廣告等較表面的媒介，能更深遠、長久形塑個人意識的，恰是深刻宏大、備受歡迎的作品。所以在這個層面上，我們更得意識清醒地採取抵抗行動，而且在美國的背景脈絡之下，群眾也得先認知並接受這樣的鬥爭。最後，在這封信的最末，至少有件事對蘭德來說是無庸置疑的：「世界是個美好的所在，值得我們為之奮鬥。但鬥爭絕對少不了自由。」[90]

沒有出書合約，沒有其他收入，對一九四一年的發展也沒有任何具體想法，蘭德先寄信給作家兼劇作家錢寧．波洛克（Channing Pollock），希望他可以加入這個推崇自由意志主義的原創組織。蘭德對美國付出百分之百的真心，而且她是一旦確立信念就不會動搖的人。她將帶著自己固有的特質與本領面對將至的風暴。而且她不會逃避未來，她會正面迎擊。

VII. 自由——一九四一至一九四二年

波娃解放自我，鄂蘭自我孤立
韋伊寫下遺言，蘭德寫下判決

近乎掙脫束縛【波娃】

巴黎被佔領已滿一年，波娃也找到一種新的存在感。固執成了堅定，抑鬱變成積極的生活勇氣，死亡的憂懼轉化成「我未曾有過的無憂無慮。……這些事件改變了我……我終於坦承，我的人生並不是自己講述的故事，而是世界與我之間妥協忍讓出來的結果。同時，我不再將違逆個人思想的事物視為不公不義。沒有理由去反抗這些事物：人必須繞道而行或是忍耐接受。我知道自己可能得經歷一段非常糟的時期，甚至可能會半途而廢……我很享受春天跟夏天。小說已經寫完了。」[1]

她的情緒之所以出現轉折，主因是沙特終於脫離戰俘的身份回到她身邊。不過，針對波娃新養成的這種開朗活潑、柔軟彈性的生活態度，沙特的存在起先讓她感到無所適從：「我最無法理解的，是他在道德方面的僵化。難道我是在搞黑市交易？只不過是偶爾買點茶，就被他說太超過。還有，我也不該簽署自己既不是共濟會成員亦非猶太人的聲明。……回到巴黎的他，竟然不是為了享受自由的美好，而是採取行動。他怎麼會變這樣？我百思不得其解地問。」[2]

都是因為政治參與、抵抗！一九四一年三月底，他剛回到巴黎的前幾週，他就在米斯特拉飯店（Hotel Mistral）安排了第一場集會。大家在波娃的房間碰面：沙特之前教過的學生、小博的朋友與梅洛龐蒂的學生。在這個時間點，梅洛龐蒂正在大學教書並轉而支持共產主義。大家都明確表達自己的決心，只是沒人曉得他們的訴求到底是什麼。

這群人中比較狂野的年輕人主張採取個人暗殺行動。但是要用誰的炸彈？刺殺行動又該如何進行？沙特認為他們需採取的第一步驟是思考，同時他也闡述自己的構想：「在民主派系取得勝利的情況下，左派需要一種新的理論方針。」而這套方針的穩固基礎，必須透過討論與規劃來建立。這項計畫的核心精神能用「兩個難以調和的詞彙來概括——社會主義與自由（Socialisme et Liberté），而這也是這波抵抗運動的名稱。」不過，要是德國贏得戰爭，「我們必須確保德國失去和平」。[3]一九四一年初夏，後者的可能性顯然高出許多。

無論是埃及還是挪威、希臘還是南斯拉夫，德國軍隊都取得空前勝利。陶醉於自身力量的德軍，在一九四一年六月二十二日襲擊蘇聯。此舉讓史達林大吃一驚，因為這不僅違反條約，而且也沒有事前宣戰。巴巴羅薩行動（Fall Barbarossa）跟巴爾幹戰役（Balkanfeldzug）一樣，都是所謂的閃電戰。在軍隊指揮部的規劃下，德軍必須在四到六週內進擊。在希特勒的聲明中，主張戰爭實際上是「日耳曼人對斯拉夫民族的鬥爭」，[4]而且戰爭將以無情又殘忍至極的方式開展。他還表明這場戰爭的目的不只是勝利，而是全面滅絕，意即「無情地徹底摧毀敵人」。而後續行動目標也已經擬定：「阿富汗、印度、伊朗、土耳其、敘利亞、伊拉克、北非、直布羅陀、馬爾他和大西洋群島。」[5]

這場毫無節制的戰事爆發時，歐洲猶太人也開始面臨種族滅絕的危機。同樣在一九四一年六月二十二日這天，在前波蘭的領土上，一支約有三千名德國士兵的特別任務小隊開始射殺猶太人。起初只有男性受害，但婦女和兒童很快也慘遭毒手。（來到一九四二年四月，已有約五十六萬名猶太人以這種方式遭到殘殺，[6]代表每週平均有一萬多人被槍殺。）現在已經沒有回頭路了。

在巴黎，群眾也能直接感受到戰爭日漸緊繃的態勢。說到一九四一年初夏，波娃表示：「從今以後，猶太人不得擁有、管理或經營公司企業。維琪政府下令對猶太人進行普查……數以千計的外國猶太人被拘留在皮蒂維耶（Pithiviers），並被分批運往德國。」[7]此外，對活躍於巴黎的眾多抵抗組織來說，壓迫也越來越明顯，這使沙特難以建立他期望中的人脈與關係。而且他在這個圈子裡的名聲本來就不太好。這一方面是因為大家都知道他整天泡在咖啡廳裡，過著自由不羈、資產階級式的生活，再來則是他自己表明當初得已離開戰俘營的原因。他佯裝自己有健康問題（平衡能力受損），再加上眼睛斜視，最後獲准離開戰俘營、回到巴黎。不過，對敏感的抵抗組織人士來說，以下說法聽起來更合理：讓他離開戰俘營的其實是蓋世太保，而他們的目的是暗中緊盯沙特在巴黎的一舉一動，看看他都跟哪些抵抗組織人士來往聯繫。這人要不是心懷好意的門外漢，就是個偽裝的間諜。也有可能兩者都是。總之，他絕對不是值得信賴的好同志。沙特想建立聯繫的其中一個抵抗組織叫葛蘿莉亞（Gloria），而屬於葛蘿莉亞的作家薩繆爾．貝克特（Samuel Beckett）就說：「不管是在抵抗者還是蓋世太保眼裡，有些人永遠不被當一回事。許多人認為沙特就是其中之一。」[8]

就像服務生只有在客人點菜時才能完全發揮自己的功能，沙特發現身為抵抗人士的自己，完全得仰賴他人的善意。而這份善意目前還不存在。

就連波娃也對他的新計畫百般懷疑。不過，他真的是她生活中不可少的英雄人物，並非全然指情慾或政治方面的英雄，單純是作為一位對話的對象，以及讓她深感放心、信任的靈感來源：「有他的陪伴，我就不可能意志消沉……他的好奇心跟熱情，讓生命的每塊版圖都栩栩如生……他身上還有好多值得我思考、理解，以及去愛的面向。」[9] 他終於回來了，她想和他談論甚至是爭論各種議題：無論是巴黎婦女最新的流亡者時尚（織物頭巾）、賈科梅蒂先生（Alberto Giacometti）怪異的迷你雕像（索侯金在咖啡館征服的對象），還是馬克斯・謝勒（Max Scheler）在其現象學中提出的「同情」（Sympathie）概念：讀過謝勒的著作，人怎麼可能還會想落入在想法跟感覺上與對方完全一致的陷阱呢？在這種情況下，深刻的愛慕與欽佩之情還有辦法存在嗎？這到底是什麼樣的一種衝動？

終於解放【波娃】

還有另一個好問題。不過，對波娃來說，這還不是最核心的問題。過去一年來，隨著她的第一部小說逐漸完稿，黑格爾與海德格之間的張力持續在她心中發酵。具體來說，這個問題就是：「當個體沒有意義時，普遍全體要怎麼獲得意義？」

黑格爾體系代表的是世界精神的無名普遍性，而比起來自無名的「人」的社會從眾壓力，這種普遍性更有可能使具體個人全面失能。另一方面，海德格代表的是單一此有的激進決斷（Entschlossenheit），其追求的目標主要是獲得個人（而非他人）的屬己性。波娃在哲學上的關鍵突破，可精準追溯到一九四一年一月九日，也就是沙特返回巴黎的兩個月前。她在戰爭日記中寫道：

讀黑格爾時，有個想法非常觸動我：意識對於相互**承認**（Anerkennung）的要求——可作為社會世界觀的基礎——這種人類意識是唯一絕對的，它要求每個意識都必須擁有**自由**，如此一來，認可才會是有效並自由的：好比愛情中的認可、藝術表達中的認可……等等。同時，存在主義思想認為，人類的實在（Realität）讓自己**成為了什麼**，並讓自己得以超越自我，成為什麼。10

波娃不僅是將黑格爾與海德格的論述融合成一個簡單的綜合體，而是挪用他們思想中的關鍵主題，並在多年閱讀與（和沙特）的討論過程中，創造出一種互相認可彼此存在的全新自由哲學。波娃並未將「自我」與「他者」之間的關係，塑造成一場結局永遠只有勝利者（統治）與失敗者（奴役）的鬥爭，她表明這是一種只有靠大家團結共創、站在平等基礎上才能贏得的局面。沒有人是孤島，沒有人可以獨自獲得自由。反之，我的自由的真正條件，其實在於其他意識的自由——沒錯，進一步推斷，只有在自由地認可所有其他意識時，個人才能獲得自由。在政治上，以互相存在的解放為名，這套自由哲學也帶出替所有人爭取解放的需求——同時也是為了個人的自由：自由**與**社會主義。

作為在本質上受海德格思想啟發的概念，在波娃的這種全新哲學中，仍然存有「人類的實在**無非是**它讓自己**成為什麼**」的這項要素。這套哲學至少明確否定任何形式、用來控制人類世界的幕後之手，或是類似的把戲技倆與法律制約——不管是黑格爾、馬克思還是宗教方面的教條都一樣：在所有存在的背後沒有所謂無名的辯證；沒有純粹奠基於經濟基礎上的關鍵性發展規律；沒有天意；沒有最終審判；沒有宿命。唯有被扔進此有的自由中並採取行動的人，才是真正的創造者以及實際的準則——芸芸眾生中的其中一個。所以，個人的自由之火與政治的自由之火事實上是一體的，而且也是同一件事。這把火在我們每個人的心中燃燒——為了每一個人。

波娃意識到她憑一己之力在哲學上有所突破，而最能清楚印證此番意識的，莫過於那種背叛的感覺——她覺得自己在突破的同時，彷彿背叛了對她來說依然是生命中唯一必要的他者：

八月時，黑格爾的觀點讓我獲益良多，但我現在已經徹底擺脫那套思維。我再次意識到自己在形而上存在層面的個體性，這個認知與黑格爾的歷史無限相對——在這種歷史無限性中，他樂觀地將一切拆解分離。憂懼。我終於明白自己去年渴望的東西：孤獨，一種像是面對死亡時那樣完整、徹底的孤獨。去年沙特還在我身邊——而在我目前生活的世界裡，沙特是缺席的——緘默噤聲。心理上，我有時會愚蠢地感到自豪，為自己能如此穩定、順利度過這一切感到驕傲。但現在，這種表面的保護機制已經幫不了我。我感到天旋地轉。我發現，人只有一個充分的理由來接受死亡，那就是希望能保有自己的存在。這與「活著的理由」無關——這無關乎生命。這涉及的範圍更廣。要不是讓自己成為蟻群中的螞蟻，就是成為其他意識面前的自由意識。對曾是唯我論者的我來說，**形而上**的團結是個全新發現。我無法成為蟻群中的意識與精神。我理解為什麼我們的反人本主義是短視的……除了人類的實在之外，沒有其他實在——所有價值都是以人類實在為基礎。而「人類的實在會自我超越成為什麼」，也一直觸動著我們，同時更決定我們的道路。十一月二十一日以來，我一直不斷地逃亡——因為這種孤單一人的重新開始對我來說形同背叛。現在，這種重新開始已經自行啟動。但在我看來，我彷彿是為他重新開始，同時也是為自己重新開始。我比以往都更深刻感覺到（這種感覺很矛盾），假如無法再見到他，我會自殺。[11]

經過十餘年的哲學昇華，波娃發現自己終於在一九四一年一月逃出意識的洞穴。唯我主義變成形而上的團結，放縱享樂的自戀變成無憂懼的告解，表明自己要成為群眾之中被扔進此有、因而終有一死的人。這裡沒有更深層的理由或終極論據，但是有更為根本的體悟：清楚意識到透過行動來掌握這種新發現的自由的可能性。不是作為一隻螻蟻或女主宰，而是真正解放的個人。

積極投入【波娃】

分開這麼長一段時間，幾乎所有愛侶都得經歷一段重新適應彼此的過程。要是雙方在這段期間的經歷對雙方各自構成深刻影響，適應期就更無可避免。而誠如我們所見，在波娃與沙特的案例中，他們在一九四一年春天清楚感受到彼此互相疏遠，這使兩人之間出現深刻的哲學分歧。

回到巴黎後，沙特投入《存在與虛無》這本巨著的寫作。更精確來說，他寫的是探討「時間性」

（Die Zeitlichkeit）[12]的那幾章。這部一千多頁的作品在一九四三年七月問世，而沙特只在整本書的最後，用五頁的篇幅來探討道德問題。在〈道德的前景〉（Moralische Perspektiven）這個段落中，沙特坦承，在他的哲學脈絡之下，「無論一個人是獨自喝醉還是指揮人民，在道德上都是同一件事。如果這些活動的其中一項優於另一項，那並不是因為其真實目的有所不同，而是因為它對其理想目標有更高層次的覺察。」[13]

在其內涵空洞的虛無主義中，這種立場與波娃建立的觀點形成強烈對比。以道德觀點和人性的角度來看，這真的是希特勒與史達林缺乏的嗎？真的是因為他們對個人理想的覺察不足？真的是因為他們對自己不夠透明、本真性太低？

身為人以及他身邊的女人，波娃得一輩子費盡心思來整合自己與沙特的思維關係，尤其是他的天賦與才華，當然還有他在哲學方面的原創性。不過這卻與另一波思潮的內在動力形成懸殊差距：在沙特徹底自我中心的傾注灌溉之下，名為「存在主義」的思潮從一九四三年起開始征服西方世界，並在一九四五年火力全開。「存在主義是人文主義嗎？」[14]而其倫理核心為何？一九四五年開始，沙特也強調這些問題是存在主義的關鍵議題，但替這些問題帶來重大突破的人其實是波娃。[15]這點沙特從來就沒有清楚表明。

但是對波娃而言，這並不會讓她深感悲傷。不管是在戰後還是戰爭期間都不會。到了一九四一年夏天，這種親密合一的氛圍再次回到日常生活中。他們之所以能和諧相處，主要原因是雙方都重拾彼此深愛的例行常規。首先是為期六週的教師假期，他們能在這段期間共度兩人時光。一旦非法越過綠色邊界，他們就會從八月中到九月底，騎著單車穿越「自由」的南方，像早年那樣享受彼此的陪伴。波娃到處探索蔚藍海岸的風光和景緻，而她「最親愛的小東西」（顯然不像她天生活潑好動）會利用空檔在陽傘下寫作。

根據團體決議，沙特同志其實是在執行一項祕密任務，但這個行動很快就失去意義。這主要是因為他在巴黎以外的地區也不斷碰壁。安德烈・紀德（André Gide）很有禮貌地把他介紹給安德烈・馬爾羅（André Malraux）。馬爾羅在自己的夏季別墅接待沙特，這場會面的氣氛友善融洽，而且還營養十足（有美式烤雞），[16]但最後也沒什麼結果。就連科萊特・奧德里（Colette Audry）也未以共產主義戰友的身份向他敞開心扉。沙特成為抵抗運動領袖的夢想在那年夏天破滅，就像騎在赤裸的碎石路上，二手腳踏車的內胎本來就會破一般，一點都不令人意外。在回憶錄中，波娃以一位如釋重負的母親的口吻總結這次慘敗：「放棄這個計畫對他來說很不容易。無奈之下，他終於放棄了。……我們忙了好一陣子。」[17]

實際上，回到巴黎後，他們的家庭狀況在性方面似乎也達到美好的平和狀態。沙特現在以一種近乎僧侶修行的方式，將注意力全集中在萬妲身上，波娃則嚴格遵守她在前年秋天制定的過夜計畫（索侯金每週兩次、奧嘉每週兩次，小博也是兩次……）。[18]調情（例如索侯金與沙特之間的調情）根本就沒什麼大不了的。這不是指每個人都知曉彼此的情況，但所有家庭成員現在都「格外謹慎，會去尊重這些關係的特殊性……這些關係主要是雙人組合。我跟奧嘉或索侯金在花神咖啡館碰面時、沙特跟萬妲出去時，或是索侯金跟萬妲聊天時，我們也不會想到他們桌邊一起坐。有些人認為這種行為很可笑，但對我們來說這似乎是很自然、理所當然的事。」[19]

在一九四一與四二年這個異常寒冷多雪的冬天，在居住、食物和衣服方面，他們「得費盡千辛萬苦才不至於讓生活品質徹底衰退」，[20]不過這個家庭還是一起設法將強加在他們身上的限制，詮釋成能發揮創造力的全新場域。這是一個時期的開端，而沙特在幾年後對這段時光下了看似矛盾的評語：「在德國佔領之下，我們感受到前所未有的自由。」

對於身為哲學家與作家的波娃來說，這種新的自由早在一九四一年一月就開始了。那時起，她與世界的關係逐漸改變，而這種變化也成為她新小說的核心主題。在第一部小說中，她關注的是「自我」與「他人」之鬥爭的**心理**面向，現在的重點則是**社會**和政治面向：「我希望我的下一部小說，能描繪出自我與他人關係中攸關存在的複雜性。美妙的主題。**摧毀**他者的意識，這有點幼稚。總歸來說，問題還是在社會層面……。」[21]

事實證明，這是個相當特別的挑戰：「呈現社會的樣態，這有多吃力不討好；而且，要如何避免讓小說讀起來充滿教化跟道德規訓的意味？必須具備塑造社會素材：罷工、動亂、領導人的行動……的能力，才能強調自我與他者的關係：自由、事實性（Faktizität）。」[22]

在小說情節中設計一場罷工——起義反抗，藉此突顯出自我與他者的真實關係，避免死板僵硬地向讀者訓話，或錯誤地落入道德教化的窠臼。這是最難達成的一件事。同一時期，韋伊也想親身體驗這點。

豐收【韋伊】

儘管聖馬賽爾（Saint-Marcel）的居民可能會因為恐懼或厭惡而疏遠她，但在一九四一年初秋的那幾個星期，韋伊覺得自己蒙受前所未有的祝福與恩典。她在自己的「四風之屋」（Haus der vier Winde，實際上是森林邊緣的一座破舊木屋，晚上老鼠都會在腐爛的地板上亂竄）中寫下一封信，在信中提到：「絕妙的景緻、美好的空氣、隱居、寧靜、孤獨、新鮮的蔬果、井水、爐火——這實在是天大的恩惠。」[23]

農民的情婦？流亡中的女猶太人？還是單純是蒂邦農場好心收留的精神病患？村裡沒人知道這個穿著海軍藍粗布大衣的女子是怎麼回事。每天早上，村民都會看到她憔悴地坐在井邊的石凳上，忘情地背誦陌生的詩篇。她只差還沒開始向動物講道而已。

在馬賽的天主教友人引介下，韋伊受僱於阿爾代什（Ardèche）省作家與農民蒂邦（Gustave Thibon）的農場，幫忙他們收割農作物。正如她在那年夏天寫的一封信中所言，她強烈渴望「能在一個即將忍受飢餓之苦的民族中，將自己的肉身與精神疲勞完全轉化成馬鈴薯。」[24]在法語中，馬鈴薯又有土裡的蘋果之意（pommes de terre）——天堂之果。

所以，這對她來說簡直是天大的好機會。她在那年秋天的另一封信中，讚揚這份新得來的生命喜悅：「撇開全球許多地區目前面臨的恐怖和痛苦不談，我自己身處的情況很適合自己。我國政府提供我的最大幫助，莫過於禁止我從事腦力勞動，從而使思考成為我的自由活動——本來就該如此。年輕時，我就嚮往能像聖方濟各那樣與貧窮結為連理，但我覺得自己不必積極爭取，因為這種情況某天肯定會被強加在我身上，這樣反而比較好……」[25]

在法律規定下，身為猶太人的韋伊不得在自己國家的學校裡教書。針對這項已經正式實行的安排，她反覆詢問有關當局，想問出更根本的深層原因。畢竟，她從沒受過猶太教育、沒去過猶太教堂、從未參加過猶太教儀式，而且活到現在沒有任何一天覺得自己是猶太人。那麼，她到底是出於什麼原因被歸類為猶太人？

韋伊之所以向有關當局呈交語氣極度諷刺的請願書，目的不是為了得到豁免，單純只是想證明用來判斷猶太人的標準有多荒謬、不合邏輯。不管怎麼樣，她都知道該如何以自己的方式中止個人行動，這點完全無需假他人之手，更不用仰賴被佔領的祖國政府。觀其果，即可視之！觀察他們的言行，就能知道他們究竟是什麼樣的人！

緊張的期待【韋伊】

韋伊原本打算參加阿爾代什省的葡萄採收工作，直到體力完全耗盡為止，但這個計畫在十月底意外破局（大概是因為蒂邦想保護她所以插手干預），使她不得不回到馬賽。她的父母已在馬賽待了一年多，期盼能安全入境美國。

在這個階段，韋伊滿腦子想的都是洗禮。她癡迷地思考自己是否配得上這場最初、最神聖的聖禮。韋伊知道自己很虔誠，甚至也被上帝所觸動。但對於個人，對於像她這樣的哲學家來說，這又意味著什麼？為了能站在神的面前，必須自願順服到什麼程度？還是，當一個人明顯展現服從的意願時，實際上就已經是種褻瀆了？在天主教的範疇之外，還有所謂的靈魂救贖嗎？另一方面，要求進入他們的懷抱、被他們所接納，這不就代表她可恥地切斷自己與未受洗禮者的連結，讓自己跟那些繼續在天主教之外的絕望迷途者分離嗎？這有可能是正確的嗎？

她痛苦地等待解決方案，等待一個信號。已成為親密知己的道明會神父約瑟夫・佩蘭（Joseph Marie Perrin），建議她在這最後、最重要的信仰問題上，什麼都不要尋求，除了上帝的旨意，什麼都不要渴望期盼。

韋伊內心深受擾動，在社會參與方面又被迫落入無所事事的境地，那幾個陷入等待的冬季月份，逐漸成為她迄今在精神思想上最多產的時期。除了在馬賽道明會的地下室舉辦多場講座，[26] 談論希臘哲學及其密教派系之外，她也在《南方雜誌》（*Les Cahiers du Sud*）中針對相關主題發表文章。這份雜誌對非共產主義圈子的影響力不容小覷，同時也奠定當時知識份子的論述基調。除了這些活動，韋伊的智識能量也大幅流向她的思想筆記。[27]

奠基於她的信仰覺醒經歷，以及與古代軸心時期偉大智慧來源（柏拉圖主義、印度教、佛教）的直接辯證，韋伊在看似組織鬆散的段落與筆記條目中，試圖澄清那些對她而言至關重要的問題：自我的價值與起源；自我與他者、與上帝、與社會和歷史境況的關係；愛與善的本質和起源；有限性與無限性、內在與超越之間的根本人性張力。

無我【韋伊】

把韋伊的思想筆記內容，跟波娃在同期寫下的日記與著作相互對照，大家會驚訝地發現，這兩位八竿子打不著的思想家，竟然能產生心靈共振。因為在筆記中，韋伊也將人類對死亡與有限性的憂懼認知，視為個人哲學探究的出發點。不過，跟那些在一九四一與四二年被稱為「存在主義者」的思想家相比，韋伊探究的重點顯然有所不同。[28]

此有——「存在主義」中的一個真理，但是存在主義者將一份誘惑帶進其中。[29]

韋伊在文章中援引德文原文術語「此有」（Dasein），她指涉的顯然是海德格的作品《存有與時間》。沒錯，在憂懼的情態（作為個人未來不復存在的生動形象化）中，重大的真理向此有自我揭示。但根據韋伊的批判，在存在主義中，憂懼的情態並沒有忍受這個深淵的空虛，並將其視為徹底消除自我（De-Création）的淨化時機，而是在自由意志的「自我」與「我想要」之下，成為真正自我賦權的出發點。

根據韋伊的觀點，「存在主義」朝哲學覺察跨出第一步時，就已經走錯路，在自我保存與自我反抗的方向上走偏了。所以，存在主義變成純粹世俗導向的利己主義自我實現之先驅。雖然被傳統囿限的「人」會做出極其沉悶的從眾行為，但這種行為可能帶來的殺傷力，還遠不及存在主義那頑強、反叛的迷途特質。韋伊在思想筆記的條目中寫到：

利己主義者犧牲一切，但不是為了個人，而是為了生活的便利與舒適；兩者是不一樣的。[30]

人想自私自利，但又不能如此。這是人類苦難中最顯眼的特點，也是其偉大的源頭。[31]

如果能自私自利，那將是一大樂事。這代表平和安詳。但人就是辦不到。[32]

實質上，這就是波娃在一九四一與四二年回顧個人生命時，所經歷的反思過程。不過，波娃將「行而上團結」意義中的自我自由，與他者的存在相互連結，韋伊則認為這種行動只不過是另一種逃避。真正具有解放之效的目標，並不是團結地對他人自我奉獻，而是在神聖超越的旗幟之下慈悲地自我屈服。因為：

我們在這個世界上一無所有，因為巧合能將我們身上的一切奪走，我們唯一具備的是說出「我」的能力。這就是必須交給上帝的東西，代表這必須被銷毀。[33]

所以，對韋伊的恩典存在主義而言，只有在採取這最後以及首次救贖性的自我毀滅之後，此有才有為善的能力：

我做的一切都是惡事，沒有例外，就連善事也一樣，因為**我**就是惡。[34]

讓必然性在自我中發揮效用。（放棄個人意志）。[35]

所以，唯一好的行動其實具有明顯的無為形式，而這甚至會影響是否要愛上帝的決定——在此，韋伊抗拒語言的限制與隔閡，大膽援引東西方的神祕主義傳統。對當時的韋伊來說，是否接受天主教洗禮是非常關鍵的問題。不過針對這個問題，自主決定根本連想都不用想。說到底，我又有什麼資格決定是否要歸與上帝，甚至意識清醒地判斷是否要投向祂呢？這簡直是最傲慢的思想、最極致的褻瀆。「要愛上帝的不是我。上帝會透過我來愛祂自己。」[36]

無我們【韋伊】

確切來說，波娃的存在主義是一種純粹以世俗為導向的療法的基礎，此療法應付的對象則是虛無主義。但是，韋伊卻將這種存在主義診斷為疾病的根源，而且這份診斷更清楚點出以下企圖的問題所在：企圖透過自我解放的「我們」的概念，替個體的自我鋪路，讓個體自我進入道德此有的開放空間。癥結就在於：「人不能是『我』，更不能是『我們』。」[37]

對韋伊來說，從「我」過渡到「我們」的步驟，等同於進入惡之範疇的實際過程。假如「我們」的概念在「社會」意義上被當成訴諸的對象，並且被政治動員時，進入惡之範疇的過程就更加確鑿。

如果將個人行為指向「社會」，其所謂的福祉、利益與續存，這對此有來說就是想像中最具毀滅性的方式，透過這種方式聲稱在道德層面擺脫個人虛無：「在社會上，個體是無限小的事物。」[38]

但根據韋伊的說法，人其實還不夠小。面對上帝，此有眼前是一種超越的無限性。跟這種超越的無限性相比，社會的無限性只不過是次要的、是衍生的，過於世俗，因而是徹底邪惡的替代品。韋伊將這個社會範疇與柏拉圖的社會壓力稱為「巨獸」：「藉由服從巨獸而換來美德的人，就是自以為在道德上高人一等的偽善者。」[39]

到目前為止，波娃還是能深表贊同。不過在思想筆記中，韋伊對「偉大的我們」的批判，遠超出這種老套的自明之理。她所批評的，基本上是將社會範疇視為道德行動訴求與目標的觀念，不管是採用哪一種形式都一樣。就算是蘭德，可能也無法像韋伊這樣將此概念描述得如此淋漓盡致：「人是一種社會動物，而社會是邪惡的。」

不過，由於人**是**社會動物，或套用亞里斯多德的說法：「政治動物」，因此無法以世俗的方式來擺脫這種惡，這就是韋伊接續提出的論點——細讀這段針對此矛盾境況的描述，我們能立刻發現她受到卡夫卡著作的啟發：

> 對此我們無能為力。……生命只能承受撕裂般的痛苦。這個世界不宜居。這就是為什麼人必須逃向另一個世界。但大門深鎖。到底要敲多久門才會開。為了真正進入另一個世界，為了不滯留在門檻上，人必須停止當一個社會人。[40]

所以目標是有的，只是沒有路徑。至少，沒有任何一條路徑，是全然來自塵世的個體能靠一己之力找出並追尋的。假如在人的一生中，通往另一個世界的大門有可能敞開，那肯定不是因為人努力敲門。這只有可能出現在恩典的行為中。

對韋伊來說，「巨獸」的實際誘惑在於讓人懷抱不切實際的希望，以為能靠世俗的超越之路來通往另一個世界。事實上，只有太一的神聖超越才能實現此目的。

無鴉片【韋伊】

韋伊對於身為基督徒的自我理解，深受柏拉圖精神的薰陶。對她而言，根本沒有任何東西是來自或全然屬於塵世的，沒有任何東西是靠人類此有的有限內在來滋養，也沒有任何東西在真正意涵上是「實在」、「善」或合理正當的。價值觀或指導性的理想更不是如此。所以說，任何建立在純粹塵世基礎上的人文主義，絕對會錯失所有善的起源，以及錯過有限此有的本質。事實上，有限此有是強烈趨向超越的。

> 人必須體認到人文主義就是基督信仰，並透過這番體認來消解人文主義以及與人文主義相對的概念。41

根據韋伊的見解，迄今為止，對社會影響最深遠、在歷史上破壞性最強的人文主義謬論，就是庸俗的政治馬克思主義對全然縱向進步的承諾：

巨獸是偶像崇拜的唯一對象，是上帝的唯一替代品，是對一個離我無限遠的對象的唯一模仿，而這個對象就是自我。[42]

馬克思主義和整個十九世紀的巨大錯誤，就是相信如果一個人筆直前行，最後就能浮升到空中。[43]

所以，對韋伊來說：

人民的鴉片不是宗教，而是革命。[44]

韋伊認為，共產主義／社會主義對革命的渴望，被一種心理偽裝所累，使其在極權主義的統治下，與種族主義導向的納粹主義毫無區別：

社會主義的概念在於將善置於被征服者身上；種族主義則是將善擺在勝利者身上。但是，社會主義的革命派系利用了那些雖然出身低下，但因天性與天職而成為勝利者的人。所以，社會主義跟種族主義擁戴的是同一種道德觀。[45]

因此，極權主義是基督信仰的替代品。[46]

波娃所推崇與擁護的，是無神塵世裡的「形而上團結」之自由哲學（自由與社會主義）。而在一九四一與四二年冬季，這種自由哲學對韋伊來說，卻是讓人直接落入巨獸之永恆地獄的通道。這種哲學讓人走向永恆的偶像崇拜，崇拜那種互相矇騙、對本真性的追求。事實上，這跟人類生命真正尋求、找到自我——或者說真正失去自我——可能代表的概念相去甚遠。

接受的倫理學【韋伊】

自我的小小歡愉被澆熄，「我們」的巨獸也被殲滅，那他者代表的「你」呢？在一個假定沒有自決行動的主體，也沒有社會整體責任的概念中，基督信仰中愛鄰人的這條核心誡命又代表什麼？與他者的關係究竟是如何建立和決定的？韋伊直接回答：透過專注、堅定地接受他者固有的脆弱與苦難。

接受他者的不幸並從中受苦。接受的意思就是體認某些事物的存在。[47]

觀看他者之不幸而不將目光移開；不僅是雙眼的目光，同時也要透過厭惡抗拒、虐待或其

> 他內在慰藉的協助，將注意力之目光固定在他者的不幸上。這很美。[48]
>
> 透過他者的苦難來愛上帝，比透過自己的苦難來愛祂更難。[49]

這種以近乎冥想的方式沉浸在他者苦難中的行為，唯一目的就是讓人對他者的苦難有所覺察。苦難確實存在。此有**就是**苦難。因此，透過前段描述的意義去體認他者正在受苦，並據此反問自己是出於何種原因、根據哪些適用的規範而應該要去幫助他，這對韋伊來說並不是意識（在倫理上）清晰銳利的證據，而是反射性的行動證明，證明一個人甚至還沒將真正道德此有可能包含的概念內化。所以，在這套論述脈絡之下，根本就沒有任何需要特別回答的問題，例如以下：為何要合乎道德倫理？為什麼要幫助他者？我是我兄弟的守望者嗎？……

所以說，探究「存在」當中「應該」的原因，這種假定的哲學問題，顯然是來自某種世界觀的假議題。這種世界觀認為，基於現代主體性的精神，有必要將「實然」與「應然」切割開來。然而，這種切割無非是一種自我效應（Ich-Effekt），必須透過觀看苦難來克服。換句話說，對韋伊而言，疼痛與苦難在本質上是涉及行動的現實。需要找出深層動機與理由、靠辯證來回答的問題，其實完全沒有出現。事實上，這種問題並不存在。

在長期分心分神、自私自利的考量之下，關懷他人的動機變得疲弱不振，再加上專注力不足，這才是群眾現處的狀況。韋伊認為，目前存在於世界上的，只不過是那種過於人性的意志，其中充斥著為滿足個人目的而利用他者之脆弱的意圖——尤其是那些據稱為「善」、「社會」或「人文主義」的目的。

更高層次的漠然【韋伊】

對他者苦難的清晰目光並沒有去探尋任何規範或道德準則，所以這份目光不需要也不接受明確的鼓勵或勸告。每個個體主動去接受他者為受難者的傾向可能會有差異，但是在韋伊所謂「更高層次的漠然」[50]之下，這些個體差異顯然也該被當成既有事實來接受，如同我們接受苦難的事實那樣。

> 我們無須提升幫助他人的傾向——無論傾向是強是弱都一樣，因為這是自然天生的，所以也無關善惡好壞——但我們必須消除阻擋人幫助他者的障礙。[51]

在韋伊的此有當中，這種傾向顯然高到非常極端，在旁人眼裡甚至是徹頭徹尾的病態。她的自我在某種程度上被削弱了，因此會被所有人的苦難所觸動，這種情況幾乎是史無前例。如果她得以在最高層次的專注與沉浸中穿越最後一道門——自我被削弱到極致——並完全破除自我與他者之間的界線，這會是最高層次的善。這象徵著全然輕盈通透，代表終於能得到絕對的自由——而且，甚至沒有任何選擇。

最高層次的專注等同於禱告，它以信仰和愛為前提。與之相連的自由並不是停留在意志層次的選擇自由，而是恩典的自由。如此專心致志，以至於不再有任何選擇。這時，人就能體認出自己的法（Dharma）。[52]

真正的目標不是在萬物中看到神，而是讓神透過我們看到我們眼見的萬物。[53]

為了讓祂擁有這番視野，我必須退隱。[54]

愛一切事實，無非是在其中讀出上帝。[55]

韋伊的倫理學是一種全然無意圖的「更高層次的漠然」。一方面來看，這種倫理學跟巴魯赫・史賓諾沙（Baruch de Spinoza），[56]以及跟她同期的維根斯坦[57]等人在西方文化中代表的立場很接近。[58]但是在東方文化中，這些概念也存在於佛教和印度教——韋伊在思想筆記中反覆、清楚地提及並探討這些相似之處。如此看來，**以正確方式**在群眾之中積極行動的傾向之所以受到減損與干擾，就是因為我們堅持將會進行價值判斷的「自我」或甚至是「我們」，視為所有價值與意圖的假定來源。

存在主義式的付出與奉獻，指的就是在自我賦權的意念下觸犯存在之善——在一九四一與四二年冬天，這就是韋伊一針見血提出的堅決論斷。對她來說，與此對立的則是一條禁慾苦行的救贖之路，其中沒有摻雜任何純屬俗世的意志。她在筆記中簡潔地寫道：「這當然不符合所有人的胃口，但愛上帝也不是大家都想追求的。」[59]不過，正如世上各種具有價值與份量的事物——美、善、正義——這種愛的起源也來自另一個世界。

唯有超自然的愛能創造現實。這讓我們成為共同創造者。透過消解自我，我們參與了世界的創造。[60]

穿越【韋伊】

韋伊在一九四一與四二年之交寫成的筆記，就像來自高原與山谷之孤獨世界的素描草圖。人類此有必須越過這些高原和山谷，才能穿越黑暗並進入光明。同樣的定位點——或幾乎相同的定位點——總是會從不同方向不斷被觸及，並且呈扇形散開成更多圖像。[61]這都是因為這些草圖是韋伊在穿越高原與山谷時，在路上邊走邊勾勒出來的。

與其說哲學是可向他人宣揚的冰冷教義或甚至是第一原理的科學，對她來說，哲思無非是勇敢無懼地穿越這條路徑。換句話說，這不是一種客觀判定，而是一種存在蛻變的活動。所以這種活動無法被委託或在智識上宣揚傳承，頂多只能以示意或指引的方式傳達給其他人，也就是引導那些已經在路上的人。從經驗看來，並非所有人或多數人都會踏上這條路，只有少數、孤立的個體會從事這項活動。但這些天生罕見、獨一無二的個體，才是真正重要的關鍵，在最黑暗的時期尤其如此——由此觀之，韋伊也顯示自己是柏拉圖的弟子。他們把光帶進世界。他們的位置越是黑暗，火焰就越是明亮。

正因如此，我們無法（或不可能）用純粹世俗的指標，來準確形容或判斷這群少數者。若真用世俗的標準來衡量他們，那也只會得出深刻的異化與瘋狂這兩種概念。韋伊在這個生命階段就碰到這個狀況——不管是在阿爾代什擔任採收工，還是在馬賽度過的春季月份都一樣。被朋友問及接下來的計畫時，韋伊再度給出令人不安的答案，她說自己想「去風險最高、生命最受不到保護的所在，到那裡服務」。[62]她向「自由法國」的軍官和官員寫了好幾封信，在信中詳細擬定承接上述意義的任務計畫。她顯然承受極大的精神壓力。乍讀之下，信裡完全沒有半點神性的泰然任之，或是除去個人意志的付出奉獻。讓她更感焦慮壓迫的，是她一開始就體認到自己必須完成一項義務，那就是陪父母通行到紐約。同時，她害怕自己抵達美國後，就無法返回受苦受難的祖國，這顯然是她最沉重的負擔。

早在一九四二年一月底，她就開始打包行李了。現在，每天都有可能隨時出發。絕對的時間空虛，純粹的忍耐。接下來的所有計畫全都停擺。正好在這種再次被外部之力強迫暫停的狀態中，韋伊往解放的「去創造」（Ent-Schöpfung）繼續前進。在最高層次的精神狀態下，她在筆記中一頁接一頁地寫：「暫停的時刻、沉思的時刻、純粹直覺的時刻、精神空虛的時刻、接受內在空虛的時刻。透過這些時刻，『人』就有能力進行超自然的活動。忍受片刻空虛的人，要不得到超自然的食糧，要不就跌落。」[63]

回想在一九四二年春天與韋伊最後一次碰面時，蒂邦表示：「我覺得自己彷彿站在一個近乎透明的生命面前，這個生命即將回到原始的光明去……她對福音書下評論。這些話從她嘴裡說出來，如同樹上的果實。這些字句並沒有轉譯現實，而是將現實赤裸、完全移轉到我身上。我覺得自己被提升到空間與時間之外……」[64]

意識到自己已經寫下個人精神遺言——作為最後遺志的文本記錄，韋伊在一九四二年四月，將這幾份筆記交給佩蘭和蒂邦保管。一九四二年五月十四日，韋伊一家離開馬賽，第一站是卡薩布蘭卡。她在欄杆邊向在碼頭上揮手的朋友喊道：「假如我們被魚雷擊中，那會是多麼美麗的一場洗禮啊！」[65]

就是你！【鄂蘭】

至少鄂蘭免於遭受德國潛艇魚雷的洗禮。不過，在她抵達紐約一年後，還是沒有完全適應紐約的生活，尤其是她本該最熟悉的社交圈——紐約當地的猶太知識份子與學者圈。一九四二年四月二十五日，她寫信給耶路撒冷的朔勒姆：「你絕對難以想像這裡的社交生活對我們來說有多怪異、嚇人（基於先生的非猶太人身份跟其他原因，為了安全起見，把他留在家）。群眾談論所有與猶太人相關的議題，以及我們遭遇的一切，言談中帶著一種疏離的絕望感。基本上，這種絕望只有個人不受其影響時才會出現。恕我直言，我覺得這是非常嚴重的錯誤。」[66]

根據鄂蘭的信念，目前地球上幾乎每個國家都受到影響，每個人類此有都直接受到納粹威脅。在她看來，猶太復國主義者和同盟國都沒有充分理解這點，這才是真正的危險。無論是對猶太人的未來，還是對世上所有其他民族和國家的前景來說都是如此。

鄂蘭接著說：「不過除了這點之外，我們過得還不錯。先生就像專家顧問那樣，協助各式各樣的書籍寫作與研究。我則在寫我的反猶主義文章，並零散地發表在猶太報紙上……此外，我也固定幫《建設報》寫稿，默默讓自己成為美國最微不足道的專欄作家。」[67]

這些話都不假，但有一點她沒有坦然透露。這對夫妻跟鄂蘭的母親，一起住在中央公園與哈德遜河之間只裝修一半的兩房公寓內。生活過得一點也不舒適，先生跟岳母的關係更是愈發劍拔弩張。體型壯碩如紐約計程車司機的布呂歇，說英文還是很不流利。鄂蘭的母親反覆表示，說布呂歇的英文程度頂多只能應付破碎的日常對話，要找到一份有給薪的工作根本是機會渺茫。他繼續用德文替美軍與美國政宣政策寫文章，但只有部分稿件能領到酬勞。

相較之下，鄂蘭在抵達美國幾天後就開始全神貫注學習「美語」了。一九四一年夏天，她甚至在美國的一個寄宿家庭裡待了幾週，學英文，才過幾週就寫下了第一篇英文文章。即便是用新的語言，她的筆調依舊極具吸引力，思想也同樣銳利。大家都在討論她，而她也在一九四一年十一月，在德語週刊《建設報》上開了一個專欄，這在當時的猶太流亡圈裡是非常有權威的出版物。

專欄名稱「就是你」（This means you）[68]就傳達專欄的核心精神，也清楚顯示鄂蘭不想**和平討好地**表達個人立場。在第一篇專欄中，她用整篇文章的篇幅，魄力十足地呼籲成立一支屬於猶太人的猶太軍隊。軍隊成員將從世界各地徵召而來，並與盟軍並肩作戰，目的是擺脫納粹的枷鎖：

如果所有國家的猶太人都主張成立一支猶太軍隊，並準備好自願投身參戰，那猶太軍隊就不是烏托邦。不過，如果希特勒不是由我們所擊敗，那自以為能從希特勒戰敗得到好處的想像，才是真正的烏托邦。69

面對敵人時，一個無法自我防衛的民族就不是民族，而是一具活屍……我們不想要別人的承諾，承諾會替受苦受難的我們「復仇」；我們要戰鬥。我們不需要憐憫，我們要的是正義……不過，自由並不是承受苦難後的回報，正義也不像有錢人桌上剩下的麵包屑—我們連半點正義都得不到。70

根據鄂蘭堅定的信念，只有打著猶太人的名義進行武裝鬥爭，只有在那些因猶太人身份而受攻擊的人，讓全世界看到他們願意以猶太人之姿站出來進行軍事自衛，她的民族有一天才有可能擺脫受害者群體的角色。這種角色似乎已經在歷史上固化了，在歐洲尤其如此。此外，一支由各國猶太人組成的軍隊，還能避免猶太人在巴勒斯坦建立之下被切割成兩個世界的民族：一個是巴勒斯坦家園的民族（錫安〔Zion〕），另一個是永遠流亡離散的民族（加魯特〔Galuth〕）。然而，對鄂蘭來說，這在心理與政治層面都相當關鍵：這樣一支軍隊，有助於猶太人對自己與對他人的看法正常化，體認到自己只是世上許多受壓迫的民族和種族中，其中一支遭到打壓的民族而已。鄂蘭認為這個觀點無比必要。畢竟，在希特勒出於種族主義動機展開征服行動後，幾乎「所有歐洲國家……都已成為賤民的民族，所有人都被迫重新開始為自由與平權奮鬥。有史以來頭一遭，猶太人的命運不再是特殊的命運，我們的鬥爭第一次跟歐洲的自由鬥爭劃上等號。身為猶太人，我們想為猶太民族的自由而戰，因為：『如果不是我為自己而戰，又有誰會為我而戰？』；身為歐洲人，我們想為歐洲的自由而戰，因為：『如果我只為自己，那我又是誰？』（希勒爾〔Hillel〕）」71

新的恐怖【鄂蘭】

就猶太人的宿命而言，即便身處新世界，鄂蘭主要還是從歐洲的角度進行論證。無論她的呼籲與要求看起來有多條理清晰，一九四二年五月，她還是得承認自己在猶太復國主義圈內的宣傳活動以失敗告終。由於世界政局出現關鍵轉折，她的痛苦也加倍放大。早在一九四一年十月，德國進軍莫斯科的行動就已陷入僵局，而且隨著俄羅斯入冬，這場僵局對雙方來說儼然變成一場代價龐大的消耗戰。史達林的紅軍並沒有在幾週內崩潰瓦解，反而展現越來越強大的力量。列寧格勒的命運是全新政局的完美範本。一九四一年九月起，列寧格勒就被納粹圍困封鎖，史達林的部隊則不計代價守衛。早在第一個冬天，後來的「英雄城市」（Heldenstadt）就有幾十萬居民死於飢餓，這是納粹在違反國際法之下強行造成的局面，在戰略上也被史達林所接受。

由於日軍轟炸機在一九四一年十二月七日空襲珍珠港的美國太平洋艦隊，美國現在也正式宣布加入世界大戰。與英國結盟的美軍最初集中在歐洲西線。首要原則是「德國優先」。所以在一九四二年春天，歐洲出現兩線作戰的局面，這必然會過度消耗德國國防軍的戰力。

一九四二年四月，希特勒的部隊再次試圖在蘇聯取得關鍵突破，但這次依舊徒勞無功。清楚評估現有戰鬥力與軍備資源，擊敗納粹只是早晚的問題——以及盟軍部隊是否做好犧牲的準備。

因此，一九四二年五月九日，猶太復國主義運動的主要負責人，在紐約畢爾特摩飯店舉辦特別大會時，會場中的討論瀰漫著一股特殊、雙重緊繃的氛圍。雖然這些消息還無法確定，但納粹顯然在一九四二年初，就開始在被佔領的東部領土上，將被拘留與強制隔離的猶太人，大規模運往專門為此目的而設的滅絕營——最初先從利沃夫（Lemberg）與盧布林（Lublin）下手。[72]顯然，歐洲猶太人面臨的大規模屠殺，已進入先前根本無法想像的全新階段。這讓猶太復國主義者更迫切提出要求，呼籲放寬甚至是取消進入英國託管地「巴勒斯坦」的限制。同時，盟軍距離勝利越來越近，在政治上擁有主權、作為猶太民族家園的巴勒斯坦，也因此得到全新的前景。鄂蘭以觀察員的身份參加這場會議，而群眾在會議上做出的決定令她感到錯愕。

錯誤的統一體【鄂蘭】

數月以來，鄂蘭一直擔心在面對猶太人的可怕處境時，猶太復國主義運動內部會進一步出現僵化的現象，還有可能在民族主義上自我限縮。為了反制這些力量，為了不讓她在平面媒體中發出的猶太軍隊呼籲在意識形態上被劫持，鄂蘭在一九四二年三月，成立一個名為「青年猶太組織」（jungjüdische Gruppe）的政治討論小組。

在鄂蘭的思想輸入刺激之下，小組討論的重點問題在於：「巴勒斯坦猶太人應該替自己建立什麼樣的政治體系？」[73]處理這個議題時，鄂蘭一開始不是以猶太人的角度切入，而是以政治理論家的身份來探討。簡單來說，她將巴勒斯坦的猶太人問題，視為一個具有代表性的範本，藉此描述所有民族與族裔群體在現有民族國家中，以少數族群的身份爭取適切的代表權和自決權，並試圖保護自己的身份、語言、宗教、文化特色與傳統時，會面臨什麼樣的處境。

民族國家作為**人民、領土與國家的必要統一體**，這個源於十九世紀精神的既定觀念在歐洲蔚為主流。根據鄂蘭的分析，這個觀念正是兩次世界大戰與現代反猶主義（概念上來說，這也是十九世紀的產物）的真正起源。鄂蘭寫道：

> 當時，反猶主義仍是一種典型衝突。如果在一個民族國家中，人民、領土與國家的根本身份認同，被另一個民族的存在所擾動—這個民族無論如何都想保有其身份認同，那這種衝突就永遠無法避免。[74]

這場辯在畢爾特摩飯店的猶太復國主義大會，在社會民主主義者大衛・班古里昂（David Ben-Gurion，後來的以色列總理）領導下做出決定，表示猶太人在巴勒斯坦建立家園時，渴望的正是這種具有民族同質性的民族國家模式。除了要求開放讓兩百萬名歐洲猶太人移民巴勒斯坦外，大會決議還通過一份構想，計畫將巴勒斯坦建立成「猶太聯邦」（Jewish Commonwealth）。同樣住在當地的阿拉伯人雖佔人口多數，但只被賦予少數族群的權利（其中不包含投票權）。

鄂蘭不僅怒火中燒，更感到無比絕望。根據鄂蘭堅定的信念，在猶太復國主義之名的包裝與美化下，這個可能解決「猶太問題」的理想概念，就是先在歐洲激起政治層面的反猶情緒，從而帶來現代「猶太問題」的原因：罪魁禍首就是民族國家的僵化概念，認為民族國家在理想中是由人民、領土與國家構成的完整統一體——在這種框架之下，猶太人作為一個民族，必然會被視為強烈干擾其他民族的他者。

對鄂蘭來說，畢爾特摩飯店的決議，代表猶太復國主義運動根本無以達成最初的解放目的，甚至可說是背叛了原本的目的。此外，從現實政治的角度來看，她認為這是一種到中期就會自我毀滅的愚行。在接下來的幾週和幾個月內，她寫了數篇憤怒的文章，表示在民主的猶太人社群內，提供多數人（阿拉伯人）少數族群的權利，這種想法實在荒謬至極。一個主權民族國家的存在和繁榮，必須永遠仰賴另一個保護國的軍事援助，這個觀念對她來說也很不切實際。看一看地圖，對一個純猶太的巴勒斯坦來說，這似乎是無可避免的命運：

> 單純仰賴國家蠻力的民族主義就已經夠糟了。但是，一個必然、公認仰賴他國力量的民族主義絕對更慘。……即便猶太人在巴勒斯坦佔多數……情況基本上也不會有太大改變，猶太人還是只有兩種選擇：要不就是請求外部勢力協助抵禦鄰國，不然就是與鄰國有效溝通、互相理解。75

此外，這種手段會讓猶太人永遠無法與阿拉伯裔巴勒斯坦人和平共存，還會進一步煽動已在鄰國劇烈增長的泛阿拉伯反猶主義。

畢爾特摩飯店會議結束後，鄂蘭也徹底與制度化的猶太復國主義決裂。不過，她依舊堅信所謂的「猶太民族」是存在的。經過幾千年的時間，這個民族在時空中仍保有有效政治實體的身份，而且身為一個民族的他們，也值得擁有自由的自決權。同樣地，作為一名猶太人，她終身致力於實現西奧多·赫茨爾（Theodor Herzl）提出的目標，也就是替猶太民族打造一個民族家園，只不過不是以舊歐洲那種傳統民族國家的形式。

世界公民的意向【鄂蘭】

想在主權上讓猶太民族成為一個政治群體，其實還有別的辦法。她的新家——美國就是最佳證明。美國當初以聯邦（Föderation）的形式進入世界舞台，意思是由「不同、可明確辨識的民族或其他政治元素所組成，共同構成一個國家。只有靠這種聯邦形式才能化解民族衝突，因為多數與少數民族之間無法解決的衝突完全不存在。……在這個聯盟中，沒有任何人擁有凌駕於他人之上的權利，國家是由所有州共同治理。」[76]

在鄂蘭心中，未來巴勒斯坦的完美解方就是這種聯邦制度——要不是作為未來歐洲國家聯邦的一部份，就是加入大英國協。她深信「只有加入某個聯邦，巴勒斯坦才能穩固成為猶太人的民族家園（就像其他小國家或小民族一樣）。」[77]

在紐約這個由混凝土構成的曠野，懷抱這種具有世界公民意向的猶太愛國主義，鄂蘭是一位孤立的發聲者。清楚觀察、分析一九四二年春天的政局，根本就沒有人會用「哲學」二字來形容她提出的願景。在美國與歐洲的猶太復國主義圈內，鄂蘭越來越孤立，其實這也是具體的社交因素與人際關係所致。基調決定整體風格。作為「美國最微不足道的專欄作家」，鄂蘭總以最尖銳、最堅定不移的筆調來發聲。即使歐洲的猶太人正面臨逐漸逼近的滅絕深淵，她的文章中還是充滿挖苦、引發爭議的諷刺論調，她甚至將納粹的種族主義與猶太民族主義劃上等號。[78]雖然知道會造成什麼後果，她還是以「公共知識份子」的身份，挑起別人對她的敵意與仇視。她認為這是她欠自己跟同胞的。不僅是以真理與正義之名，更是以公開和公共討論的自由之名。

用波娃的術語來說，在這個可能是猶太史上最黑暗的時刻，鄂蘭在政治上呼籲的正是「形而上團結」的態度：跟世上所有被奴役的民族站在一起，並主張自己對自由的需求與嚮往。純粹從哲學角度來說，這個需求已經不小了；然而，就現實政治層面來看，這個要求簡直太超過。至少在現實環境壓力下是如此。

小圈圈【鄂蘭】

鄂蘭——跟波娃、韋伊和蘭德一樣——當時以哲思者身份想完成的現實政治使命，不管在哪個時期看來都難以實現：在堅持原則、保有哲學深度並具體實踐的同時，又要能發揮政治效果。在一九四一與四二年前後，這是一項完全沒有希望的工程。無論是在巴黎還是紐約；無論是以真正的社會主義、基督信仰、猶太復國主義或美國之名；無論是以存在主義式的團結、主耶穌、康德式的世界公民精神，還是激進的自由意志主義之名。她們想的第一件事是政治，所以在政治上被邊緣化。對哲學家來說，只要回顧行會的歷史，就知道這不是什麼新鮮事。而且，這也不代表她們必然會失去自由。畢竟，面對正在發生的事，站在什麼位置能看得最清楚？難道是事件的核心嗎？還是從遠處，站在事件最外緣看呢？

名符其實的「思考」會讓人在社會上感到孤獨。之所以如此，原因可能是因為思考這項活動的絕對焦點，只有在沒有他者的情況下才能企及。基本上，思考活動最多只能容納一到兩位知己。無論如何，這也是鄂蘭的終生信念。

一九四二年十一月，鄂蘭的《建設報》專欄被砍掉，「青年猶太組織」也成為歷史。所以說，當鄂蘭在幾個月後再次寫信給友人朔勒姆，向他報告那持續不斷的「文化衝擊」時，我們不能將她說的話全然理解成抱怨（在這封信中，鄂蘭顯然已正式跟德語特殊字母——變元音說再見）：「置身這個國家實在讓人感到孤獨。這主要是因為大家都很庸碌。經過一定時間後，許多人根本就沒有休閒的需求。這讓人持續處在某種心不在焉的狀態，使人與人的接觸變得非常困難。」[79]

在心不在焉的時代保持專注。培養休閒與放慢腳步的需求。保持活躍，但不要過度忙碌。這就是古老的歐洲人進入新世界時對傳統生命形態的堅持。唯一該避免的，是陷入「政治自由」與「社會奴役」[80]之間的深淵，依照鄂蘭的說法，這正是美國的典型困境。反之，她應該依個人意志塑造重新得來的自由：在最正面的意義上，讓自己再次處於「此間」（dazwischen）的狀態——最重要的是繼續探尋。

時序一進入夏天，她又有新的機會能這麼做：她接下自己的第一份學術工作，到紐約的布魯克林學院（Brooklyn College）擔任兼職講師。課名為：「現代歐洲史」。新舊生活模式也因而變得更具體：政治評論家與學者。同時，她也以獨立女性學者的身份，從事一項與授課內容密切相關的研究：揭開導致目前黑暗局面的因素——歐洲極權主義的死亡慶典、源於種族主義的壓迫意志、強制將人民與國家視為單一和統一體的觀念、作為逐步去人化場域的集中營邏輯……反猶主義、帝國主義、全面統治。一切的起源都可追溯至十九世紀。一定要循著這道軌跡追查下去。

鄂蘭已經擁有自己真正需要的東西了：獨立思考的內在自由；能跟她對話辯證的摯愛；還有來自國家的外部自由，這種自由不會讓「固執己見」淪為純粹書面上的承諾。布呂歇這位好先生每天仍在練習本上寫下各式各樣的英文俚語，套用本子中的一句習語來說，在一九四二年底，鄂蘭不只是一位「俏皮小妞」（nifty chick），更是「有強烈個人主張的女子」（very much her own woman）。

尼采的詛咒【蘭德】

回想起來，蘭德對鄂蘭和波娃在同期發動的政治計畫一無所知，這實在有點可惜。替自己的圈子命名時，蘭德碰上不少困難。要是她對另外兩位哲學家的概念有所認識，應該能從中得到一些靈感，例如：「形而上的利己主義者」、「自由意志青年團體」，或者，乾脆就叫「沒有社會主義的自由」。

比起一九四一年秋天實際討論出來的選項，這些稱呼絕對適切得多。當時他們想出的選擇有「美國鄰居」（蘭德表示：人家會以為我們跟南美洲有關），[81]還有創始者蘭德自己提出的「知識份子貴族」。跟第一個選項相比，這個稱號依然沒有精準反映出這個圈子的理念。知識份子貴族這個稱號，反而凸顯出整個自由意志主義計畫重點中的首要難題：公然的菁英主義與企圖達成的民粹主義之間，那種難以調和的緊張關係，這就是尼采的詛咒：如何透過民主手段說服多數人，讓他們相信廣大群眾在本質上趨近於白癡，而利用個人理智思考的開明勇氣，向來都只是少數人的理想，未來也不會有所改變呢？

在第一次小組聚會上，諾克就針對這點表達個人看法。他認為與其代表全體群眾爭取政治個人主義的願景，倒不如在範圍最小的圈子裡，繼續培養開明開放的自給自足理想。至於該如何與群眾打交道，確保自主自決的秘訣只有一個：社交距離以及日常方面（尤其是經濟上）的獨立。只要不要變得刻薄尖酸就好。從現實看來，不管是在任何時期或任何國家，自由意志主義者能達成或合理企求的，最多也只是如此。就連在美國也不例外。想在政治層面，讓所有人快樂地接受自己對美好生活的願景，並將自己的願景視為唯一選擇，這本身不就是極權主義的動機嗎？[82]

就連十多年來替紐約《先鋒論壇報》寫專欄的文學評論家帕特森，也善意回絕加入組織的邀請。那一年，蘭德跟她建立非常深厚、親密的友誼，這讓蘭德回想起少女時期還在聖彼得堡時，跟奧嘉．納博科夫（Olga Nabokov，弗拉基米爾．納博科夫〔Vladimir Nabokov〕的妹妹）的真摯友誼。儘管感情深厚，帕特森還是沒有改變自己那鋼鐵般的自由意志原則，也就是永不加入任何團體或組織。

美國爆破專家【蘭德】

所以說，在根本還沒實際展開行動前，「知識份子貴族」的人數已縮減到只剩六位立意良善、來自中西部的中產階級，還有幾位對共和黨深感失望的另類右派紐約人。蘭德認為小組必須先對自己進行適當的內部培訓，因為他們還不是一群能直接到各地宣揚自身理念的個體菁英。小組中的男士甚至不願大方地把支票簿攤開，這代表他們籌劃的自由意志運動仍缺乏必要的啟動資金。

在私人領域，情況也好不到哪裡去。除了在派拉蒙影業（Paramount Pictures）擔任算鐘點費的劇本讀評人，蘭德在沒有任何實質收入的情況下，當了一整年的全職自由意志主義倡議人士。此外，她的小說計畫也被八家出版社拒絕。更慘的是，奧康納還丟了那份得來不易的雪茄店兼職店員工作。薪水不錯的僱傭勞動仍然供不應求。經濟衰退一直持續到羅斯福新政的第八年，就像吸菸者總咳個沒完沒了那樣。所以，即便像蘭德這樣堅定不移的孤立主義者，也可能已經默默地樂見美國在一九四一年十二月加入戰爭。[83]

這至少讓她鬆一口氣，不必全將政治野心方面的挫敗怪在自己頭上。戰爭愛國主義大行其道，美國優先的聲勢將在可預期的未來和緩下來。在目前戰爭經濟全速發展的局面下，自由意志主義的操作更是逃不過這種命運。[84]所以說，「知識份子貴族」的這項團體計畫，早在開始前就成為歷史了。不過「霍華．洛克」計畫並非如此。

正好相反。事情就像出現意外發展那樣（實際上可能是伊莎貝爾．帕特森居中牽線），位於印第安納波利斯（Indianapolis）的梅里爾出版社（Bobbs-Merrill）清楚表態對小說很感興趣，尤其是社裡新聘的編輯艾奇．奧格登（Archie Ogden）。儘管上級威脅要立刻將他解僱，他還是堅持為這份小說的手稿而戰。最後他成功了。

一九四一年十二月十日，雙方簽訂合約。雖然預付款少得可憐（一千美元），而且約定的最後交稿期限根本就不切實際（一九四三年一月一日），但現在至少有具體目標，還有一條直接通往唯一自由的路徑。對蘭德而言（還有韋伊、波娃跟鄂蘭），這不僅是唯一，而且還是真正絕對的自由：以寫作來從事創造的自由。

珍珠港事件發生後第三天，也就是美國正式參戰的前一天，她跟出版社簽訂合約，而她人生中最快樂、最有成就的一年也正式展開。

社交隔離【蘭德】

至於小說，「我正陶醉在寫作的狂歡中。」一九四二年二月十九日，蘭德向這位新合作而且也是她最愛的編輯報告：「我正在工作，真的，不分晝夜。目前最高紀錄是下午四點開始寫，寫到隔天一點才停筆（中間只有為了用餐休息一次）。我不是每天都能用這種模式工作，但是在這幾個小時內，我寫出目前為止最棒的東西。我有時候會接連兩到三天不換衣服，躺在沙發上小睡幾個小時，起來再繼續寫。」[85]除了週日跟帕特森碰面外，她一步也沒踏出公寓、徹底斷絕任何社會接觸，並將個人清潔衛生以及睡眠壓在最低限度。只要確保重要的能量供給能源源不絕就好：香菸、巧克力、果仁糖。

正如十多年前夢想的那樣，一九四二年一天一天過去，蘭德也逐漸從人類化身為寫作機器——因為她每週都能寫出二十五頁幾乎能直接送印的手稿。這就是她渴望的存在：獨立、自我負責、自我創造——而且還能超群出眾地創造價值。腦中完全不去想潛在讀者、社會以及**評論家**。創作過程中唯一要緊的，是與作品本身達成形而上的團結。一位專心致志的寫作者，完美體現出具有超人生產力的自我主義。人若能從內在創造自己的世界，誰還需要外部世界？（丈夫負責日常辦事跑腿的工作。）

身為政治活躍份子那年的經驗也沒有全然付諸流水。她長期以來堅持的信念如今輪廓更清晰鮮明，新的見解也以不同形式出現，尤其是蘭德在一九三四年的哲學日誌中提出的基本問題，也就是

「倫理是否為必然、基本的社會概念」：「是否有主要以個體為導向的倫理系統？」[86]

在一九三〇年代，從術語上來看，蘭德關注的重點是「個人主義」與「集體主義」之間的緊張關係，但她現在認為「利他主義」才是自由的真正敵人。根據這個概念，利他主義者想將自己理解成主要以他者為導向，並以此來採取道德行為的存在。換言之，利他主義者會依據他者的存在與利益，來引導自己的思維、行為與創造：不管是征服或操縱等追求權力的目標，還是犧牲自我來協助或甚至「拯救」他者的目標。所以追根究柢，一切都取決於誰才是道德行動的實際接收者：是我自己還是其他人。所以，蘭德在一九四二年的思想日記中指出：「人認為他者是自己的首要美德時，就只有兩種選擇：做別人相信的事（被奴役），或是為了增進他人福祉把自己的信仰強加在他人身上。」[87]換句話說，他人作為所謂道德行動的接受者，對他人的協助只能透過征服來實踐，不管是讓自己被征服還是去征服他者。沒有第三種選項。

所以說，這種以他者之名建構出的倫理學——沙特在同期提出的說法簡直一語中的——必然得認清並接受前述兩種情況之一。換言之，不管是自己成為奴僕還是壓迫他人，在利他主義關係中，個人必然無法保有自己的自主權。所以唯一能擺脫這種處境的方法，就是在採取道德自決行動時，拒絕讓他者以各種形式干預、涉入個人意志中。這種自由不是**為了**他人、**透過**他人而來，或甚至是**與**他人共有的自由，而是**脫離**他人的自由：「自私——不是為了壓制他人，而是為了**獨立於**他人。」[88]正因蘭德概念中的自我主義者絕對承認他者的此有，正因為他們顯然也存在，而且具有與自己相同的存在和價值，所以就個人的意志決斷來說，他者的存在與潛在需求都必需被淡化。

所以，真正能帶來、並確保彼此自由的，是一貫採取「形而上獨立」的態度，而不是追求「形而上團結」。與他人接觸交涉，並完全承認他們是同樣自由的人時，唯一真正非暴力的方式是建立合約——就像一樁好買賣或好交易。我說話算話，信不信由你，後果由你自負。不過，如果要在社會上實現交換目的，最合宜的方法顯然是透過貨幣與金錢。而真正能讓個體以非暴力方式進行交換的唯一經濟模式，就是絕對自由放任的資本主義。最後，在這個意義上唯一正當的政府形態，就是那種在國家干預方面程度相當有限，而且是直接由人民授權實現的民主政體。

對蘭德而言，這種自由共存的整體方案不僅在實務上站得住腳，而且從經驗看來，這是群眾之間最微小的邪惡，而且甚至是神律般的必要條件。這不只運作良好，更是人類社會中的善！這就是絕對的善！因為除了人以外，世界上沒有其他價值來源（就算有，個體首先也得在自由的狀態下做選擇）。

任何刻意偏離這種理想的行為，就代表在明知會造成何種後果的情況下，走上自取其辱的奴役之路：在道德上是利他主義、經濟上是社會主義、宗教信仰上是原教旨主義，政治上則是極權主義。當然，有些人對這些概念滿懷憧憬，他們基本上都是無法點燃或培養內心自由創造之火的人。所以他們沒有踏上個人「追求幸福」的艱難冒險之路，寧願看到所有人以所有人之名被圈限。這就是各種文明社會形態中的「托伊原則」。

儘管這一切最後未必能通過嚴謹的邏輯分析檢驗，就算每個概念轉換還沒被打磨到像大理石那樣光滑平坦，蘭德依舊在一九四二年根據這些原則建構出一套詮釋模型，讓她能同時在三個層面上寫出這部逐漸成形的小說：描述每個人心靈中，極端對立的發展理想之間的永恆鬥爭；詮釋美國在二戰前夕的時代精神張力；透過小說形式宣揚自己的理念，承諾在最黑暗的時代指引出一條脫離他者地獄的出路——以如信仰般崇高的洛克作為救贖者。

一九四二年十二月，經過連續十二個月不間斷的創作狂潮，蘭德以洛克在十二位陪審團面前提出的抗辯，作為小說的結局以及高潮。如同真正的美國版蘇格拉底，他以人民之名站在陪審團前，讓所有人知道在美國備受重視的《獨立宣言》與《憲法》，實際上到底是奠基於哪些價值之上。

洛克的抗辯【蘭德】

洛克被指控的罪行並不是誘拐少女或褻瀆神明。乍看之下，他面對的指控看起來沒什麼大不了，但仔細觀察，就會發現這對社會結構的凝聚構成嚴重威脅。在他親手設計的社會住宅即將完工的幾天前，他單槍匹馬用炸藥將整棟建築夷為平地。他這麼做的原因只有一個：負責監督這起建案的公共委員會（由托伊領導）要求細修原始設計的某些部分，後來更在沒有明確徵詢同意之下實際進行改動，此舉嚴格來說是違反合約。所以，陪審團該審理的並不是罪行本身或犯案經過，因為洛克對此毫無異議。陪審團該判斷的只有其犯罪動機的價值與正當性。

檢方表示，這種動機顯然「超出所有正常人的感受。對我們當中的多數人而言，這看似是件可怕、不可思議的事……這種動機將這個人心靈中的所有人性都炸毀了，就像炸藥將大樓夷平那樣。

在此，我們面對的……是地球上最危險的爆炸物：自我主義（egotism）。」[89]

現在就看洛克如何自我辯護了。他沒有請律師，直接出庭替自己說話。他超凡入聖地無視自己身處的境況，所以在陪審團的第一印象中，他看來就是個「不知恐懼為何物」[90]的人。從邏輯上來看，這個非比尋常的說法是來自蘭德的信念：個人的情感生活完全可以透過理性來控制。所以說，有些非理性的情感或情緒，會使人類存在變得有罪：首先是恐懼，再來是悔恨，還有缺乏動力。這些情緒會導致內在空虛，進而使人落入他者的地獄。當然，這些情緒洛克都沒有。在他的天才之火驅動下，透過想像力和創造力的引導，洛克完全是行動衝勁以及飽滿豐富的象徵。

難怪他在抗辯時，會先舉出普羅米修斯這個例子，將普羅米修斯視為人類創造者的先驅：「數千年前，一名男子率先發現使用火的方式。據說他是被火葬柴堆給燒死，而當時就是他教兄弟如何點燃柴堆的。」[91]

這就帶出英雄殞落的情節以及小說的核心主題：具有創造力的個體是所有文明進步的實際驅動力——與由「為數眾多的大眾」構成的嫉妒群體相互衝突。創造力的理性之光，對抗自我否定的黑暗無思想性。勇敢、追求進步的自我，對抗「人」在恐懼驅使下停滯不前的渴望。

但是，真正的創造者是被什麼所驅動？其行動的真實動機是什麼？根據洛克的說法，他之所以行動，絕對不是想以任何方式來讓其他人受益或得到幫助。他只是盡可能發揮自己的知識以及良知，替問題找出解決辦法。所以說，他的動機是追求作品本身真理的意志。

碰到新出現的問題，就不能只靠他人已經建立的規範或程序來解決。所以說，想要擁有創造力，個人就必須清楚懷抱偏離常軌的意志——在社會領域尤其如此。這麼說來，作為推動人類進步的真正創造者其實是獨行俠，而且也必須如此。正是因為這個原因，他們被群眾懲罰、被排斥，而且還時常被直接處以私刑。或者，他們會被大眾所稱頌、被擁護到寶座上，甚至被視為偶像，但這種情況更為罕見。對於具有創造力的個人來說，這兩者同樣有害，最後在結果上也都同樣危險。不是反抗他者，也不是為了他們——而是**獨立於**他者。在最好的情況下，群眾會欣賞創造者的作品。

在洛克對陪審團的描述中，真正的創造力和實用理性思考，其實是出自同一個源頭。推理與思考的形式說到底只有一種，而且對所有人類來說都是一樣的。此外，作為一種能靠意識來控制的能力，這其實是人類獨有的特徵。失去這種能力，人類就無法以任何方式生存。具備這種能力，人類就有創造一切的潛能。

不過思考只能是個體行為，創造性思考尤其如此：

> 世界上沒有什麼叫做集體的大腦或集體的思想……沒有人能用自己的肺來替別人呼吸。沒有人能用自己的大腦來替他人思考。所有的精神與生理功能都純屬個人，無法被分享或轉讓。92

另外，對洛克來說還有一點也很重要，那就是得不計代價保護、保存智慧財產權。對於每個人各自的全整來說，這些權利是不可或缺的一部份——作為身與心的創造性統一體。所以，任何動用暴力干涉這些權力的人，都是在傷害自由和進步的文明基礎。因此，一個良善、正義的社會必然會保護這種全整，不使其受他者暴力侵犯。

這種社會尤其會確保全整不會被那些不能，或尤其是不願自行創造的人玷汙。那些人作為人類，寧願躲在「人」與其「美好社會」的虛幻安全感中。那些人出於卑鄙和最低賤的動機，主要都是打著所有人的變態名義，刻意阻撓、對抗創造者。換言之，這裡指的就是那些「二手貨」，以及他們心中那種人與人相互依賴、個體可相互替換的概念，還有以所有他者之名要求每位個體自我閹割的想法。這就是利他主義者：「利他主義就是要求人要為他人而活，將他人至於自我之上的觀念。」

根據洛克的說法，這種意識形態之所以如此具有破壞性，其實不僅是歸咎於其深層心理偽裝，更根本的問題在於這種觀念實際上根本就令人難以捉摸。利他主義者的要求根本就無法達成：

> 沒有人可以為他人而活。正如一個人無法與他人共享身體，一個人也無法跟另一個人分享自己的精神思想。但二手貨利用剝削他人的利他主義，顛覆所有道德原則的基礎。他們把各種將創造者毀滅的思想灌入他人腦中，告訴群眾依賴是美德。試圖為他人而活就是依賴。[93]

所以每一位具備理性思考能力的人，在面對人類同胞時必須做出的真正抉擇，並不是「奴役」或「統治」，而是「依賴」或「獨立」。這種宣告追求獨立的意志（在文化上最接近這種意志的莫過於美國人），跟個人與生俱來的才能或智力無關。沒有人會笨到無法做自己。獨立的首要關鍵，是要有公開表態想獨立運用個人理智的勇氣；是自信說出「**我**要」、「**我**可以而且也會」的意志。這種行動完全不摻雜任何菁英主義的色彩，而是一種最提倡平等主義、維護尊嚴與接近草根民主的存在選擇：

> 雖然能力各有高低，但基本原則不變。一個人對其工作的獨立、積極主動與熱愛程度，決定他作為勞動者的才能以及作為人的價值。獨立性是衡量人類美德與價值的唯一標準。衡量他是什麼樣的人，以及他讓自己成為什麼樣的人，而不是他為別人做了什麼或沒替別人做什麼。個人尊嚴是無可替代的。沒有其他衡量個人尊嚴的標準。在所有正當的人際關係中，沒有人會為他者犧牲。[94]

出於這個原因，只有建立在這種勇氣之上，而且不計代價透過憲法來守護這種勇氣的政體，才能成為一個蓬勃發展的繁榮國家。正如「自由的國度」那樣。向陪審團提出抗辯時，洛克體現的絕不是那種自以為是的大集體民族主義，而是以美國憲政愛國者的身份向陪審團的良知喊話：

> 請睜開雙眼看看這個建立在個人主義原則上的社會。這是我們的國家，人類史上最崇高的國家。成就最輝煌、最繁榮，同時也是最自由的土地。這片土地不是建立在無私的服務、犧牲、放棄或任何利他主義的戒律之上。這片土地是建立在對幸福的追求之上：自己的幸福，而不是

別人的幸福。一個私人、個人而且自利的動機。請你們看看我們締造出何等成就，也請追隨你們自己的良知。[95]

所以，一步也不能向利他主義屈服，半點都不能屈就於利他主義強加的壓迫，絕對不能讓唯一的權利受損——以每一位理性者（無論男女）的獨立和全整之名，我們必須無條件、毫不退讓地守護這些權利：智慧財產權以及身體財產權！

擅自炸毀由他自己獨自構思出來的社會住宅模型「柯特蘭特」（Cortlandt），這不僅是洛克的權利，更是他真正的美國義務。在這個黑暗時期，炸毀這棟建築是保護價值的反抗行為。當然，他這麼做全然是為了自己，純粹是出於自私自利的原因，這點檢方並沒有說錯。不過，他其實是代表自己國家或甚至是全世界中，所有嚮往自由的理性人而採取此行動：

你們現在知道我為什麼要把柯特蘭特炸掉了……

我今天站在這裡就是要說，我不會讓任何人擁有我生命中一分一秒的權利。也不會讓任何人佔有我的能量、或任何成就的任何部分。不管提出這樣要求的人是誰、有多少人，或是他們要的有多多，我都不會妥協。

在此，我想說，一個人的創造性作品的全整，比任何形式的慈善還要重要。不了解這點的人，就是摧毀世界的人。

我的到來是為了清楚表明我的必要條件。

我不願意遵循他人而活。

我不認為自己對群眾有任何義務，除了以下這點：尊重他們的自由，不與奴役者的社會有任何往來。假如我的國家不復存在，我很樂意將自己必須在獄中度過的十年光陰獻給我的國家。我會用這十年的時間緬懷、感謝這個國家過往的樣貌。這就是我的效忠宣誓，我拒絕在一個取代我國的世界中生活、工作。96

判決【蘭德】

判決，現在由陪審團來決定。陪審團中的每位成員都要下判斷。當然，在眼前的情況中，假設一九四二年的鄂蘭、韋伊和波娃，也是這個虛構陪審團的成員，情況一定格外有意思。她們會怎麼判斷洛克的動機？怎麼評價他的抗辯？怎麼剖析他的論點？對他的整體表達與呈現會有什麼感受？

難道真的只有「我要」這種意識清楚的行動，才能讓作為有限生命的人得到價值與尊嚴嗎？還是說價值與尊嚴也有可能來自於自我之外，甚至是這個世界之外呢？一個有血有肉的自我，真的能夠獨立於他人、自由自主的自我決定嗎？還是說正好相反：只能透過他者並與他者共同決定？

那情感生活的自發性與任性呢？是否真的要不計代價服從於理性？如果是的話，個人變化

（Werden）的潛在個體性又會受到什麼影響？洛克真的是像他自己呈現出來的那樣，是具有創造力的賤民嗎？還是他根本是有自戀妄想的新貴的原型？身為一個人，他真的超越任何傳統的天才崇拜嗎？還是說他根本就想被別人抬到這個寶座上？

他聲稱嚴謹的邏輯思考與創造性創造來自同一個源頭，這是真的嗎？真的只有一套研究的邏輯，或甚至只有一種認知與判斷的邏輯形式？創造性過程的起源又是如何？假如一個想法顯然不是創造性個人能隨心所欲產生並喚起，那這個想法在多大程度上能被稱作是私有財產？

世界真的像洛克論證的那樣，是在一場無私以及自我犧牲的狂歡中滅亡的嗎？毀滅世界的，難道不是躁狂個體的絕對自我賦權意志嗎？難道真的是由少數人挺起擎天神阿特拉斯般的肩膀，一肩扛起文明進步的所有重擔嗎？還是說，真正讓文明持續進步的，是那群被這些少數人系統性剝削、永遠彎腰屈身的人呢？

最後，還有一點也非常重要：洛克向陪審團提出抗辯與陳述時使用的語言，其本質究竟是什麼？探究其根源，難道這種語言是由一位來自遙遠古代、自我本位的原始天才所創造的嗎？這個語言的創造者絕對是一個人類嗎？如果將語言視為獨立於其他人類之存在而出現的事物，我們還有辦法將語言理解成交流溝通與思考的媒介嗎？

針對相關問題，波娃、鄂蘭和韋伊肯定得花上幾天、幾年甚至是幾世紀的時間來討論。不過，就算經過長時間討論，她們也不會達成一致的裁決。面對一群獨立思考的哲學家，我們難道能期待他們達成共識嗎？只有頭腦簡單或擁護特定意識形態的人，才會認為共識是思考的目標。

在蘭德實際寫下的虛構小說中，陪審團主要是由一群非常實際、代表美國民眾的人所組成——高階主管、工程師、卡車司機、電工、砌磚工人。他們只花幾分鐘就做出了裁決。

「裁決者，您是否達成決議？」

「是的。」

「您的裁決是？」

「無罪。」97

蘭德將這些字句寫在紙上時，十二個月的社會隔離和從不間斷的創作狂潮也劃下句點。一九四二年十二月三十一日，她將完成的手稿親手交給歐格登。她已經完成自己在合約中該履行的工作，不欠任何人任何東西。尤其是對她自己。從現在起，她就將這部作品交到別人手中。不管他們的判決是什麼，她在那一刻非常清楚自己做了什麼以及創造了什麼。那是一種神聖的感覺。

VIII.

火焰——一九四三年

蘭德與波娃置身天堂，
鄂蘭凝視深淵，
韋伊跨過最後的界限

罷工【蘭德】

「我不是利他主義者。該說的我都說了。如果小說無法吸引讀者，我又何必繼續啟迪他們？」[1]出版六週後，第二本小說的命運似乎也定了下來。沒有宣傳、沒有銷售，甚至連惡毒的負評也沒有。說到這裡，電話那頭的帕特森也忍不住開始談論自己的悲慘命運。她至今已出版八部小說，每一部都以失敗收場。就在蘭德的《源泉》出版前幾週，帕特森迄今最雄心勃勃的非虛構作品《機器之神》（*The God of the Machine*）出版問世——一本具有文化和歷史背景、針對自由企業與個人創造力的頌歌。這本書也沒有引起廣大共鳴。這位小姐在期待什麼？難道她以為能賣出十萬冊嗎？[2]這可是哲學小說！在羅斯福執政的美國，有可能嗎？

接連十六個月，她毫不間斷地努力工作。四月之前，她每天都在改稿。快收尾完稿時，她得靠刺激劑[3]才能撐下去。蘭德單純是疲倦到靜不下來。對這樣一本書麻木不仁的文化，本來就該滅亡：「帕特，要是我直接罷工會怎麼樣？而且不只是我，如果世界上所有具創造力的人都罷工呢？」[4]假如我們直接把「機器」的插頭拔掉。換句話說，就是創造者聯合起來反抗，直到最頑固的集體主義者也不得不公開承認，表示世界進步的重擔確實是落在創造者肩上為止。說到這裡，蘭德停了一下，補充道：這甚至能成為小說的絕妙題材。只不過現在沒有人願意寫了，至少她不願意。明天開始，她會去找一份最沒意義的工作。她會進入內心的流放狀態，就像奧康納那樣，頂多只會在夜裡寫作。但寫作的目的不再是為了現代，而很有可能是為了後世。這樣就夠了。

帕特森沒有立刻放棄，而是在談話過程中說服這位顯然已精疲力盡的友人，讓她相信自己需要用另一種方式好好休息一下。她邀請這對夫妻七月到她位於康乃狄克州的鄉村莊園住上兩週。什麼都不做，就睡覺、散步、吃飯。

絕非虛構【蘭德】

一九四三年七月，蘭德來到美國後第一次真的完全放空，而《源泉》則奇蹟似地在美國掀起一股熱潮。單靠口耳相傳，第一刷（八千本）就幾乎要售罄了。這正是乘勝追擊的大好時機。要好好滋養幼小的火苗。才剛重新好好休息一番、充飽電的蘭德，在八月中旬向編輯告知自己的新計畫。

一九四三年八月十六日

親愛的歐格登先生，

我正在籌劃一本非虛構的短篇作品……書名暫定為《個人主義的道德基礎》……這本書會以具體、簡單明瞭的方式介紹《源泉》的論點—也就是人的本質全整，以及自我保存的力量。闡述利他主義是種謬誤與根本的道德之惡，定義相應的道德法則，這套法則不是奠基在自我犧牲或支配他者之上，而是來自個人的精神獨立。……同時，我也會依循這套法則的道德本質，勾勒出一套社會、政治與經濟體制，也就是資本主義體制，並詳述資本主義的意涵、原則，及其作為社會唯一道德制度的特色與本質。

> 資本主義到目前為止還沒有任何真正的道德基礎……我們已在這套架構上建立出文明社會……大家都說這是唯一實用、現實的體制，但它還沒被當成道德體制來看待。[5]

沒有人，尤其是渴望自由的人，能真的單靠麵包生活。思想才是首要關鍵。如果想好好活著，這些思想最好是真實、有根據的。所以蘭德的任務很明確：將資本主義確立為道德團結的唯一真實體現，這是爭取自由和自決的唯一真正形式。在資本主義的承諾下，群眾能獲得的，主要不是物質資源而是精神資源；其指導性理想並不是繁榮而是自治；其目標不是財富而是自我實現；其典範不是剝削而是獨立。資本主義不單只是「最微小的惡」（das kleinste Übel），更是合乎邏輯的善之表述！「我們必須將個人主義理解為一種道德法則，並接受這個概念，並且在落實個人主義的過程中，將資本主義視為其正確的表達方式。如果不這麼做，我們就無法挽救資本主義。假如無法挽救資本主義，我們就完蛋了——我們所有人、美國、全世界——每個男人、女人和小孩。最後人類文明就只剩山洞和棍棒。看看目前社會的破壞速度就知道了。這都要歸咎於一種思想——一種致命的錯誤教條。而另一個概念、另一套真實的想法，能阻止狀況繼續惡化。」[6]

就這麼說定了！【蘭德】

她從來沒有動筆寫這本書。市場的自由力量，尤其是蘭德思想的自由力量，在短短一個月後就讓她改變寫作方向。歐格登意外在九月離開這家出版社，與此同時，《源泉》也首度登上東西兩岸的暢銷書排行榜。來到十月，第四刷也如火如荼印製中。行銷部決定在聖誕節慶期間祭出新的宣傳活動，在全美各地推銷這本小說。蘭德完全可以理解自己的好運，這完全符合她的想像！在她對自己的預言中，事情就是這樣發展的！六月的疲憊一掃而空，她現在正迸發出全新的能量，而帕特森會是頭一個知情的人。

一九四三年十月六日

親愛的，謝謝妳對我說的一切，尤其妳都稱我是妳妹妹……我知道自己現在必須開始動筆寫《罷工》（The Strike）。[7]我發現自己把所有事擺在一邊，滿腦子想的都是小說情節，這樣真的是很不應該。各種跡象都顯示我已經被這個構想佔據了……我通常都是這樣開始的。所以上帝幫助了我——還有妳跟奧康納。[8]

連好萊塢也注意到了《源泉》現象。十一月中旬，蘭德接到華納兄弟電影公司的電話，立刻將電話轉給新的經紀人亞倫・柯林斯（Alan Collins）。柯林斯打算跟電影公司開兩萬五千美元的版權費，最低願意讓他們殺到兩萬美元。這個價碼會讓他的客戶，蘭德，成為與達許・漢密特（Dashiell Hammett）和約翰・史坦貝克（John Steinbeck）同等級的作家，但更重要的是，蘭德在未來幾年內能安心無虞地生活。正如蘭德所理解，《源泉》的聲勢才剛起步。她了解這個產業，知道每部電影的利潤有多少，所以她跟柯林斯要求開價五萬美元。不能讓步，一毛錢都不能少。不然乾脆不賣。[9]

接到那通關鍵電話的人是奧康納。蘭德得自己寫劇本，至少得把第一版寫出來。而且她還得為此特地搬回好萊塢，費用由電影公司全包——每個月五百美金。而且，電影版權費以五萬美元成交！

為了慶祝，他們夫妻倆到街角那家經常光顧的美式餐館吃飯（這次選了更貴的經濟套餐），然後整晚不睡——做夢、實現。所以她媽說的話終究是對的：「就連好萊塢有一天也得承認『白』永遠是『白』。」[10]——多年來，她都不曉得自己的家人是生是死。列寧格勒的圍困已進入第三個冬天。

簽約當天，蘭德被老公拉到第五大道的一家皮草店：「妳現在馬上挑一件大衣，哪一件都行，但一定要是貂皮！」蘭德選了一件兩千四百美元的款式，馬上將大衣穿上，直接走到帕特森的編輯部辦公室去。[11]

只穿破爛的舊衣太謙虛了！而且，蘭德以真正的紐約人自居，表示由於「令人厭惡的加州陽光」，她也不曉得自己什麼時候能再把大衣拿出來穿。早在十二月，大衣就會跟著他們一起到好萊塢去。奧康納尤其迫不及待。旅程第一站，這對夫妻搭火車前往芝加哥。他們訂了豪華艙等的票，火車餐車上還有真正的牛排！[12]距離理想生活好近——至少在這一刻看來是如此。

抵達好萊塢後，蘭德立刻開始創作劇本。第一筆紀錄的日期是一九四三年十二月十三日，內容為：「主題：人類的全整」。[13]

全新進展【波娃】

「我昨天已經搬完家、吃了煎馬鈴薯，然後搭火車繼續前進了。親愛的小東西，您絕對要預訂座位，車廂走道實在太可怕了。」[14]剛搬到路易斯安那酒店的沙特，還得履行一份報酬優渥的合約、寫出一份新的劇本，所以波娃才會在七月初，先獨自出發到北邊的羅阿訥度過夏日假期。她必須重新整理自己、自我籌劃。不管秋天回巴黎時會面對什麼樣的局面，重回往日舊生活是絕對不可能的。根據當局指令，波娃自一九四三年六月十七日起被暫停教職。索侯金的母親指控波娃誘拐女兒發生性行為，調查至今已經過一年半。雖然未能證實此指控，但處於被調查狀態也足以讓她的教師資格被撤銷。因此，在一九四三年夏天，波娃正式成為自己從少女時期就一直想成為的人：自由作家與哲學家。

八月底，她的第一部小說會由加利瑪出版社出版。純粹從概念上來看，這部小說似乎有些跟不上時代，但支撐小說情節的角色關係並不會。難怪後來讀者與評論家在評價這本小說時，主要著墨於人物之間的關係。當然，小說會被注意也是因為沙特響亮的名氣。

搭火車時，波娃在車廂裡聽到文學評論家之間的激烈討論。在法國，各式各樣針對文學創作的爭論與意見交換都隨處可見，顯示出作家在公眾場域會面對什麼樣的情況。「我聽得很開心……把《異鄉人》（*L'Étranger*）跟《嘔吐》一起做比較，他們會比較喜歡卡繆的作品，因為他們認為《嘔吐》的文辭雖然優美，但內容很無趣。後來，發言的那人又說《蒼蠅》（*Les Mouches*）還是有值得稱讚的優點，但是到現在都還沒掀起熱潮，實在令人匪夷所思……」[15]

確實，沙特的最新劇作在六月份宣告失敗。問題到底出在哪，對波娃來說也是個謎。利用古老的素材重新詮釋政治主題，這種創作手法其實相當時興，而且也是唯一能通過審查的方式。還是說，演出本身就是令大家厭惡沙特的原因？而且演出場地又是在城市劇院，也就是之前的莎拉·伯恩哈特劇院（Sarah-Bernhardt Theatre）？嫉妒他的人已經夠多了，公開懷疑他與納粹合作的人也不少。

創造性超越【波娃】

畢竟，卡繆曾大肆稱讚這部戲。預演結束後，他們馬上一起出去喝酒，聊這部戲聊到深夜——還開玩笑說：《異鄉人》、《嘔吐》跟《女客》——新存在主義三部曲！何樂不為？

撇除所有油然心生的同情，那天晚上，沙特和卡繆之間的哲學分歧仍然顯而易見。不過，這種張力對波娃自己、對她的思想又意味著什麼？特別是在存在主義對自由的理解下，她該如何具體呈現「形而上團結」的概念？

個人與他者的連結，到底是由什麼創造而出的？連結的存在又帶來什麼樣的責任？與他人的連結有多少比例是威脅，又有多少比例是個人自由的條件？

如同被新的衝擊所激發，這篇承諾會交給加利瑪出版社編輯尚・葛瑞尼業的文章，短短幾週內就從她筆下流瀉而出。論文總共有一百頁，替論文命名時，她遵循當時流行的方式，以古代史書記錄的事例為靈感：《皮洛士與齊納斯》（*Pyrrhus and Cineas*）。[16]她對這部作品很滿意，其核心思想為：正因為要籌劃個人自由，所以絕對要不計代價希望他人獲得自由、促進他們的自由。因為：「唯有我設立的目標能反過來服務他者，並以此為出發點時，他者的自由才會對我有所助益；藉由使用我創造的工具，他者的存在便得以延續。」[17]

即將出版的書就是最佳例證。畢竟，寫書並不是為了他者，同時也不是為了既存的自我。寫作的目的是在過程中更新自己，並透過創造來超越過往界線。或換句話說：超越自己。

> 人並非**為了**他者而超越自我；人寫書創作、發明機器，都不是他人要求他做的。但作品也不是**為了**人本身而出現，因為：唯有透過將創造物投進這個世界的籌劃行動，自我才會存在。超越的事實先於任何目標與任何理由。[18]

就創造性籌劃的人類根本動力而言，有兩大誤解必須澄清：創造性籌劃的動機，並不是為了滿足或實現他者既有的需求（不管是什麼需求）；同時，創造性籌劃也不是以我或自我之名而展開，這種我或自我的本質，早在實際進行籌劃前就已能精確判定或掌握了。反之，作為不斷重新自我籌劃的人，其存在永遠先於其本質，而且永遠不會被本質超越。

對於這段持續向前滾動、自我更新的動態過程，他者的重要性首先在於見證這個動態，並且在人類共有的世界中，為結果賦予一個有真實意義的位置，同時讓個人存在獲得一個潛在的全新籌劃出發點：

> 這就是我面對他者的境況：人是自由的，而在他者的自由之下，我被扔進這個世界。我需要這些自由，因為當我超越自己的目標，但個人行動沒有透過全新籌劃走向一個新的未來時，這些行動就會凍結、回過頭來自我耗損。[19]

在波娃看來，人類存在成了一種永無止境的自由運動，在面對他者時不斷尋找並重塑自我。如果沒有他者對她作品的獨立感知與接受，這種動態很快就會停滯。要是沒有他者活力充沛的呼吸，自由之火很快就會熄滅。

在第一本小說出版前不久，波娃在《皮洛士與齊納斯》中，用以下意向來定義個人與他者互相維護自由的關係：為了爬過無法單靠個人力量翻越的高牆或障礙，孩童會將手掌交疊、作為踏階，讓另一人踩上去、翻過障礙物。透過個人自由存在的重量，一個人能夠扶持、協助另一人的籌劃。但每個人都只對自己在個人道路上的行為負責。波娃也提出另一種較為靜態的比喻，而這個比喻也能被理解為一種（極為理想化）的描述，描述多年來主導波娃與沙特之「家庭」生活的動態。波娃表示：「我們的自由如同拱頂的石塊一樣，相互支持，但拱頂底下沒有支柱支撐。」[20]

敞開的未來【波娃】

八月底，波娃與沙特再度前往拉普厄茲，到莫雷爾夫人的農村別墅去。他們打算用夏天剩餘的時間在那裡寫作。波娃剛動筆寫第三部小說的開頭，這部名為《他人的血》（*Le Sang des autres*）的小說，已在她腦中醞釀好一段時間了。沙特則是在寫一份卡司規模較小的劇本，劇名暫定為《他者》。這份劇本創作不只是為了練筆，更是為了讓現在跟奧嘉一樣開始演戲的萬妲，能有首次參與戲劇演出的機會。（這部戲後來名為《無處可逃》或《封閉的社會》）

在昂熱（Angers）轉車時，等待的時間很漫長。波娃在咖啡館休息時，沙特從車站向她走來，「手上拿著報紙揮舞著」。終於等到了：「針對《女客》的第一篇評論出現在文學雜誌《喜劇》（*Comœdia*）上。……之後再也沒有任何一篇文章能讓我如此欣喜若狂……這篇由貨真價實的評論家寫的評論，印在一份真正的雜誌上，白紙黑字向我證明，我寫出一本真真正正的書，我真的突然成為作家了。我讓自己的喜悅恣意馳騁。」[21]

沙特也接到天大的好消息。他的劇本已被採用，資金也有著落了：「不用擔心……明年我們能過得很舒適。」[22]沙特之所以這麼說，主要是因為他之前短暫停留巴黎時，成功替波娃找到一份高薪的工作，也就是在全國廣播公司擔任編輯（這是一家國有廣播公司，所以也被稱為維琪電台）。

他們在十月回到巴黎時，波娃的小說成為各地熱議的話題，範圍不僅侷限在蒙帕納斯的文人與知識份子圈內。不出所料，以情節為導向的三人行主題激發讀者的想像：「我沒有提出輕率、不恰當的問題來破壞自己的快樂。我沒有問自己這部小說的絕對價值是什麼，或小說是否禁得起時間考驗。……目前而言，對我來說，跨過第一道門檻就夠了。《女客》是為他者存在的，而我已經踏入公共生活領域了。」[23]

小說甚至入圍龔固爾文學獎（Prix Goncourt）決選。這不只是第一步，而是重大突破。如果正確理解英國廣播公司（BBC）的新聞，自盟軍在西西里島登陸後，法國也離解放越來越近：「最重要的是，未來的大門有一天，將再次敞開。我們百分之百相信這點，甚至認為——我們不會等太久的。」[24]

瓶中信【鄂蘭】

一九四三年秋天，人在紐約的鄂蘭，也愈發不耐地等著地獄般的場面早日結束。不過，她卻沒有任何可跟波娃相提並論的個人突破。反之，除了與城內的猶太復國主義圈鬧不和，她與流亡德國知識份子的互動也越來越不愉快。這點首先在阿多諾、霍克海默，以及他們所領導的社會研究所上得到證實。鄂蘭對他們的反感可追溯至一九三〇年代初的法蘭克福。當時，剛跟鄂蘭結婚的施騰恩，試圖在阿多諾的圈子內申請成為博士後研究員，但並未成功。在這個新世界，他們之間唯一的連結是對班雅明的遺物的關注。遵照指示，鄂蘭在抵達紐約後，立刻將班雅明最後的著作帶到研究所存檔，但此後再也沒有聽聞這批著作的消息，也不曉得研究所會如何使用這批手稿。已經過了兩年多。人在耶路撒冷的朔勒姆，身為班雅明最信任、交情最深的朋友，也感到越來越惱火：為什麼這批手稿一點消息也沒有？怎麼會一直沒有出版？追問難道都沒有得到回覆嗎？

一九四三年十一月四日，鄂蘭以有話直說的紐約客口吻寫信給朔勒姆，而這種直截了當的態度，十足展現蘭德的氣魄。鄂蘭表示：「我把班雅明的論文也寄給您——我手上只剩這一份了。跟韋森格倫交涉的過程，用沒意義來形容還嫌太客氣。他們對遺物做了什麼、有何打算，我完全不曉得。我也跟霍克海默談過，他今年夏天也在紐約：完全沒有任何結果。他說檔案盒在一個保險箱內（根本是在扯謊），而且他還沒碰過那堆手稿……我在這裡孤身一人，沒有任何支持，根本無法應付這群人……此外，研究所本身也處於滅絕邊緣。他們還有錢，但越來越覺得自己必須用這些錢來過安穩的退休生活。他們已經不出雜誌了，名聲也不好，搞不好沒有多少人知道他們的存在。韋森格倫和霍克海默在加州過著很不錯的生活，這個研究所純粹是行政管理單位。除了資金外，沒人曉得他們在做些什麼。他們靠代理人跟各種陰謀策劃，從美國猶太委員會（American Jewish Committee）那拿走一萬美元，說是要進行一項反猶主義的研究計畫。」25

這就是鄂蘭的處境：沒有人脈、沒有工作，也沒有資金援助，她只能看著阿多諾與霍克海默這兩個她最反感的人，爭取到一筆豐厚的研究資金，研究她多年潛心鑽研的議題。雖然如此，他們「都向我抱怨，說自己感興趣的從來就不是猶太人和猶太人的敵人，但他們不得不應付這些『不重要』、瘋狂的事。這個時候，韋森格倫跟他的同夥正在寫『給未來的瓶中信』。我猜，他們在寫這本書時，想必從『保險箱』裡得到不少靈感。」[26]

這封出自阿多諾與霍克海默之手的「瓶中信」，僅在一年後就以《啟蒙的辯證》（*Dialektik der Aufklärung*）為題出版（成為二十世紀最具影響力的哲學著作）。不過，歐洲反猶主義的歷史，特別是其效應與影響，其實也逐漸受到美國社會大眾的關注。

面臨深淵【鄂蘭】

早在一年前，也就是一九四二年十一月，世界猶太人大會將一份關於大規模屠殺猶太人的報告交給新聞記者。雖然報告提出的資訊已令人毛骨悚然，但跟實際狀況相比，報告內容和事實仍相去甚遠。正如我們今日所知，從一九四二年八月德國國防軍進軍史達林格勒開始，到一九四二年十月之間，就有超過一百四十萬名猶太人被黨衛隊所殺。其中有一百多萬人死在貝烏熱茨（Belzec）、索比堡（Sobibor）與特雷布林卡（Treblinka）的滅絕營，這些營區是在萊茵哈德行動（Aktion Reinhardt）中搭建設立的。每天都有一萬四千人喪生。單純因為後勤原因，這種恐怖的屠殺行動在十月底落幕。屠殺之所以告終，單純是因為沒有足夠的人可殺。[27]

不過，即便當時消息滿天飛，群眾仍不相信納粹會做出這種事。就連專家與新聞記者也不相信。特別是以外人的角度來看，這種行動似乎一點意義也沒有。這既不是軍事手段，也不是其他形態的策略。唯一有可能的說法，是納粹單純想在戰爭高峰期，證明自己有能力而且也想這麼做。

鄂蘭與布呂歇也花了好幾個月，才終於說服自己相信報告的真實性。不過從一九四三年春天開始，鄂蘭就不斷在課堂上反覆表達自己的信念：「自戰爭爆發以來，甚至在開戰前，就已經出現一種沉默的陰謀，繞著猶太人民的痛苦與損失打轉。」[28]

不過，她還是堅定地不願參加高調的聲援活動，例如一九四三年三月，由本．赫克特（Ben Hecht）和寇特．威爾（Kurt Weill）在麥迪遜花園舉辦的「永遠不死」（We Shall Never Die）音樂會。到這個時間點，對於各種主張猶太復國主義的活動，她內心已經堆積深深的不信任感了。

目前在紐約，最有意義的事莫過於繼續書寫、修改她自己的瓶中信。一九四三年十一月，她在寫給朔勒姆的信中表示：「我埋頭做研究寫作。如果哪一天，我真的把探討反猶主義的書[29]寫出來，裡頭肯定會有許多稀奇古怪的東西。在此期間，我會繼續一部份一部份地寫，並將這些文章投到某些當地的雜誌期刊。」[30]

要素與起源【鄂蘭】

身為猶太主義學者的朔勒姆，在他最近出版的《猶太教神祕主義主流》（*Die jüdische Mystik in ihren Hauptströmungen*）[31]一書中，也遵循他自己的思想和論述取徑，這和鄂蘭的精神相得益彰。這本書在來源與方法上，都展現朔勒姆的獨到之處。前年，他就親自寄了一冊給鄂蘭。正如鄂蘭在她針對這部作品的筆記（附在一九四三年十一月給朔勒姆的信中）中所寫的，這本書的研究以一種極具遠見的方式，破除那種長期主導、綑綁歐洲現代猶太史學的詮釋框架：

> 上一世紀的猶太史學家……會忽視一些猶太史實，因為這些事實不符合他們對猶太散居者歷史的基本論點。根據他們的論點，猶太人沒有自己的政治歷史，而是不斷成為充滿敵意與時而暴力之環境的無辜受害者……但是，已知在安息日運動中促成政治行動的猶太神祕主義思想，對這種史觀詮釋來說是一大阻礙。這些猶太史學家只能草率地加以詆毀或斷然無視其存在，來擺脫猶太神祕主義思想構成的障礙。朔勒姆對猶太神祕主義的新穎闡述與重視，不僅填補了這個空白，實際上也改變了猶太歷史的整體樣貌。[32]

尤其是引文提到的安息日主義，這是十八世紀初的一個神祕主義救贖運動，源自於沙巴泰・澤維（Schabbtai Zvi）自稱為彌賽亞的概念。朔勒姆認為，這波運動就是歐洲猶太人悲劇的實際起源，因為隨著這股顯然帶有政治意味的運動遭到壓制，除了同化以及成為受害者之外，猶太人已經失去任何能找到屬於個人身份認同的希望。所以，安息日運動的失敗，代表猶太人開始陷入一場深刻的身份危機，同時也進入一個政治痛苦的時期。在現代反猶主義以及十九世紀民族主義的推波助瀾之下，這波身份危機與政治磨難在一九四〇年代初的當代來到歷史低點。追根究柢，納粹主義對猶太人發動的滅絕行動，造成的遠不只是一個民族對其命運的絕望，而是面對整個民族被系統性屠殺進而徹底滅絕時的無聲恐懼。面對仍然稱得上是未來的未來，猶太人將失去所有希望。

所以，本著班雅明之歷史天使般的精神，朔勒姆與鄂蘭也背對著每一個未來，以便獨立自主地回首過去，揭示當今怎麼會出現堆積如山的屍體與斷垣殘壁。他們跟班雅明一樣，都相信所謂的過去其實和未來一樣飄忽不定。而在這個最黑暗的震盪階段，一切的關鍵首先在於理解、掌握造就出這個當代（而非其他當代）的特定情勢。因為，用班雅明在《論歷史的概念》中的一個論點來闡釋：「以歷史角度來描繪過去……指的是當記憶在危機關頭閃現時，將記憶捕捉、掌握。」[33]換言之，就是將所有使當前恐怖突然具體成形的要素與起源整合起來。[34]這個概念就是鄂蘭目前進行的反猶主義歷史研究計畫的宗旨，而根據她的理解，朔勒姆這位目光如炬的猶太主義學者也是秉持此目標。

在一九四三年十一月的讀書筆記最末，鄂蘭引用朔勒姆這部剛出版的奠基之作裡的一段話：「這一代猶太民族遭逢的大災難，遠比漫長猶太史中任何時期的災難還要深刻。在這場大災難中，我們可能仍得面對神祕主義的變遷，而我相信這種變遷未來還會繼續發生。談論宿命與神祕主義的變遷是先知的事，不是教授的事。」[35]

針對這句話，鄂蘭立刻補充道，「決定我們的終極政治意願，絕對不是先知的任務。」[36]同樣地，這也不是教授的工作。

絕非宿命【鄂蘭】

所以，她的任務在給定的情勢中被清楚勾勒而出：她既不是以先知，也不是以教授的身份來寫作；既不以黑暗辯證之名背叛康德啟蒙運動的理想，也不在神祕主義的囈語中拯救自己；既不天真地相信「進步」，也不要永遠放棄對美好未來的希望；既不天真地講述歷史，也不死板僵硬地解釋歷史的因果關係。而是以當代思想之名，以世界概念中的哲思[37]之名，一次次發出震撼的擾動，讓群眾清楚看見那些隱蔽或甚至只是被遮掩起來的深淵。身處「此間」，並介入其中。一九四三年，在針對朔勒姆的書寫下的筆記中，鄂蘭寫下一句話，而她一輩子都用這句話來警惕自己：「然而，我們……不該忘記，人的政治命運最終是由自己決定。」[38]

現在，全新世界政治時代的起源越來越清晰可見，這正是將捕捉記憶的工程帶往全新方向的大好時機。就連私人領域也迸出希望的光芒。雖然還沒辦法用英語流暢對話，但她的好老公目前在一所名副其實的美國頂尖大學任教，任務是向美軍中講德語的軍官，講授德軍與法軍的組織與結構[39]。這也是啟蒙的一種形式，甚至是最首要的那種。在一九四三年十一月寫給朔勒姆的信中，鄂蘭是這樣說的：「先生是普林斯頓大學的『客座講師』，多年來我頭一次完全不必為錢煩惱。」[40]這幾乎就是自由了。

瘋狂的果實【韋伊】

「親愛的——炎熱的日子又回來了，時不時被傾盆大雨給打斷。但這種狀況不會持續太久。他們說九月通常很乾燥、豔陽高照。」[41]韋伊已經在密德塞斯醫院（Middlesex-Hospital）的病房裡躺了四個月。那時起，她的病情就不斷惡化。她幾乎連拿餐具的力氣也沒有，唯一剩下的只有寫信的精力。不過，一九四三年八月四日，韋伊並沒有向大西洋彼岸的「蜜米」和「嗶哩」報告自己的狀況，信裡談的盡是倫敦夏日街道的生活樣態，談論公園和啤酒、女孩與男孩，聊起初吻與失望的約會；一般年輕人的日常小確幸。彷彿她也是這種生活的一部份，彷彿她也曾有過這種日子。

她猜這可能是自己寫給父母的最後一封信，所以強烈覺得有必要修正自己幾個月前的觀察：英國人稱為「奶油拌水果」（fruit fools，直譯為「水果傻瓜」）的甜點，實際上根本就不是水果做的，而是吉利丁跟化合物的混合體。所以這跟莎士比亞筆下的傻瓜大相徑庭。在莎劇中，說真話的就是傻瓜，而且只有傻瓜才會說真話——其他角色只會說些虛實難辨的假話。這讓韋伊得到非常深刻的體悟：

在這個世界上，只有一種人才有說真話的可能：這種人困窘到極點，姿態比乞討更落魄；他們不僅在社會上一點都不重要，而且在他人眼中，他們甚至被剝奪人類擁有的首要尊嚴，那就是理性。其他人都在說謊。[42]

但是，因為這些瘋子既無教授頭銜，也沒有尊嚴的職位，所以沒有人理會他們的真理——不會有人去傾聽或理解他們。「親愛的蜜米，妳有感覺到嗎？雖然我從菁英大學畢業、有大學學歷、『聰明才智』得到大家的讚賞，但妳有發現我跟這些傻瓜的距離有多近，在本質上有多相似嗎？……就我的自身觀察，這些稱頌之詞只有一個**目的**，那就是迴避這個問題：她說的是真話還是假話？」[43]

不可解【韋伊】

韋伊落筆寫下這些句子時，早就要求院方將她轉到療養院了。在違背醫生的建議之下，她拒絕接受進一步的治療。[44]她已經不想掙扎。在他人眼裡看來或許瘋狂，但她已經不想繼續企求了。畢竟，還有其他形式的療癒以及追求解放的方法。尤其是在精神思想的道路上，特別是在哲學的路途上。正如韋伊在倫敦的思想筆記開頭所寫，其他真正能得到療癒與解放的方法，在於：

> ……在其不可解的性質中清楚掌握、捕捉這些不可解的問題，然後加以思考，僅此而已，堅定不移、不知疲倦，經年累月，只有等待，不抱持任何希望。
>
> 以這個標準來看，哲學家很少。說少還嫌太保守。
>
> 當人類的能力——智力、意志、人性之愛——到達一個極限，而人還停留在這個過渡的門檻上，雖無法繼續跨出下一步，但也無法轉身離開，只能在不知道自己渴望什麼的情況下，緊繃地等待，此時，邁向超越的過渡就會發生。
>
> 這是一種極度蒙羞、沒有尊嚴的狀態，這對於沒有能力接受羞辱的人來說，是不可能的。[45]

在這條路上走了多年後，韋伊將她的塵世存有——她的簡樸此在——視為前述那種問題。現在該是她在門檻上停下腳步的時候了。不再有任何抵抗。沒有異國戰線。沒有其他敵人。只有最凝神專注、屏除自我的覺察。神祕主義之路。救贖之路。克服最原始、最動物性的意志衝動：對食物的衝動。

辭職【韋伊】

病房的醫生未來回想起韋伊時，會記得她是「有史以來最難應付的病人」。[46]打從住院那天起，她就斷然拒絕任何特殊待遇。醫生說她的肺結核依然有傳染性，為了避免危害他人，必須將她轉到單人病房去。但這個說法還是無法成功說服韋伊，她兩邊的肺葉都受到影響了。不過，病況起初是很有希望成功治癒的。她唯一需要的是絕對的休養，而且還得攝取足夠的營養。

除了極少量的燕麥粥，韋伊什麼都不想吃。她說這是為了聲援家鄉受飢餓的人。尤其是沒東西吃的孩童。她一再要求護士將醫院給她的牛奶直接送到法國。在入院的頭幾週，她不停寫作和研讀《薄伽梵歌》的梵文原本。

來到六月，她虛弱到醫院將法國的軍事神職人員找來。然而，韋伊其實不想和他說話，更遑論接受他的洗禮。坐在訪客椅上，聽著韋伊以氣若游絲的聲音，談論著關於恩典之禮以及靈魂通往光明之路的一連串聯想，這位好好先生發現自己無法理解韋伊在說些什麼。就連目前身為戴高樂幕僚、之前是大學同學的知己舒曼，也碰到相同狀況。舒曼最近一次探視韋伊時，她也只是給出一些預言性的聯想與暗示，完全不期望對話交談。

在精神上，她也將最後幾條繩索割斷。一九四三年七月二十六日，她再次鼓起所有力氣，在一封長信中向「自由法國」的領導群解釋自己為何會深感失望。縱然她清楚表明希望能被派到法國出任務，但在她抵達英國之後的整整四個月內，卻被賦予各種模稜兩可、毫無意義的任務，或者根本不可能辦到的工作。決策者沒有讓她為自己的同胞戰鬥或犧牲，卻想利用她的智慧。「有用的聰明才智市面上絕對不缺，但我能向您保證，我的智慧絕對沒有什麼特別之處……假如我沒辦法用自己的智慧來達成個人使命，又要怎麼用它來服務別人？」所以，她斬釘截鐵地拒絕繼續效勞，並且想確定大家從今往後都清楚她的立場：「我從未與法國抵抗組織有任何關係，無論是直接、間接的都沒有。」[47]

「備註：對此，你們沒有多大損失……我已經來到了盡頭，被困住，沒有任何康復的可能，不管有沒有結核桿菌都是如此。這些細菌只是在缺乏抵抗的情況下乘虛而入，當然，細菌確實稍微擴大了傷害。」[48]

她最後一封親手寫成的信，是寫給父母的。在信紙第四頁的邊緣，韋伊寫下道別祝福：「親愛的，讓我獻上無數深吻。抱持希望，但要有限度。要快樂。讓我抱抱你們，好多好多次。」

一九四三年八月十七日，韋伊被轉到肯特郡阿什福德（Ashford）的一所療養院。

歸土【韋伊】

儘管發著高燒，護士都認為她入院時精神狀況良好，意識也很清楚。她的目光清晰澄澈，眼神充滿活力。從病房的窗戶向外望，是一片樹林和田野（啊，能在這個房間迎接死亡真好）。她甚至同意進食。最好是馬鈴薯泥，以法式風格料理而成的馬鈴薯泥。這有可能嗎？

值班的布羅德里克醫生（Dr. Broderick），想知道韋伊是誰、平常是做什麼的。韋伊微笑著用一句話回答：「我是哲學家，我對人性（humanité）感興趣。」[49]

展望

蘭德在好萊塢寫出《源泉》的劇本，電影於一九四九年開拍，由蓋瑞．庫柏擔任男主角。蘭德的第四部（同時也是最後一部）小說《阿特拉斯聳聳肩》，在經過十多年的手稿編修工程後，最後在一九五七年出版，並跟《源泉》並列為她最重要的兩部作品。

蘭德基本上被學術界忽視。在一九六〇年代，她開始透過散文以及非小說創作的形式，將自己的哲學建構成一個關於本體論、認識論、語言哲學、倫理學、政治哲學和美學的完整體系。蘭德替自己的這套體系取名為「客觀主義」（Objectivism）——她原本想將其稱為「存在主義」。

一九八二年，蘭德出版了最後一本書，也在同年去世。這本書的標題為《哲學：誰需要哲學》（*Philosophy: Who Needs It*）。到這個時間點，她已經在美國當了數十年的文化偶像了。在政治界與社會生活中，特別是自由市場保守主義和自由意志主義圈內，蘭德的影響絕對不容小覷。

蘭德在一九五一年回到紐約後，吸引了一群忠實的追隨者，她也因此培養出幾位深具影響力的弟子，艾倫．葛林斯潘（Alan Greenspan）就是其中一人。他在一九八七至二〇〇六年間，擔任美國聯邦準備理事會，也就是美國中央銀行的主席。葛林斯潘是由美國總統雷根（Ronald Reagan）所任命的。早在一九七四年，葛林斯潘就被任命為美國經濟顧問委員會主席。蘭德曾出席葛林斯潘的宣誓就職典禮。

回想起來，一九四三年可說是自由意志主義運動的起源年——帕特森的《機器之神》、羅斯．

萊茵（Rose Wilder Lane）的《自由的發現》（*The Discovery of Freedom*）和《源泉》都在那年出版。一九七一年起，該運動在美國以自由意志黨的形式繼續存在，至今仍會推派黨內總統參選人。

隨著金融危機在二〇〇八年爆發，蘭德的影響力再度得到推進，尤其是因為茶黨運動（Tea Party movement）將蘭德小說中的關鍵動力，納入其綱領與抗議行動中。

光是在英語世界，蘭德的著作迄今已售出超過兩千五百萬冊（截至二〇二〇年），其中《源泉》的銷量就超過八百萬冊。《阿特拉斯聳聳肩》被公認為是美國自一九六〇年代以來繼《聖經》之後最暢銷的書。

波娃和沙特（Jean-Paul Sartre）跟其他人共同組成編輯團隊，在一九四五年創辦《摩登時代》（*Les Temps Modernes*）雜誌，團隊中還包含雷蒙・阿宏和莫里斯・梅洛龐蒂等人。同年，波娃與沙特透過一系列的文章與講座，發動「存在主義攻勢」。隨後，存在主義從巴黎發跡，逐漸發展成西方世界最具影響力的哲學思潮，在政治與生活美學層面皆然。

一九四九年，波娃發表她的作品《第二性》（*Le Deuxième Sexe*），此書至今仍被視為奠定現代女性主義的重要文本，是一九六八年後婦女運動的主要推力。書中，波娃屏棄本質主義與生物主義的觀點，將身為女性描述成一種基於特定生理條件，並由社會建構而成的「處境」。以此概念，她替生物性別與社會性別的區分奠下基礎，而此區分也深具後世影響力。此書在全球大獲好評，沙特與波娃也成為世界級的思想偶像。

一九五四年，波娃出版小說《名士風流》（*Les Mandarins*）。這本關於戰後巴黎左翼知識份子圈的重要小說，榮獲法國最重量級的文學獎——龔固爾文學獎。除了沙特之外，波娃也隱約將卡繆和阿瑟・庫斯勒（Arthur Koestler）寫進小說中。

在一九六〇與一九七〇年代，波娃與沙特逐漸將自己視為政治活動家，積極參與反殖民主義、社會主義革命運動，以及婦女的法律和社會平權等運動。

身為作家和《摩登時代》編輯的波娃，在一九八六年四月十四日去世之前始終保持活躍。她跟終生相伴的思想伴侶沙特，共同被葬在蒙帕納斯墓園。

鄂蘭在戰後替各家猶太研究和文化機構工作，並於一九五一年在美國出版《極權主義的起源》（*The Origins of Totalitarianism*）。同年，她也取得美國公民身份。一九五五年，這本書經過大幅編修，以《極權主義的要素與起源：反猶主義帝國主義、全面統治》（*Elemente und Ursprünge totaler Herrschaft: Antisemitismus, Imperialismus, totale Herrschaft*）為題在德語世界出版。這本書被視為極權主義研究的重要基礎文本，同時也讓鄂蘭的聲譽遍及世界各地。

在一九四九與一九五〇年之交，鄂蘭首度回到德國，見到雅斯培和海德格。此後，她與這兩人的友誼再也沒斷過。

鄂蘭持續發表政治時事評論文章，從一九五〇年代末起，她還在美國各大學擔任教授，其中包含普林斯頓大學、芝加哥大學和紐約新學院。

一九六一年，她被《紐約客》雜誌派往耶路撒冷，到當地報導艾希曼的審判。一九六三年，她出版《邪惡的平庸性：艾希曼耶路撒冷大審紀實》（*Eichmann in Jerusalem: A Report on the Banality of Evil*，先有英文、後出德文），而此書評價相當兩極。在鄂蘭的描述下，艾希曼失敗的關鍵在於他「無法思考」（Unfähigkeit zu denken），這個說法被批評為太輕描淡寫。另外，她指出猶太人被大規模送往滅絕營時，猶太委員會的行為大有問題，此說法同樣遭到醜化，使鄂蘭與猶太復國主義者圈子和猶太知識份子生活的關係，又進一步被扭曲。她與朔勒姆的友誼也受到影響。

鄂蘭的其他重要著作包含《人的條件》（*The Human Condition*，1960），以及《心智生命》（*The Life of the Mind*）。《心智生命》[50]的內容計畫分成三卷，而在編寫第三卷《判斷》（*Judging*）的過程中，鄂蘭心臟病發，於一九七五年十二月四日在紐約河濱大道（Riverside Drive）的公寓中去世。她被葬在巴德學院（Bard College）的公墓中，與布呂歇相鄰。

幾十年來，鄂蘭的思想基本上被學界所忽視，在德國也是如此。但自一九五〇年代以來，她的思想在世界各地發揮影響力，而且遠超出政治理論與歷史研究的範疇，其重要性至今仍與日俱增。

韋伊在一九四三年八月二十四日，在英國的阿什福德療養院與世長辭。醫學報告上註明的死因為「心臟衰竭……起因為飢餓和肺結核」，後面還補上一句：「出於精神錯亂而拒絕進食。」[51]只有七人出席韋伊的葬禮，其中包含在她墓前唸祈禱文的舒曼。雖然有請一位神職人員來主持葬禮，但他錯過一班火車，所以沒有趕到現場。

一九四七年起，韋伊《思想筆記》（Cahiers）的第一批節選陸續在法國出版，《對根的需求》（*L'enracinement*）則在一九四九年問世。一九五〇年代初，卡繆接手處理韋伊的作品，在加利瑪出版社出版許多她的重要著作。[52]一九五一年，卡繆在給韋伊母親的信中寫道：「我現在意識到，韋伊是我們這個年代唯一的偉大精神……就我而言，假如我那微不足道的出版編修工作，已經有盡力將她的思想傳遞出去、讓大家注意到她的作品，那我就心滿意足了。她的著述能掀起多大效應，這點我們目前還無法估量。」[53]

一九五八年，韋伊在阿什福德的墳墓被加上了一塊墓誌銘，上面寫著：「憑藉其著作，她是現代最重要的哲學家之一。」

韋伊的著作目前已有一套經過編輯的完整版，由加利瑪出版社出版。長期以來，她的影響力僅限於天主教神學、教育學和政治理論領域。時至今日，韋伊的思想仍大幅被學術界的哲學圈所忽視。

她的作品不能就這樣被忽略埋沒。

謝辭

感謝**克莉絲汀・布勞恩**（**Christiane Braun**）、**克里斯多福・賽爾澤**（**Christoph Selzer**）**博士**和**約翰尼斯・查亞**（**Johannes Czaja**）。作為編輯，他們以最專業嚴謹的態度，以及最美好、最具人性的寬容，陪這本書從零走到出版。

感謝**湯姆・克勞斯哈爾**（**Tom Kraushaar**）和**米歇爾・蓋伊博**（**Michael Gaeb**），謝謝他們給予至關重要的鼓勵、信心，和充滿活力的「居家隔離」。另外，我也要感謝**湯瑪斯・梅爾**（**Thomas Meyer**）的善意提醒，讓我得以免掉許多錯誤。

我也要感謝替本書四位女主角寫傳記的重要傳記作家：**安妮・海勒**（**Anne C. Heller**，《艾茵・蘭德和她創造的世界》；*Ayn Rand and the World She Made*）、**西蒙・佩特雷蒙**（**Simone Pétrement**），《韋伊的生命》；*La vie de Simone Weil*）、**凱特・寇克派翠**（**Kate Kirkpatrick**，《成為西蒙波娃》；*Becoming Beauvoir – A life*），和**伊莉莎白・布魯爾**（**Elisabeth Young-Bruehl**，《愛這個世界：漢娜鄂蘭傳》；*Hannah Arendt: For Love of the World*）。寫作過程中，她們的作品一路陪伴著我。

如果沒有**布羅斯特基金會**（**Brost-Stiftung**）的慷慨資助，我就無法在如此艱困的時期完成本書——特別感謝**索尼亞・韋拉雷爾**（**Sonja Villarreal**）、**波利斯・伯傑**（**Boris Berger**）**博士**以及

博多．霍姆巴赫（**Bodo Hombach**）**教授**。

感謝**維拉．施密特-艾倫伯格**（**Vera Schmit-Eilenberger**）**博士**總是提供具有療癒之效的建議。

在我想感謝的人當中，最不能遺漏的依然是**皮婭**（**Pia**）、**文拉**（**Venla**）以及**凱莎**（**Kaisa**），她們是我生命中的火光。

柏林，二〇二〇年五月二十三日

註釋

I. 火花流亡——一九四三年

1. Drei Essays, S. 195 整段引文都來自波娃的論文 »Pyrrhus und Cineas«。
2. 參考同上 S. 196
3. 同上 S. 197
4. 參考 BJ, S. 167
5. 納粹政府於 1933 年至 1945 年間推行了健康禁菸運動，初期僅禁止婦女和少年吸菸，後續逐漸在全國各地實施各項禁菸政策。
6. »L'invitée«，1953 年出版，德文標題為 »Sie kam und bleib«（縮寫：Skub）
7. »Le sang des autres« 德文標題為 »Das Blut der anderen«（縮寫：Blut）
8. 一九四五年秋天在巴黎首演，劇名為 »Les bouches inutiles«（德文劇名 »Die unnützen Mäuler«）
9. Drei Essays, S. 207
10. 參考 Kirkpatrick, K. (2019), S. 182
11. Drei Essays, S. 222
12. 同上 S. 226
13. 同上 S. 228
14. 同上 S. 196
15. Cahiers 4, S. 324
16. 關於此階段的詳細生平描述，請參考 Pétrement, S. (1973), S. 643–673
17. KuG, S. 199 f.
18. Pétrement, S. (1973), S. 667
19. 德文譯作 »Verwurzelung«。
20. 參考 »Dieser Krieg ist ein Krieg der Religionen«, in: KuG, S. 205-214
21. KuG, S. 212f
22. Verwurzelung, S. 173
23. 同上 S. 43f
24. Cahiers 4, S. 204
25. Letters, S. 67ff
26. 同上 S. 69
27. 現在（截至二〇二〇年），光是此書的全球總發行量約遠遠超過八百萬冊。以蘭德的所有哲學小說來看，總量已遠遠高於兩千萬本。
28. 參考 Heller, A. C. (2009), S. 117
29. Ursprung, S. 988f
30. 關於蘭德青春期的詳細生平描述，請參考 Heller, A. C. (2009), S. 22-52
31. 當年住在當地的居民提供的震撼證詞，請參考 Adamowitsch, A. und Granin, D. (2018)
32. Journals, S. 347
33. 同上 S. 350
34. Flüchtlinge, S. 26
35. 同上 S. 10 與 S. 21
36. 同上 S. 33
37. Heidegger, M. (2000), S. 184
38. 參考 Young-Bruehl, E. (2018/1982), S. 261
39. 參考鄂蘭與君特・高斯（Günter Gaus）的訪談：https://www.youtube.com/watch?v=J9SyTEUi6Kw&t=1820s

40. Flüchtlinge, S. 23
41. 同上 S. 35
42. 參考鄂蘭後期著作《極權主義的起源》(Elemente und Ursprünge totaler Herrshaft，簡稱 EuU) 中的格言，這是一句引自雅斯培的話：「莫被過去與未來束縛，最重要的是全然投入當下。」

II. 流亡——一九三三至一九三四年

1. Young-Bruehl, E. (2018/1982), S. 164。接續描述同樣引自 Young-Bruehl。
2. 同上
3. 在訪談中，當時正在寫鄂蘭新傳的托馬斯・梅爾(Thomas Meyer)對我說，鄂蘭只被警方拘留一天，這跟鄂蘭自己的說法相悖。
4. Var, S. 26f
5. 同上 S. 23f
6. 同上 S. 17
7. 同上 S. 133
8. Arendt/Jaspers, S, 50
9. Jaspers, K. (1932)
10. Arendt/Jaspers, S, 52
11. 同上 S, 56
12. 同上 S, 58
13. Young-Bruehl, E. (2018/1982), S. 166
14. »Die Lage in Deutschland«, in: UuF, S. 55
15. 同上
16. Pétrement, S. (1973), S. 212
17. 同上 S. 274
18. OCVII-1, 註解 5, S. 140
19. 同上 S. 150
20. »Perspektiven: Gehen wir einer proletarischen Revolution entgegen?«, in: UuF, S. 137
21. 一九三三年秋天，這篇文章多次翻印出版，也被翻譯成西班牙文和荷蘭文。
22. UuF, S. 119
23. 同上 S. 128
24. OCVII-1, S. 154
25. 參考 Applebaum, A. (2019) 的精湛研究。
26. UuF, S. 133
27. Pétrement, S. (1973), S. 258
28. 會面過程與引用文字出自 Pétrement, S. (1973), S. 278ff 與 Trotski, S. 9-12
29. Pétrement, S. (1973), S. 279
30. 列夫・托洛斯基在一九四〇年八月二十一號，於墨西哥市的科約阿坎區(Coyoacán)逝世，因為他前一天被蘇聯特工拉蒙・麥卡德(Ramón Mercader)用冰錐鑿傷後腦。同年，行兇的特工被史達林授與列寧勳章。
31. Pétrement, S. (1973), S. 291
32. UuF, S. 151-240
33. BJ, S. 140
34. 同上
35. 同上 S. 110
36. 閱卷考官經過一番討論，前年未通過考試的沙特獲得第一名。身為史上最年輕的結業生的波娃拿到第二名。
37. BJ, S. 111
38. Kirkpatrick, K. (2019), S. 143
39. Memoiren, S. 323f
40. Descartes, R. (1965)

41. Descartes, R. (1965), Zweite Meditation, S. 29
42. 參考 Memoiren (S. 311)：「我認同的主觀唯心論，剝奪了這個世界的物質性與其特殊的本質。」
43. BJ, S. 118
44. 後來，一篇於一九三八年發表的文章中，沙特用極具詩意的方式，描述胡賽爾理論中世界與意識的關係：「意識已經自我淨化，它乾淨清透地像一陣強風。除了逃離自我、超脫自我的動作之外，意識什麼也不剩；雖然這根本不可能，但如果你強力擠『進』意識內，就會被一陣旋風吹出意識外，被吹到樹旁，或落入塵埃之中，因為意識沒有『內在』。除了自己的外在，意識一無所有……當意識再度試著掌握自己，最後與自己重合、熱烈地關上百葉窗時，意識就將自己消滅了。意識存在時，不能是自我本身的意識，必須是自我以外之事物的意識，胡賽爾將這種必然性稱為『意向性』。」來自 Sartre, J.-P. (2010/1947), S. 34
45. 引自：BJ, S. 155ff
46. 同上 S. 156
47. 同上 S. 174
48. 同上 S. 136f
49. 關於此階段的詳細生平細節，大多參考自 Heller, A. C. (2009), S. 71ff
50. 同上 S. 71
51. Letters, S.7
52. 同上 S.8
53. Heller, A. C. (2009), S. 72
54. 同上 S. 74
55. Letters, S. 17f
56. 同上 S. 8
57. 參考 We the Living, S. 423
58. 即 Journals
59. 同上 S. 66
60. Burns, J. (2009), S. 25
61. Journals, S. 73

III. 實驗——一九三四至一九三五年

1. 參考 Heller, A. C. (2009), S. 77
2. Three Plays, S. 3f
3. 同上
4. Ortega y Gasset, J. (1956/1929).
5. Journals, S. 71
6. 此段引自 Heller, A. C. (2009), S. 109
7. 同上 S. 79
8. BJ, S. 178
9. 參考同上
10. 後來出版時改名為《嘔吐》（La Nausée）。
11. BJ, S. 199
12. 同上 S. 204f
13. 同上 S. 206
14. 同上 S. 217
15. 參考 BJ, S. 182
16. Beauvoir/Sartre I, S. 41
17. BJ
18. 同上 S. 190
19. 同上 S. 191
20. 同上 S. 190。本書在一九七九年出德文版，書名為 »*Marcelle, Chantal, Lisa*…«
21. Bair, D. (1998), S. 230

22. BJ, S. 207
23. 同上 S. 206
24. 同上 S. 218
25. Lisa, S. 122
26. 同上 S. 141
27. UuF, S. 232
28. Bouchardeau, H. (1995), S. 132
29. Fabrik, S. 121
30. 參考 Pétrement, S. (1973), S. 335f
31. Fabrik, S. 48
32. 同上 S. 157ff
33. 同上 S. 161
34. Marx, K. und Engels, F. (1958/1846), S. 33
35. UuF, S. 162
36. 同上 S. 170
37. 同上 S. 223
38. 同上 S. 227
39. 同上 S. 235
40. 同上 S. 214
41. 同上
42. Fabrik, S. 61
43. 同上 S. 121
44. Nieradka-Steiner, M. (2018), S. 67
45. 同上
46. 鄂蘭在接受君特・高斯電視採訪時如此表示。一九六四年十月二十八日，採訪逐字稿：https://www.rbb-online.de/zurperson/interview_archiv/arendt_hannah.html.
47. 同上
48. Young-Bruehl, E. (2018/1982), S. 178
49. 同上
50. Scholem, G. (2018), S. 95
51. Young-Bruehl, E. (2018/1982), S. 180
52. Weinstock, N. (1975), S. 60
53. 鄂蘭在接受君特・高斯採訪時如此表示。
54. EuU, S. 605
55. 在兩份紀錄中，奴隸與非裔族群尤其被明確排除或不包含在內。
56. Ursprung, S. 603
57. 同上 S. 604f
58. Briefe Freunde, S. 15
59. Briefe Freunde, S. 63；在一九四六年七月十七日寫給布盧曼菲爾德（Kurt Blumenfeld）的信。
60. Young-Bruehl, E. (2018/1982), S. 182
61. Scholem, G. (2018), S. 205
62. Young-Bruehl, E. (2018/1982), S. 206

IV. 下一步——一九三六至一九三七年

1. Letters, S. 23
2. 同上
3. 參考 Heller, A. C. (2009), S. 95
4. Journals, S. 77
5. 同上 S. 81
6. 同上 S. 93
7. 同上
8. 同上 S. 93f
9. 同上 S. 95
10. 同上 S. 95f
11. 同上 S. 97
12. Letters, S. 36f
13. Arendt/Blücher, S. 59
14. Scholem, G. (2018), S. 224
15. 同上 S. 223
16. Kershaw, I. (2016), S. 396
17. 參考 Schreiber, G. (2013), S. 12

18. Applebaum, A. (2003), S. 73。在一九四三年，此數字約為四百萬人。
19. 參考 Kershaw, I. (2016), S. 411
20. 參考同上 S. 408ff
21. 同上 S. 413
22. Young-Bruehl, E. (2018/1982), S. 185
23. 參考同上 S. 185f
24. 即 Aug
25. Arendt/Heidegger, S. 14
26. Aug, S. 103
27. 同上 S. 109
28. 同上 S. 97
29. 同上 S. 110
30. Arendt/Blücher, S. 83f
31. BJ, S. 246
32. 同上 S. 241
33. 同上 S. 239
34. Bair, D. (1998), S. 239
35. 深入探討請參考 Webber, J. (2018), S. 57-73
36. BJ, S. 222f
37. 同上 S. 222
38. Bair, D. (1998), S. 243
39. BJ, S. 245
40. Sartre, J.-P. (2018/1938), S. 200f
41. 同上 S. 266
42. 同上 S. 245
43. BJ, S. 243
44. 同上 S. 247
45. Pétrement, S. (1973), S. 420
46. 同上 S. 401
47. 這個階段的生平細節主要摘自 Pétrement, S. (1973), S. 383-430
48. Partido Obrero de Unificacíon Marxista（馬克思主義統一運動黨）：由當地共產黨前成員成立的眾多分裂派系之一。
49. Bernanos, G. (1949/1938)
50. KuG, S. 60
51. BJ, S. 247
52. KuG, S. 62f
53. 同上 S. 40
54. 德文版請見 KuG, S. 37-57
55. KuG, S. 38ff
56. 同上 S. 40
57. 同上 S. 60
58. 同上 S. 43f
59. 參考同上
60. Pétrement, S. (1973), S. 415f

V. 事件——一九三八至一九三九年

1. Letters, S. 23
2. 同上
3. 參考 Heller, A. C. (2009), S. 95
4. Journals, S. 77
5. 同上 S. 81
6. 同上 S. 93
7. 同上
8. 同上 S. 93f
9. 同上 S. 95
10. 同上 S. 95f
11. 同上 S. 97
12. Letters, S. 36f
13. Arendt/Blücher, S. 59
14. Scholem, G. (2018), S. 224
15. 同上 S. 223
16. Kershaw, I. (2016), S. 396
17. 參考 Schreiber, G. (2013), S. 12
18. Applebaum, A. (2003), S. 73。在一九四三年，此數字約為四百萬人。
19. 參考 Kershaw, I. (2016), S. 411

20. 參考同上 S. 408ff
21. 同上 S. 413
22. Young-Bruehl, E. (2018/1982), S. 185
23. 參考同上 S. 185f
24. 即 Aug
25. Arendt/Heidegger, S. 14
26. Aug, S. 103
27. 同上 S. 109
28. 同上 S. 97
29. 同上 S. 110
30. Arendt/Blücher, S. 83f
31. BJ, S. 246
32. 同上 S. 241
33. 同上 S. 239
34. Bair, D. (1998), S. 239
35. 深入探討請參考 Webber, J. (2018), S. 57-73
36. BJ, S. 222f
37. 同上 S. 222
38. Bair, D. (1998), S. 243
39. BJ, S. 245
40. Sartre, J.-P. (2018/1938), S. 200f
41. 同上 S. 266
42. 同上 S. 245
43. BJ, S. 243
44. 同上 S. 247
45. Pétrement, S. (1973), S. 420
46. 同上 S. 401
47. 這個階段的生平細節主要摘自 Pétrement, S. (1973), S. 383-430
48. Partido Obrero de Unificacíon Marxista（馬克思主義統一運動黨）：由當地共產黨前成員成立的眾多分裂派系之一。
49. Bernanos, G. (1949/1938)
50. KuG, S. 60
51. BJ, S. 247
52. KuG, S. 62f
53. 同上 S. 40
54. 德文版請見 KuG, S. 37-57
55. KuG, S. 38ff
56. 同上 S. 40
57. 同上 S. 60 同上 S. 467
58. OCII-3, S. 93ff
59. Pétrement, S. (1973), S. 466
60. 針對一九三八年劍拔弩張的政治局勢（尤其是法國），參考 Foessel, M. (2019)
61. Pétrement, S. (1973), S. 466
62. 參考 Bouchardeau, H. (1995), S. 214
63. Perrin, J.-M. (2008), S. 75
64. 同上 S. 74f
65. 同上 S. 75
66. Pétrement, S. (1973), S. 468
67. Cahiers I, S. 105
68. 同上 S. 172
69. Pétrement, S. (1973), S. 468
70. 同上 S. 468
71. 同上 S. 469f
72. Cahiers I, S. II
73. 參考 Pétrement, S. (1973), S. 466
74. 不要說我們一無所有，我們要做天下的主人！
75. Fabrik, S. 121
76. 參考 Heller, A. C. (2009), S. 98
77. Applebaum, A. (2003), S. 102
78. 同上 S. 99
79. 關於這段時期的生平細節，請參考 Heller, A. C. (2009), S. 102ff 以及 Burns, J. (2009), S. 49f
80. 參考 Heller, A. C. (2009), S. 102
81. 參考同上 S. 102f

82. Anthem, S. 4
83. 同上 S. 3
84. 同上 S. 1
85. 同上 S. 57
86. 同上 S. 65
87. 同上 S. 73
88. 特別感謝 Pia Päiviö 點出卡拉斯與她的作品。
89. Letters, S. 40
90. Burns, J. (2009), S. 50
91. Heller, A. C. (2009), S. 105
92. Journals, S. 95
93. Heller, A. C. (2009), S. 117
94. Burns, J. (2009), S. 51
95. Nietzsche, F. (1999/1888), S. 365f
96. Heller, A. C. (2009), S. 123
97. Journals, S. 192
98. 同上 S. 193
99. 同上 S. 192
100. Ursprung, S. 17
101. 參考 Später, J. (2016), S. 354f
102. Var, S. 218
103. 同上 S. 214
104. 同上 S. 218
105. 同上 S. 223
106. 同上 S. 224
107. 同上
108. 同上 S. 218
109. 同上 S. 224f
110. Scholem, G. (2018), S. 262
111. EuU
112. Var. S. 222
113. Arendt/Blücher, S. 88
114. Scholem, G. (2018), S. 290
115. 同上 S. 291
116. 以今日的理解來看，朔勒姆指的是「猶太定居地」（jüdische Siedlung），所以這裡指的並不是當今所謂的「巴勒斯坦」。
117. Scholem, G. (2018), S. 307f
118. 同上 S. 309
119. 事實上，這份副本將是戰後唯一存在的副本：朔勒姆應鄂蘭的請求（一九四一年十月十七日的信）將副本寄到紐約：一九五七年在倫敦先出了英文版；德文版於一九五九年出版，美國則在一九七四年出英文版。
120. BJ, S. 301
121. 波娃一輩子都不承認曾與女性發生性關係。
122. 參　考 Kirkpatrick, K. (2019), S. 156ff
123. 同上 S. 158
124. 同上
125. Beauvoir/Sartre I, S. 85f
126. 同上 S. 85
127. 同上 S. 90
128. Kirkpatrick, K. (2019), S. 143
129. BJ, S. 269
130. 同上 S. 293
131. 同上 S. 269
132. 參考同上 S. 270f
133. 同上 S. 287
134. 同上
135. 同上 S. 289
136. 波娃的妹妹伊蓮娜當時正努力成為畫家，波娃的女性摯友潔拉汀・帕多（Géraldine Pardo）亦是。
137. BJ, S. 290
138. Skub, S. 187ff
139. 這個組合跟沙特後來完成的劇本《禁閉》（Huis Clos）中的

角色關係很相似。
140. BJ, S. 288
141. 奧森・威爾斯（Orson Welles）製作的廣播劇版《世界大戰》於一九三八年十月播出。
142. 波娃的作品《第二性》（*Le Deuxième Sexe*）將在一九四九年以法語出版。
143. Beauvoir/Sartre 1, S. 87 f.
144. Beauvoir/Sartre 1, S. 87 f.
145. 同上 S. 43f
146. 參考同上
147. Pétrement, S. (1973), S. 415f

VI. 暴力——一九三九至一九四〇年

1. 參考 Pétrement, S. (1973), S. 501
2. 收錄於：KuG, S. 161-191
3. KuG, S. 161
4. 同上 S. 162
5. 同上 S. 165
6. 參考 Pétrement, S. (1973), S. 488
7. KuG, S. 168
8. 同上 S. 170
9. 同上 S. 189
10. 參考 Pétrement, S. (1973), S. 502ff
11. 針對此時期之描述，請參考 Roberts, A. (2019), S. 77f
12. KuG, S. 170f
13. KuG, S. 175f
14. Heidegger, M. (2004/1924), S. 116
15. KuG, S. 177f
16. 同上 S. 179
17. 同上 S. 181f
18. 同上 S. 182
19. 同上 S. 184
20. 同上 S. 187
21. 同上 S. 190f
22. Pétrement, S. (1973), S. 514
23. 一八四五年，德國精神科醫師海因里希・霍夫曼（Heinrich Hoffmann）創作的繪本中的角色，故事目的是透過角色誇張的行徑與習慣，來讓孩童意識到不良行為的可怕後果。
24. Beauvoir/Sartre 2, S. 198
25. Wroblewsky, V. v. (Hrsg.) (2004), S. 292
26. BJ, S. 379
27. 同上 S. 380
28. 參考 Kirkpatrick, K. (2019), S. 175
29. Wroblewsky, V. v. (2004), S. 41f
30. Beauvoir/Sartre 2, S. 60, 15. Januar.
31. 同上 S. 66, 18. Januar.
32. Heidegger, M. (2010/1929), S. 285
33. BJ, S. 373
34. 同上 S. 380f
35. 雖然這種場面在當地有歷史記載，不過只要想一想被國防軍驅趕而出的史達林部隊，在這些地區也經常採取同樣非人道的手段，就能理解為何要找到類似目擊證詞很困難。總之，民眾對此抱持的希望很快就悲慘地破滅了。
36. Wroblewsky, V. v. (2004), S. 297；原文「Erlebnisse」。
37. Kriegstagebuch, S. 391f
38. 同上 S. 420
39. 同上 S. 201；一九四〇年七月十一日的日記
40. BJ, S. 393

41. 同上 S. 402
42. 同上 S. 403
43. Wroblewsky, V. v. (2004), S. 299
44. Beauvoir/Sartre 2, S. 201
45. 同上 S. 226
46. 參考 Skub, Motto
47. 同上 S. 552f
48. Arendt/Scholem, S. 17
49. 同上 S. 21（註腳 10）
50. 參考 Young-Bruehl, E. (2018/1982), S. 229
51. Koestler, A. (1971)
52. 同上 S. 424
53. Flüchtlinge, S. 18f
54. EuU, S. 908
55. 同上 S. 921
56. 同上 S. 912
57. 同上 S. 922
58. Flüchtlinge, S. 12
59. 同上 S. 24
60. 參考 EuU, S. 925
61. Adorno, T. W. und Benjamin, W. (1994), S. 441-443
62. Arendt/Benjamin, S. 139
63. Pétrement, S. (1973), S. 523
64. Arendt/Scholem, S. 18
65. Arendt/Benjamin, S. 101-112
66. 同上 S. 106
67. 同上 S. 112
68. 參考 Meyer-Moses, H. (2019), S. 10：當時約有五千六百人從巴登被驅逐到居爾。其中約有三分之一人死在居爾或其他分營中。
69. Arendt/Scholem, S. 10
70. 同上 S. 19
71. 參考 Young-Bruehl, E. (2018/1982), S. 223
72. Heller, A. C. (2009), S. 132
73. 同上 S. 133
74. 同上 S. 129
75. Letters, S. 42
76. 參考 Heller, A. C. (2009), S. 116
77. Journals, S. 209
78. 同上 S. 215
79. 同上 S. 209f；此條目沒有標註日期。
80. 同上 S. 229
81. 同上 S. 228
82. 同上 S. 229
83. Ursprung, S. 822
84. 參考 Heller, A. C. (2009), S. 134
85. 參考 Burns, J. (2009), S. 43ff
86. 時至今日，多數歐洲觀察者對此還是感到困惑。在美國，「自由派」代表政治立場左傾，而從黨派歸屬來看，「自由派」現在幾乎是「民主黨」的同義詞。
87. Journals, S. 345ff
88. 同上
89. 同上
90. 同上 S. 350
91. 同上 S. 351
92. 同上 S. 355

VII. 自由——一九四一至一九四二年

1. BJ, S. 415
2. 同上 S. 411
3. 同上 S. 413
4. Schreiber, G. (2013), S. 58
5. 同上 S. 42
6. 同上 S. 66
7. BJ, S. 413f

8. Bair, D. (1998), S. 310
9. BJ, S. 430
10. Kriegstagebuch, S. 452
11. 同上 S. 453f
12. 同上 S. 1071
13. Sartre, J.-P. (2019/1947), S. 145-191
14. Kirkpatrick, K. (2019), S. 198 中的判斷絕對不會錯：「所以，大家都誤認為沙特發展出存在主義的道德觀——存在主義堪稱是二十世紀哲學中最盛行的思想運動。事實上，真正建構出這個概念的人是波娃。」
15. BJ, S. 424
16. 同上 S. 428
17. 參考 Kirkpatrick, K. (2019), S. 178
18. BJ, S. 433
19. BJ, S. 424
20. 同上 S. 428
21. 參考 Kirkpatrick, K. (2019), S. 178
22. BJ, S. 433
23. Pétrement, S. (1973), S. 571f
24. 同上 S. 581
25. Pétrement, S. (1973), S. 581
26. 參考 OCIV-1 = Écrits de Marseille 1940–1942.
27. 這個時期的思想筆記德文版為 Cahiers 2 與 Cahiers 3。
28. 「存在主義哲學」（Existentialist）這個詞最早是由（天主教）哲學家加布里埃爾·馬塞爾（Gabriel Marcel，1889-1973）提出，用來描述沙特的哲學思想。在語言上，尤其是從德語譯成法文時，這個術語跟雅斯培提出的「存在哲學」（Existenzphilosophie，同樣也是承接齊克果（Kierkegaard）的傳統）相當接近。馬塞爾的思想跟雅斯培的哲學取徑也有關聯。這裡我們無法清楚判斷韋伊指的是誰，不過她在這裡提出的批判，對雅斯培（和海德格）以及沙特與波娃都適用。
29. Cahiers 2, S. 102
30. 同上 S. 105
31. 同上 S. 210
32. Cahiers 3, S. 249
33. Cahiers 2, S. 289
34. 同上 S. 320
35. 同上 S. 180
36. 同上 S. 323
37. 同上 S. 240
38. Cahiers 3, S. 145
39. 同上 S. 10
40. 同上 S. 145
41. 同上 S. 145
42. 同上 S. 341
43. 同上 S. 118
44. 同上 S. 310
45. 同上 S. 256
46. 同上 S. 194
47. Cahiers 2, S. 233
48. 同上 S. 238
49. 同上 S. 177
50. Cahiers 4, S. 67ff
51. Cahiers 2, S. 224
52. 同上 S. 104
53. 同上 S. 316
54. 同上 S. 349
55. 同上 S. 193
56. 參考 Spinoza, B. (1986/1677)
57. 參考 Wittgenstein, L. (1984/1923)

58. 這裡也可參考 Winch, P. (1989)
59. Cahiers 3, S. 331
60. Cahiers 2, S. 254
61. 參考 Wittgenstein, L. (1984/1923), S. 305；來自《哲學研究》(Philosophische Untersuchungen)的前言。
62. Pétrement, S. (1973), S. 608
63. Cahiers 2, S. 24
64. Perrin, J.-M. und Thibon, G. (1954), S. 172
65. Pétrement, S. (1973), S. 617
66. Arendt/Scholem, S. 28f
67. 同上 S. 29
68. 所有專欄文章收錄於 »Aufbau« 中。
69. 同上 S. 21，文章來自一九四一年十一月十四日。
70. Wir Juden, S. 171f 與 S. 173
71. »Aufbau«, S. 28，文章來自一九四一年十一月二十八日。
72. Schreiber, G. (2013), S. 64ff
73. Wir Juden, S. 179
74. 同上 S. 188
75. 同上 S. 177
76. »Aufbau«, S. 122
77. 同上 S. 120
78. 例如 »Aufbau«, S. 82：「讓受壓迫民族的自由鬥爭不受法西斯瘟疫的侵蝕，這在今日政治中可說是首要任務。如果要打贏這場仗，唯一辦法是讓所有民族在戰爭進程中得到解放，也就是說將所有『種族』都變成民族。」
79. Arendt/Scholem, S. 39
80. Young-Bruehl, E. (2018/1982), S. 240
81. Letters. S. 59
82. 參考 Burns, J. (2009), S. 71ff
83. 參考 Heller, A. C. (2009), S. 143ff
84. 參考 Burns, J. (2009), S. 80
85. Letters. S. 63f
86. Journals, S. 69
87. 同上 S. 221
88. 同上
89. Ursprung, S. 980
90. Fountainhead, S. 677
91. Ursprung, S. 985
92. 同上 S. 987
93. 同上 S. 989
94. 同上 S. 989
95. 同上 S. 991
96. 同上 S. 993f
97. 同上 S. 994ff
98. 同上 S. 998

VIII. 火焰——一九四三年

1. 根據 Heller, A. C. (2009), S. 165
2. 同上 S. 55
3. 在這幾個月，蘭德開始定期服用（長達數十年）苯丙胺，這是一種當時在美國相當普遍的安非他命藥物。
4. 根據 Heller, A. C. (2009), S. 165
5. Letters, S. 87f
6. 同上 S. 88
7. 這本書在一九五七年出版，名為《阿特拉斯聳聳肩》（Atlas Schrugged；德文書名為《罷工》（Der Streik））。在美國，strike一字有許多意涵。除了「罷工」之外，還有「打擊」、「直接命中」的意思。如果是動詞，還有「點燃」，或者是「致」勝、「談成」交易的意思。
8. Letters, S. 174
9. 根據 Burns, J. (2009), S. 96
10. 參考 Heller, A. C. (2009), S. 79
11. 同上 S. 160
12. 同上 S. 161
13. Journals, S. 234
14. Beauvoir/Sartre 2, S. 311
15. 同上 S. 312
16. 收錄於 Drei Essays, S. 193-264
17. 同上 S. 259
18. 同上 S. 248
19. 同上 S. 256
20. 同上 S. 262
21. BJ, S. 475f
22. 參考 Wroblewsky, V. v. (Hrsg.) (2004), S. 329
23. BJ, S. 477
24. 同上 S. 470
25. Arendt/Scholem, S. 37f
26. 同上 S. 39
27. 參考 Lewi Stone, Quantifying the Holocaust: Hyperintense kill rates during the Nazi genocide, in: Science Advances vom 2. Januar 2019, Bd. 5, Nr. 1, eaau7292
28. 參考 Young-Bruehl, E. (2018/1982), S. 262
29. 計畫中的這本書，成為鄂蘭的《極權主義的起源》（*Elemente und Ursprünge totaler Herrschaft*，縮寫 EuU）中的第二部。
30. Arendt/Scholem, S. 39
31. Scholem, G. (1951/1941)
32. Arendt/Scholem, S. 469
33. Benjamin, W. (2003), S. 695
34. Arendt/Benjamin, S. 30
35. Arendt/Scholem, S. 482
36. 同上
37. 參考 Kant, I. (1983/1798)
38. 同上
39. 參考 Young-Bruehl, E. (2018/1982), S. 264
40. Arendt/Scholem, S. 39
41. Gabellieri, E. und L'Yvonnet, F. (Hrsg.) (2014), S. 195.
42. 同上
43. 同上 S. 196
44. 此階段的生平細節摘自 Pétrement, S. (1973), S. 673-693
45. Cahiers 4, S. 317
46. Pétrement, S. (1973), S. 680
47. 參考 Pétrement, S. (1973), S. 684f
48. 同上 S. 689
49. 參考同上 S. 691
50. 德文書名：Vom Leben des Geistes: Das Denken/Das Wollen/Das Urteilen
51. Pétrement, S. (1973), S. 692
52. 德文版方面，這些著作中的多部作品自二〇〇九年起，由蘇黎世的 Diaphanes 出版社出了新譯版。
53. 法國報紙《快報》（*L'Express*）於一九六一年二月十一日刊出的報導。

國家圖書館出版品預行編目資料

黑暗年代的女哲學家/沃弗朗・艾倫伯格(Wolfram Eilenberger) 著；
溫澤元 譯. -- 初版. -- 臺北市：商周出版，城邦文化事業股份有限公司
出版：英屬蓋曼群島商家庭傳媒股份有限公司城邦分公司發行, 民111.01
面； 公分
譯自：FEUER DER FREIHEIT: Die Rettung der Philosophie in finsteren Zeiten 1933-1943.
ISBN 978-626-318-101-4（平裝）
1. 波娃(Beauvoir, Simone de, 1908-1986) 2.韋伊(Weil, Simone, 1909-1943)
3.蘭德(Rand, Ayn, 1905-1982) 4.鄂蘭(Arendt, Hannah, 1906-1975)
5.女性傳記 6.世界傳記 7.學術思想 8.哲學
781.053 110020098

黑暗年代的女哲學家

原著書名／FEUER DER FREIHEIT: Die Rettung der Philosophie in finsteren Zeiten 1933–1943
作者／沃弗朗・艾倫伯格（Wolfram Eilenberger）
譯者／溫澤元
企劃選書／張詠翔
責任編輯／彭馨緣

版權／黃淑敏、吳亭儀、林易萱
行銷業務／周佑潔、周丹蘋、黃崇華、賴正祐
總編輯／楊如玉
總經理／彭之琬
事業群總經理／黃淑貞
發行人／何飛鵬
法律顧問／元禾法律事務所 王子文律師
出版／商周出版
城邦文化事業股份有限公司
臺北市中山區民生東路二段141號9樓
電話：(02) 2500-7008 傳眞：(02) 2500-7759
E-mail：bwp.service@cite.com.tw
發行／英屬蓋曼群島商家庭傳媒股份有限公司城邦分公司
臺北市中山區民生東路二段141號2樓
書虫客服服務專線：(02) 2500-7718・(02) 2500-7719
24小時傳眞服務：(02) 2500-1990・(02) 2500-1991
服務時間：週一至週五09:30-12:00・13:30-17:00
郵撥帳號：19863813 戶名：書虫股份有限公司
E-mail：service@readingclub.com.tw
歡迎光臨城邦讀書花園 網址：www.cite.com.tw
香港發行所／城邦（香港）出版集團有限公司
香港灣仔駱克道193號東超商業中心1樓
電話：(852) 2508-6231 傳眞：(852) 2578-9337
E-mail：hkcite@biznetvigator.com
馬新發行所／城邦（馬新）出版集團 Cité (M) Sdn. Bhd.
41, Jalan Radin Anum, Bandar Baru Sri Petaling,
57000 Kuala Lumpur, Malaysia
電話：(603) 9057-8822 傳眞：(603) 9057-6622
E-mail：cite@cite.com.my

封面設計／謝佳穎
排版／新鑫電腦排版工作室
印刷／韋懋印刷有限公司
經銷商／聯合發行股份有限公司
電話：(02) 2917-8022 傳眞：(02) 2911-0053
地址：新北市231新店區寶橋路235巷6弄6號2樓

■2022年（民111）1月初版
定價 520 元

Printed in Taiwan
城邦讀書花園
www.cite.com.tw

感謝歌德學院(台北)德國文化中心 協助
歌德學院(台北)德國文化中心是德國歌德學院(Goethe-Institut)在台灣的代表機構，五十餘年來致力於德語教學、德國圖書資訊及藝術文化的推廣與交流，不定期與台灣、德國的藝文工作者攜手合作，介紹德國當代的藝文活動。

歌德學院(台北)德國文化中心
Goethe-Institut Taipei
地址：100 臺北市和平西路一段 20 號 6/11/12 樓
電話：02-2365 7294
傳真：02-2368 7542
網址：http://www.goethe.de/taipei

GOETHE
INSTITUT

ISBN 978-626-318-101-4

104台北市民生東路二段141號2樓
英屬蓋曼群島商家庭傳媒股份有限公司　城邦分公司

請沿虛線對摺，謝謝！

商周出版

書號：BP6040	書名：黑暗年代的女哲學家	編碼：

請於此處用膠水黏貼

商周出版

讀者回函卡

線上版讀者回函卡

感謝您購買我們出版的書籍！請費心填寫此回函卡，我們將不定期寄上城邦集團最新的出版訊息。

姓名：________________ 性別：□男 □女

生日：西元________年________月________日

地址：________________

聯絡電話：________________ 傳真：________________

E-mail：

學歷：□ 1. 小學 □ 2. 國中 □ 3. 高中 □ 4. 大學 □ 5. 研究所以上

職業：□ 1. 學生 □ 2. 軍公教 □ 3. 服務 □ 4. 金融 □ 5. 製造 □ 6. 資訊

□ 7. 傳播 □ 8. 自由業 □ 9. 農漁牧 □ 10. 家管 □ 11. 退休

□ 12. 其他________________

您從何種方式得知本書消息？

□ 1. 書店 □ 2. 網路 □ 3. 報紙 □ 4. 雜誌 □ 5. 廣播 □ 6. 電視

□ 7. 親友推薦 □ 8. 其他________________

您通常以何種方式購書？

□ 1. 書店 □ 2. 網路 □ 3. 傳真訂購 □ 4. 郵局劃撥 □ 5. 其他______

您喜歡閱讀那些類別的書籍？

□ 1. 財經商業 □ 2. 自然科學 □ 3. 歷史 □ 4. 法律 □ 5. 文學

□ 6. 休閒旅遊 □ 7. 小說 □ 8. 人物傳記 □ 9. 生活、勵志 □ 10. 其他

對我們的建議：________________

____

____

請於此處用膠水黏貼